GUIDE BELLES LETTRES

Collection
dirigée
par
Jean-Noël Robert

DES CIVILISATIONS

DANS LA MÊME COLLECTION

Rome	par Jean-Noël Robert
La Chine classique	par Ivan P. Kamenarović
La Grèce classique	par Anne-Marie Buttin
L'Islande médiévale	par Régis Boyer
L'Inde classique	par Michel Angot
L'Empire ottoman, XVe-XVIIIe siècle	par Frédéric Hitzel
La Mésopotamie	par Jean-Jacques Glassner
L'Espagne médiévale	par Adeline Rucquoi
La France au Moyen Âge	par Marie-Anne Polo de Beaulieu
Les Khmers	par Bruno Dagens
La Russie médiévale	par Jean-Pierre Arrignon
Venise au Moyen Âge	par Jean-Claude Hocquet
Le Siam	par Michel Jacq-Hergoualc'h
Les Mayas	par Claude-François Baudez
Les Étrusques	par Jean-Noël Robert
Les Gaulois	par Jean-Louis Brunaux
La Birmanie	par Guy Lubeigt
L'Amérique espagnole	par Oscar Mazin
Le Viêtnam ancien	par Anne-Valérie Schweyer
La Perse antique	par Philip Huyse
Carthage et le monde punique	par Hédi Dridi
Le Japon d'Edo	par François & Mieko Macé
Byzance	par Michel Kaplan
La Palestine à l'époque romaine	par Caroline Arnould-Béhar
Québec	par Raymonde Litalien
Les Incas	par César Itier
Les Aztèques	par Jacqueline de Durand-Forest
Pétra et les Nabatéens	par Marie-Jeanne Roche
La Corée du Choson	par Francis Macouin
L'Amérique du XVIIIe siècle	par Claude Coulon
Les Inuit	par Michèle Therrien
L'Angleterre élisabéthaine	par Henri Suhamy
Naples entre baroque et Lumières	par Luca Salza
La France de Louis XIV	par Jean-François Bassinet
Le dernier siècle de l'empire Ottoman	par Frédéric Hitzel

À PARAÎTRE

La Mongolie de Gengis Khan

DAMIEN CHAUSSENDE

LA CHINE
AU XVIIIe SIÈCLE

L'APOGÉE DE L'EMPIRE SINO-MANDCHOU DES QING

2e tirage

LES BELLES LETTRES

DU MÊME AUTEUR, CHEZ LE MÊME ÉDITEUR

Des Trois royaumes aux Jin. Légitimation du pouvoir impérial en Chine au IIIe siècle (collection « Histoire », 2010)

La Véritable histoire du premier empereur de Chine (2010)

TRADUCTION

Yuri Pines, *L'Invention de la Chine éternelle. Comment les maîtres-penseurs des Royaumes combattants ont construit l'empire le plus long de l'histoire (collection « Histoire », 2013)*

95, bd Raspail, 75006 Paris

www.lesbelleslettres.com
Retrouvez Les Belles Lettres sur Facebook et Twitter

ISBN : 978-2-251-41051-7

REMERCIEMENTS

J'adresse mes chaleureux remerciements à Jean-François Bassinet, Claude Chevaleyre, Catherine Despeux, Fabienne Jagou, Laetitia Lanzaro, Alexis Lycas, Muriel Peytavin, Michèle Pirazzoli, Qiu Dandan, Céline et Guy Robert, Alice Travers, Olivier Venture et Françoise Wang-Toutain pour l'aide précieuse qu'ils m'ont apportée dans la préparation de cet ouvrage. Je suis également très reconnaissant envers le personnel de la bibliothèque de l'Institut des hautes études chinoises du Collège de France qui m'a permis de me documenter dans des conditions optimales.

QUELQUES NOMS À BIEN PRONONCER...

Qing	≈	« tching »
Qianlong	≈	« tchienne-long »
Kangxi	≈	« kang-ssi »
Yongzheng	≈	« yong-djèng »
Ji Yun	≈	« dji iunne »
Cao Xueqin	≈	« tsao sué-tchinne »
Chongzhen	≈	« tchong-djènne »
Wu Sangui	≈	« ou sanne-goueille »

Le lecteur trouvera en fin d'ouvrage (p. 257-259) un tableau détaillant les prononciations du chinois.

La Cité interdite telle qu'elle se visite aujourd'hui à Pékin est la trace encore vivante de la dernière dynastie impériale qu'a connue la Chine. **Cette dynastie, les Qing**, qui dura de 1644 à 1911, n'était pas chinoise : elle **fut fondée par des Mandchous**, un peuple toungouse venu du nord-est.

Si la période d'installation de ce nouveau pouvoir fut marquée par de nombreuses violences, le siècle d'or qui suivit, de 1680 à 1795, correspondit à une prospérité sans précédent. L'empire des Qing atteignit alors son extension géographique maximale : il engloba non seulement la Chine proprement dite, c'est-à-dire le territoire que les Mandchous héritèrent de la dynastie chinoise précédente, les Ming (1368-1644), mais aussi des régions qu'ils intégrèrent ou conquirent par ailleurs, comme la Mandchourie, leur patrie d'origine, le Turkestan oriental, la Mongolie et le Tibet. **La Chine des Qing était alors un des plus grands empires du monde**, et la Chine que nous connaissons de nos jours est du point de vue territorial l'héritière presque directe de l'écoumène Qing.

Cet empire était l'un des premiers sur le plan géographique, mais aussi premier en termes de population. **La stabilité politique** apportée par les souverains mandchous **et l'essor économique** qui l'accompagna **permirent une poussée démographique rarement vue dans l'histoire** : la population doubla en cinquante ans pour atteindre environ trois cents millions d'habitants à la fin du XVIIIe siècle.

L'intelligence et la finesse politique des empereurs Qing, qui régnèrent non seulement sur des Mandchous et des Chinois, mais aussi sur des Mongols, des Tibétains, des Turcs ouïghours

COMMENT UTILISER CE GUIDE ?

Il est, certes, possible de lire ce livre chapitre après chapitre, pour découvrir un panorama de la société chinoise du XVIIIe siècle ; mais il est aussi conçu pour que le lecteur puisse y trouver rapidement (et en extraire) des informations précises sur un sujet qui l'intéresse. Il est donc conseillé :

– de se reporter au sommaire : *chaque chapitre est divisé en rubriques (avec des renvois internes) qui permettent de lire, dans un domaine choisi, une notice générale. En outre, les autres rubriques du chapitre complètent l'information.*

Au début de chaque chapitre, une introduction situe le sujet dans une perspective différente, illustrant la société et les mentalités chinoises ;

*– **d'utiliser l'index** à partir duquel, sur une notion générale, un terme technique, voire un personnage, il est possible de réunir, à travers l'ensemble du livre, plusieurs données complémentaires.*

***Une bibliographie choisie** permet, dans un premier temps, de se reporter à des ouvrages récemment parus pour y commencer une recherche. Tous offrent, sur le sujet qu'ils traitent, une bibliographie plus ou moins riche.*

Enfin, les tableaux de synthèse, les cartes et graphiques pourront aider à visualiser et mieux retenir les informations désirées. (Cf. Table des cartes, tableaux et encadrés en fin de sommaire.)

et diverses autres populations, les portèrent à présenter un visage différent selon leurs interlocuteurs : s'ils assumaient parfaitement le rôle de Fils du Ciel et de défenseurs des valeurs traditionnelles confucéennes pour les Chinois, ils étaient en même temps de grands khans aux yeux des Mongols et de véritables chefs bouddhistes pour les Tibétains. Rétrospectivement, **cette dynastie ne fut pas simplement une tranche de l'histoire de la Chine**, comme on a souvent eu tendance à la réduire, **mais surtout un empire multiethnique et multiculturel** qui dépassa le cadre chinois.

Lorsqu'ils conquirent les Ming, les Mandchous maintinrent, en l'adaptant à leurs besoins, le système administratif chinois qui avait fait ses preuves, en particulier le système de recrutement des fonctionnaires par concours. L'idéal confucéen du fonctionnaire lettré, soutenu et encouragé par le pouvoir politique, permit aux Qing d'administrer leur vaste et populeux pays en employant seulement 20 000 fonctionnaires impériaux.

Les arts et les lettres connurent durant ce siècle un apogée incontestable, notamment sous le règne de l'empereur Qianlong. Lui-même esthète, il ne recula devant aucune dépense pour satisfaire ses ambitions : temples, jardins, peintures, céramiques ou travaux académiques, tous ces éléments concoururent à la gloire de son règne. Chez les intellectuels de l'empire, les esprits étaient dominés par un mouvement de réappropriation et de réévaluation de l'héritage des époques passées. Les lettrés de l'époque Qing rappellent ainsi très fortement leurs homologues philologues de l'Europe au temps de la Renaissance, et leurs réalisations ne sont pas moins impressionnantes.

Pourtant, en dépit d'un grand raffinement culturel, il ne faut en aucun cas céder à l'angélisme : **la société Qing était aussi dure qu'elle était hiérarchisée**, et les richesses se trouvaient concentrées entre les mains d'une minuscule portion de la population. **C'est un abîme qui opposait le mode de vie des plus riches à celui du reste des hommes**, pour la plupart des paysans vivant dans une indigence lamentable.

L'historien de la Chine du XVIIIe siècle est relativement bien pourvu en sources. Les nombreuses archives officielles qui ont été transmises permettent de reconstituer avec une grande précision le fonctionnement de l'État, en particulier celui de la cour. Pour la vie quotidienne et les *realia*, la littérature, notamment les nombreuses « notes au fil du pinceau » laissées par les lettrés, est d'un grand intérêt. Ces derniers ont par ailleurs tant écrit, et sur tant de sujets, que reconstituer l'histoire intellectuelle de la période ne pose pas de problème majeur. Nombreuses sont ainsi les études académiques sur ce siècle passionnant à plus d'un titre, publications dont nous proposons un choix raisonné dans les orientations bibliographiques situées en fin de volume.

Un vaste roman sera souvent mentionné dans le présent guide. Il s'agit du *Rêve dans le pavillon rouge* de Cao Xueqin, texte qui, malgré son caractère fictionnel, fournit quantité d'informations concrètes et authentiques sur le mode de vie mené par les grandes familles et leurs idées dominantes durant la période présentée. Il illustre le XVIIIe siècle chinois tout comme la *Comédie humaine* de Balzac éclaire à sa façon la société française du début du XIXe siècle.

SOMMAIRE

L'EMPIRE DES QING

La conquête des Ming en 1644 par les Mandchous fut perçue par les Chinois comme un véritable cataclysme – on leur dérobait leur pays. Mais après une phase de grande violence, la nouvelle dynastie des Qing parvint à une relative réconciliation, ouvrant la voie à la paix, la stabilité et la prospérité.

Au territoire qu'ils conquirent sur les Ming – la Chine historique des dix-huit provinces –, les Mandchous ajoutèrent graduellement diverses composantes qui en doublèrent la taille. Au milieu du XVIIIe *siècle, l'empire sino-mandchou était l'un des plus vastes au monde.*

Les souverains Mandchous régnèrent sur leur empire grâce à une administration en grande partie copiée sur celle de leurs prédécesseurs chinois. Marquée par une hiérarchie complexe, cette bureaucratie relativement efficace avait pour caractéristique d'être composée de fonctionnaires mutables et révocables recrutés le plus souvent par la voie des examens mandarinaux.

La société Qing, essentiellement rurale et agricole, était très hiérarchisée et guère propice à la mobilité sociale. Cependant, la paix apportée par les Mandchous et les mesures fiscales qu'ils appliquèrent permirent une prospérité économique sans précédent et une importante poussée démographique.

L'HOMME DES QING

Le temps est perçu dans le monde chinois de manière cyclique et non pas linéaire. La succession des années rappelle celle des dynasties, qui naissent, s'épanouissent, connaissent leur apogée puis déclinent, pour finalement être remplacées. Commence alors un nouveau cycle.

SOMMAIRE

VI. RITES, CULTES ET RELIGIONS 131

Dans la société Qing, où le religieux et le politique ne sont pas séparés, les divers cultes qui s'y font jour sont des éléments essentiels de la cohésion sociale et de l'ordre impérial. La Chine des Qing était traversée par des courants ou des cultes différents qui ne s'excluaient pas les uns les autres.

VII. LA VIE INTELLECTUELLE. 151

Les empereurs mandchous eurent à cœur de préserver la culture des lettrés de Chine mais aussi d'éradiquer toute forme de contestation politique de leur part. Le XVIIIe siècle est aussi bien l'âge des vastes entreprises culturelles officielles que celui des grands procès littéraires.

VIII. LES ARTS 175

Les arts, au sens chinois du terme, sont les arts du pinceau : la peinture et la calligraphie. Le XVIIIe siècle s'est cependant illustré dans d'autres domaines, comme la porcelaine et le mobilier.

Si la plupart des habitants de l'empire Qing n'a guère de temps libre, l'élite intellectuelle et financière (fonctionnaires, lettrés sans poste, marchands...) dispose quant à elle de temps de repos ou de délassement lors desquels elle se livre à toutes sortes d'occupations plaisantes ou plus sérieuses.

La famille patrilinéaire, le sens de la hiérarchie, le respect des aînés, telles sont les poutres maîtresses de la société dans la Chine des Qing.

SOMMAIRE

ENCADRÉS

CARTES, PLANS, TABLEAUX & ILLUSTRATIONS

SOMMAIRE

SOMMAIRE

SOMMAIRE

L'EMPIRE DES QING

L'empereur Qianlong, peinture de Giuseppe Castiglione

I

L'HISTOIRE

L'histoire est dans la Chine traditionnelle une discipline reine. **Le pouvoir impérial s'est toujours beaucoup soucié de consigner les événements afin de laisser une trace à la postérité,** et en particulier aux futurs souverains qui allaient leur succéder. Les Mandchous continuèrent cette tradition et accordèrent beaucoup d'importance au récit officiel de leur conquête de la Chine des Ming, n'hésitant pas à faire interdire tout texte remettant en cause leur droit à régner (cf. « L'inquisition littéraire », chap. VII). **Les archives de la dynastie mandchoue ont par ailleurs été préservées,** si bien que l'historien de notre temps dispose d'une documentation très riche et très précise. L'histoire politique des Mandchous est donc bien connue.

En 1644, la capitale de l'empire chinois des Ming, Pékin, tombe aux mains des Mandchous. Ils y installent leur dynastie, les Qing, qui régnera sur la Chine jusqu'à sa chute, en 1911. **Sur les trois cents ans de leur règne, le XVIIIe siècle marque sans conteste l'apogée de la puissance et du rayonnement culturel des Qing.** Pourtant, rien ne préjugeait de la viabilité de ce pouvoir politique, étant donné la violence avec laquelle les premiers chefs Qing conquirent les Ming et les discriminations auxquelles ils se livrèrent contre les Chinois. Il ne tint qu'à la volonté d'un souverain, **l'empereur Kangxi, de modifier la politique engagée par ses prédécesseurs et de faire de son État un empire véritablement sino-mandchou,** empire dont devaient hériter ses successeurs Yongzheng et surtout Qianlong, qui porta haut le legs de son grand-père. C'est en particulier sous son règne que **le territoire des Qing atteignit son extension maximale,** dessinant les contours de la Chine actuelle.

LA CONQUÊTE DE LA CHINE PAR LES MANDCHOUS

L'essor du pouvoir politique qui allait donner naissance aux Qing est l'œuvre de trois chefs toungouses du clan des Aisin Gioro originaire du nord-est de la Chine.

Le grand œuvre de ces **trois chefs**, **Nurhaci** (1559-1626), **Hong Taiji** (1592-1643) et **Dorgon** (†1650), a été de **fédérer, de centraliser** et, dans une certaine mesure, de **siniser divers peuples et clans** dont ils prirent progressivement la tête. À cette époque, à la fin du XVIe siècle et au début du XVIIe, les « Mandchous » en tant que groupe ethnique n'existent pas. Le nord-est de la Chine (que l'on appelle communément la Mandchourie) est peuplé de groupes divers, souvent proches par la langue et le mode de vie. Les Aisin Gioro et leurs voisins immédiats ne sont pas des pasteurs-nomades, comme les Mongols ; **l'économie** de la région qu'ils occupent (approximativement, le bassin du fleuve Liao) **repose** essentiellement **sur l'agriculture et la chasse**, et, dans une mesure moindre, sur le commerce avec les voisins chinois et coréens (principalement le commerce de fourrures, de ginseng et de perles).

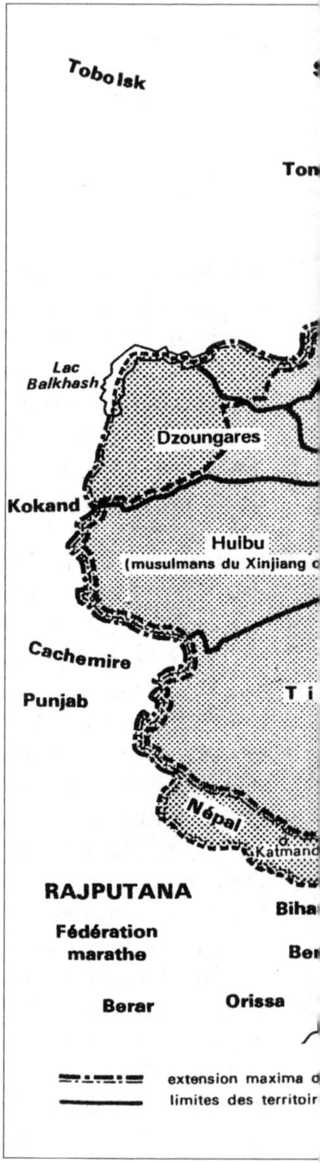

Nurhaci, le premier des grands chefs Aisin Gioro, parvient en une trentaine d'années (1588-1616) à rassembler de nombreuses populations sous son autorité, y compris des Chinois, comme le lettré Fan Wencheng (1597-1666). Dans le même temps, il établit un certain nombre d'**institutions pérennes qui jettent les bases politiques, administratives et militaires.** Elles se révéleront ensuite suffisamment efficaces pour permettre aux Mandchous de conquérir les Ming, auxquels Nurhaci cesse de prêter allégeance en 1609. Parmi celles-ci, trois mesures institutionnelles sont décisives :

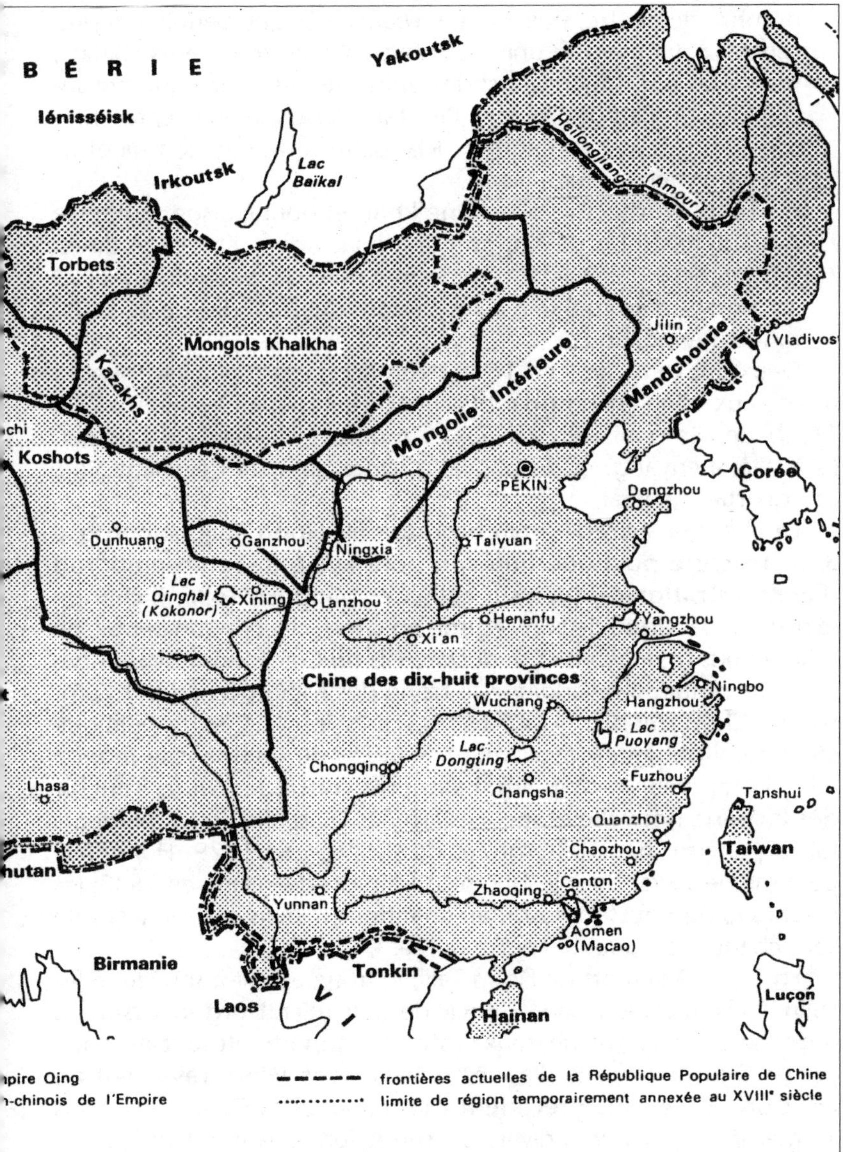

L'empire des Qing en 1759.
(Source : Jacques Gernet, Le Monde chinois, *p. 417, © Armand Colin, 1999)*

- **en 1599, il dote son peuple d'une écriture**, adaptée du mongol, ce qui marque la naissance d'une **langue mandchoue écrite** (cf. « Le mandchou », chap. VII).
- **en 1615**, il crée le **système socio-militaire des bannières**, au nombre de quatre, puis de huit (*baqi*). Chaque bannière représente à l'origine une unité combattante de trois cents soldats, mais elles constituent aussi des unités de résidence qui regroupent les familles des soldats. Plus tard, les bannières représenteront des groupes ethniques : Mandchous, Mongols, Chinois... (cf. « L'armée », chap. III).
- **en 1616, Nurhaci se proclame khan** et donne à son régime le **nom dynastique de Jin**, ce qui le place dans l'héritage direct des Jurchens qui avaient régné sur le nord de la Chine aux XIIe et XIIIe siècles, et dont il se réclame autant du point de vue généalogique que politique.

Deux ans plus tard, en 1618, Nurhaci déclare officiellement la guerre aux Ming en informant la cour de l'empereur Wanli (r. 1573-1620) de ses griefs. En 1621, il conquiert les villes de Mukden (actuelle Shenyang) et de Liaoyang, cette dernière devenant alors son quartier-général.

Le chef qui succède à Nurhaci, son fils **Hong Taiji, superpose à la structure politique que son père avait créée un embryon d'administration calquée sur celle des Ming**. En **1636, il change le nom dynastique de son régime en Qing**, celui de son peuple en Mandchous (*manzhou*) et se déclare Fils du Ciel, c'est-à-dire empereur. De ce fait, il revendique le trône des Ming occupé par l'empereur Chongzhen (r. 1627-1644), car selon la théorie politique chinoise, il ne peut y avoir qu'un seul Fils du Ciel dans le monde (cf. « L'empereur », chap. III). **La guerre contre les Ming franchit dès lors une nouvelle étape**. Les armées Qing réussissent plusieurs fois à pénétrer dans le territoire des Ming – en 1629, Hong Taiji peut même s'aventurer jusque sous les murs de Pékin ; en 1638, les troupes Qing poussent jusqu'au Shandong – mais ces avancées ne sont chaque fois que de courte durée.

En 1643, à la mort de Hong Taiji, le trône échoit à son jeune fils Fulin, âgé d'à peine six ans. L'oncle de ce dernier, **Dorgon, assure la régence**, promise à un heureux destin car l'opportunité tant attendue par les Qing se présente l'année suivante. **Les Ming traversent en effet une crise sans précédent** : les eunuques détiennent depuis longtemps le pouvoir et diverses insurrections éclatent dans le pays. En 1644, un chef insurgé chinois, Li Zicheng (1605-1645), profite de la faiblesse de la cour pour occuper la capitale et s'y déclarer empereur. Chongzhen, ne voyant aucune issue, met fin à ses jours. C'est alors que le général Wu Sangui (1612-1678), voulant venger l'affront commis par l'usurpateur, appelle les Mandchous à l'aide, espérant ainsi déloger Li Zicheng et restaurer les Ming. Certes, **les Qing** aident Wu Sangui à mettre Li Zicheng en fuite, mais une fois dans la capitale, ils **s'en emparent et installent sur le trône impérial le jeune Fulin, qui règne alors sous le nom d'ère de Shunzhi**.

La conquête de la Chine par les Mandchous entre dès lors dans une phase particulièrement violente, marquée par l'élimination de divers foyers d'insurrection. Le régent Dorgon publie au début de **1645** un édit qui met le feu aux poudres : ce texte oblige **sous peine de mort** tous les hommes adultes de l'empire à se raser la moitié du crâne et à attacher ce qui leur reste de cheveux sous forme de **natte**, coutume mandchoue vécue par les Chinois comme un acte d'humiliation. Des rébellions anti-Qing éclatent un peu partout et la répression est très dure, en particulier dans le sud, à Yangzhou, ville qui sert d'exemple : la cité est mise à sac et sa population massacrée. Jusqu'en 1669, date à laquelle l'empereur Kangxi, successeur de Shunzhi, commence à exercer son règne personnel, la Chine est traitée par les Qing comme un pays conquis et une nation à soumettre.

Si la date retenue habituellement par l'historiographie pour marquer le passage des Ming aux Qing est **1644, il ne faut pourtant pas croire que l'installation des Mandchous en Chine s'opère rapidement**. En effet, durant les trente ou quarante ans qui suivent, les Mandchous doivent faire face à trois obstacles de taille qui auraient pu détruire leur pouvoir s'ils ne les avaient pas surmontés. Il s'agit en premier lieu des membres de l'**ancien clan impérial des Ming désireux de restaurer leur dynastie**. Divers princes Ming revendiquent en effet à tour de rôle le trône du Fils du Ciel. Le dernier d'entre eux, l'empereur Yongli (1625-1662), trouve même refuge en Birmanie, d'où il est exfiltré. Il est mis à mort en 1662, date qui marque la fin officielle de la dynastie dite des « **Ming du Sud** », qu'on appelle ainsi afin de la distinguer des Ming déchus en 1644.

Les Qing ont également à affronter une organisation pirate menée par le clan Zheng. Trois générations de ce clan s'étaient en effet succédé dans les mers du Sud et s'étaient livrées à toutes sortes de déprédations sur les côtes chinoises. Le dernier des Zheng, Zheng Chenggong (1624-1662, connu aussi sous le nom de Koxinga), lance en 1658 une attaque contre la région du Jiangnan, prétendant vouloir s'en emparer pour le compte de l'empereur Yongli des Ming du Sud. L'année suivante, il cherche à prendre la ville de

Nankin, mais il est repoussé. Il s'installe ensuite à Taiwan où il établit son camp. L'île est finalement conquise par les Qing en 1683.

Le troisième obstacle que surmontent les Qing est une **série de révoltes provoquées par trois feudataires chinois durant les années 1673-1681**. Tous sont d'anciens généraux qui, ayant aidé les Mandchous à conquérir les Ming, reçurent le titre de prince et de grands domaines. Ces trois princes, Shang Kexi (1604-1676), Geng Jingzhong (†1682) et Wu Sangui (1612-1678), se retournent au bout de quelques années contre les Qing, soit pour rétablir les Ming, soit pour faire sécession. Les insurrections qu'ils lancent dans les provinces du Guangdong, du Fujian et du Yunnan sont finalement réprimées.

LE RÈGNE DE KANGXI (1662-1722) : LA CONCILIATION

En 1661, l'empereur Shunzhi meurt de la variole, laissant le trône à son fils Xuanye, âgé de six ans, qui devait régner soixante ans sous le nom d'ère de Kangxi. Le pouvoir est dans un premier temps confié à quatre régents mandchous, Soni (†1667), Suksaha (†1667), Ebilun (†1674) et le très puissant Oboi (1610 ?-1669), qui capte le pouvoir au détriment à la fois de l'empereur et de ses corégents (notamment Suksaha, qu'il fait exécuter en 1667). Oboi poursuit une politique relativement dure envers les Chinois, ce qui n'est pas sans exciter leur hostilité contre les Mandchous. En 1669, Kangxi, âgé d'à peine seize ans, se résout, avec l'aide de sa grand-mère l'impératrice douairière (détentrice d'une grande légitimité politique en période de régence), à éliminer Oboi. Il le fait condamner à mort pour outrage à l'empereur et prend les rênes du pouvoir effectif. **Il modifie la politique en cours, son objectif étant de rallier à sa dynastie les lettrés-fonctionnaires chinois, ou du moins de diminuer leur ressentiment**. Pour cela, il sinise considérablement son gouvernement et organise en 1679 un examen spécial pour recruter les lettrés les plus prestigieux de l'empire. Il **lance divers travaux académiques** (cf. « Les grands travaux académiques officiels », chap. VII), promeut l'orthodoxie néoconfucéenne et **voyage à six reprises dans le sud du pays** (1684, 1689, 1699, 1703, 1705, 1707) afin de manifester ostensiblement son intérêt pour cette région, traditionnelle pépinière de lettrés. Durant son règne, il se déplace des dizaines de fois dans son empire, notamment dans les capitales de provinces situées à l'ouest. Afin de montrer qu'il est le Fils du Ciel authentique, digne successeur des précédents empereurs chinois (cf. « L'empereur », chap. III), il se rend également dans la ville natale de Confucius, au Shandong, et célèbre par ailleurs près du mont Tai (un haut lieu sacré) des sacrifices aux montagnes, ce qu'aucun empereur Ming n'avait fait. **En ne considérant plus le territoire pris aux Ming comme une nation à soumettre et en s'adaptant autant que possible aux usages politiques chinois**, Kangxi pose les fondements d'un **empire Qing véritablement sino-mandchou**.

Sur le plan extérieur, **son règne entame la première étape de la vaste extension territoriale à l'ouest** qui caractérisera l'action de ses successeurs (cf. « L'empire Qing », chap. II). Après avoir maté les pirates du sud et les révoltes des Trois Feudataires, le souverain poursuit deux objectifs principaux : contenir l'influence de l'empire russe en Sibérie et au nord de l'empire, et s'assurer de la soumission des Mongols et des Tibétains. Le XVIIe siècle voit en effet, avec l'installation de forts dans des villes bordant le fleuve Amour (Nerchinsk en 1651, Albazin en 1651-1658 ou Khabarovsk en 1652), une nette progression des Russes vers l'est, dynamique qui représente une menace pour les intérêts des Qing au nord de la Mandchourie et dans la région de l'actuelle Mongolie. Afin de conserver son contrôle sur les populations mongoles du nord, Kangxi décide de régler le problème russe de manière diplomatique. Cela convient à l'autre partie, qui souhaite par tous les moyens établir des relations commerciales avec son voisin chinois. En 1689, une rencontre a lieu à Nerchinsk entre les ambassadeurs de l'empereur Kangxi et les représentants du tsar Pierre Ier. Le traité signé à cette occasion, complété ultérieurement par celui de Kiakhta en 1727-1728, fixe les frontières des deux géants de l'Eurasie et instaure une représentation diplomatique russe à Pékin. En revanche, les relations des Qing avec les différents groupes mongols ne sont pas aussi pacifiques ; les Qing s'efforcent de jouer des divisions claniques et tribales des Mongols pour les empêcher de se constituer en une fédération. Ce que l'on désigne par le nom générique de Mongols est en effet un ensemble de groupes ethniques divers, mais unis par des langues proches et un mode de vie semblable, le nomadisme pastoral. Les Mongols sont divisés sous les Qing en deux grands groupes, eux-mêmes composés de différents sous-groupes : les Mongols occidentaux (principalement les Oïrats [aussi appelés Kalmouks]) et les Mongols orientaux (les Chahars et les Khalkhas). Du groupe Oïrat relèvent les Dzoungares, peuple qui occupait la Dzoungarie, territoire situé au nord du Xinjiang, par-delà les monts Tianshan. Les Chahars (qui occupent la région située au nord de la Grande Muraille et à l'ouest de Pékin) se soumettent très tôt aux Mandchous, dès la transition Ming-Qing. De leur côté, les Khalkhas sont tout d'abord des alliés lors de la conquête (à partir de 1650), puis se soumettent politiquement aux Qing dans les années 1680 car les Mongols occidentaux les menacent de leur puissance. Ce sont ces derniers qui déstabilisent les Qing dans la région et qui poussent les empereurs Kangxi, Yongzheng et Qianlong à régler le problème par les armes. Les Dzoungares, menés dans un premier temps par le khan Galdan (1632 ?-1697), parviennent à fédérer les Oïrats jusqu'à devenir une puissance politique et militaire menaçante. Le danger pour les Qing est de voir les autres groupes mongols changer d'allégeance et accroître la puissance dzoungare. En 1696, Kangxi lance une grande offensive et défait les troupes de Galdan lors de la bataille de Jaomodo. Le khan se suicide l'année suivante, mais les Dzoungares trouvent un nouveau chef en la personne du neveu de Galdan. C'est bien plus tard, dans les années 1750, sous le règne de l'empereur Qianlong, que le problème dzoungare est définitivement réglé.

Kangxi laisse l'image d'un empereur éclairé, protecteur des arts et des lettres, et réconciliateur des Mandchous et des Chinois. Il fut en Chine l'équivalent d'un Louis XIV, qui était d'ailleurs son parfait contemporain.

LE RÈGNE DE YONGZHENG (1723-1735) : LA REMISE EN ORDRE

Les conditions dans lesquelles Yongzheng, quatrième fils de Kangxi, monte sur le trône pour assurer la succession impériale demeurent toujours empreintes d'une certaine suspicion. Les Mandchous ne pratiquent pas la primogéniture, à la différence des souverains chinois chez qui elle est le mode de succession le plus courant. Kangxi a trente-cinq fils dont vingt parviennent à l'âge adulte. C'est son deuxième fils, Yinreng (1674-1725), qu'il choisit publiquement comme héritier présomptif, alors qu'il n'est âgé que de deux ans. En grandissant, le prince devient un jeune homme au tempérament instable et aux débordements nombreux. Choyé par son père l'empereur, il s'attire la jalousie des nombreux autres princes. En 1704, le monarque, averti des agissements de son fils par des proches de confiance, se résout à le destituer et à le placer en résidence surveillée. Jusqu'à la fin de son règne, il se refuse à désigner un nouvel héritier de la couronne parmi ses fils.

Ce comportement engendre une crise lorsque, sur son lit de mort, il désigne presque en secret son quatrième fils, Yinzhen, qui devait régner sous le nom d'ère de Yongzheng. D'autres princes, en particulier le quatorzième fils de Kangxi, Yinti (1688-1755), contestent cet avènement, arguant qu'il ne procède pas de la décision prise par feu leur père. Yongzheng tient bon et réussit durant tout son règne à faire face au danger que représentent ses frères. Il les fait surveiller de près par des hommes de confiance et **n'hésite pas à éliminer toute personne mettant en doute la légitimité de son règne**. Afin de réduire le pouvoir militaire des princes dans le système des bannières, il modifie leurs règles de commandement, privant ses frères de ce qui leur permettrait de fomenter des révoltes armées. Par ailleurs, très soucieux de sa postérité dans les livres d'histoire, Yongzheng contrôle étroitement la composition des annales historiques, n'hésitant pas à faire supprimer les passages trop favorables à son frère Yinti. Son accession au trône agit également sur la présence des jésuites en Chine, dont certains ont pris parti pour ses opposants lors de la crise de succession : si le monarque tolère ceux qui sont déjà en poste à Pékin – il fait même reconstruire une église détruite lors d'un tremblement de terre en 1730 –, il expulse de nombreux missionnaires des provinces.

Sur le plan intérieur, **Yongzheng est un monarque capable et très actif**. Il **renforce l'autorité centrale, contribue au respect des lois dans l'empire, réforme les finances** – ce qui accroît sensiblement les revenus de l'État –, et **s'attaque au vaste problème de la corruption des fonctionnaires**. Pour cela, il crée une sorte de prime destinée à « cultiver la probité » (*yanglian*), une expression qui est l'intitulé même de ce complément de salaire. Ces réformes politiques sont dans l'ensemble couronnées de succès ; **Yongzheng peut transmettre ainsi à son successeur Qianlong un empire riche, prospère et relativement bien tenu** (cf. « L'économie », chap. IV). Dans le domaine militaire, en revanche, il ne rencontre pas autant de succès, car **il ne parvient pas à contenir l'influence exercée par les Dzoungares en Asie centrale**. Les Qing subissent un important revers militaire en 1731 et la victoire obtenue l'année suivante est loin d'être décisive. C'est d'ailleurs dans le cadre de la lutte contre les Dzoungares que naît, selon la volonté du souverain, un conseil militaire promis à une grande destinée. **Ce Grand Conseil, comme il est d'usage de l'appeler, perd progressivement sa nature militaire et devient, sous les règnes suivants, l'organe gouvernemental le plus important de la cour** (cf. « Le gouvernement central », chap. III).

Yongzheng s'illustre également par sa volonté de moraliser le pays en y propageant des valeurs confucéennes favorables à la pérennité de la dynastie. Entre autres mesures, il réédite un texte de son père, l'*Édit sacré en seize sections* (*Shengyu shiliu tiao*), augmenté de ses propres commentaires. Cet *Édit sacré avec commentaires* (*Shengyu guangxun*), publié en 1724, insiste particulièrement sur l'obéissance des fonctionnaires au monarque et sur la soumission du peuple à la dynastie ; il est à de nombreuses reprises diffusé dans l'empire. **Le monarque est un fervent bouddhiste**, attaché non seulement au bouddhisme tibétain – il transforme le palais dans lequel il vivait étant prince, le Yonghe gong, en temple – mais aussi au bouddhisme zen (*chan*), deux courants qu'il favorise notamment en patronnant l'édition de soutras (cf. « Le bouddhisme », chap. VI).

La succession de Yongzheng s'opère de manière très naturelle et n'engendre pas de contestations semblables à celles que lui-même a subies. Il désigne en effet très tôt son successeur – la première année de son règne –, mais ne rend pas sa décision publique. Au contraire, il rédige un testament secret qu'il fait enfermer dans une boîte scellée et disposée derrière un panneau du palais de la Pureté céleste (Qianqing gong), l'une des salles de la Cité interdite. À sa mort, la boîte est ouverte et le nom du fils destiné à régner est proclamé : il s'agit de Hongli, son quatrième enfant mâle.

LE RÈGNE DE QIANLONG (1736-1795) : LA GRANDEUR DES QING

Hongli, dont le nom d'ère est Qianlong, vit les onze premières années de sa vie sous le règne de son grand-père Kangxi. Celui-ci l'aime beaucoup et est impressionné à plusieurs reprises par l'intelligence de son petit-fils, notamment lors d'une partie de chasse impériale lors de laquelle Qianlong, alors âgé de onze ans, fait preuve d'un étonnant sang-froid face à un ours. On raconte que Kangxi cède le trône à Yongzheng dans l'espoir que ce dernier le transmette à son tour à Qianlong.

Qianlong est intronisé en 1735 à l'âge de vingt-cinq ans et exerce un règne de plus de soixante années, l'un des plus longs de toute l'histoire de la Chine. Il quitte volontairement le pouvoir afin que son règne n'excède pas celui de son grand-père. À son avènement, cela fait quatre-vingt dix ans que les Qing sont établis en Chine. Aussi, dans le domaine institutionnel, **l'empereur ne se livre-t-il à aucune réforme substantielle**, contrairement à ce qu'avait fait son père Yongzheng. En revanche, pour faire face à un certain déclin de l'identité mandchoue – en particulier la langue – l'empereur s'efforce de remettre à l'honneur la culture de ses ancêtres (cf. « Les grands travaux académiques officiels », chap. VII) et s'arrange dans le domaine politique pour que les hauts fonctionnaires mandchous jouissent toujours de la primauté sur leurs homologues chinois. De manière générale, Qianlong, bien que passionné par la culture chinoise, fait preuve d'une attitude bien plus favorable aux Mandchous que ses deux prédécesseurs.

On divise habituellement le règne du monarque en trois périodes marquées par les différents ministres que le souverain choisit pour l'assister dans sa tâche. La première phase (1736-1750) est celle d'hommes d'État expérimentés, principalement le Mandchou Ortai (1680-1745) et le Chinois Zhang Tingyu (1672-1755), déjà ministres sous le règne précédent. C'est une période de paix où le nouveau monarque profite des réformes centralisatrices édictées par son père. À partir de 1749, date à laquelle Zhang Tingyu part en retraite, et pendant trente ans (1750-1780), l'empereur s'appuie essentiellement sur des membres de son clan, comme son beau-frère Fuheng (†1770) puis plus tard Yu Minzhong (1714-1780). Le monarque exerce cependant un pouvoir quasi absolu, et lance une série de grands travaux très coûteux qui participeront de la gloire de son règne. La troisième et dernière période (1780-1795) est celle du **ministre Heshen (1750-1799), un jeune Mandchou auquel le vieil empereur s'attache** et à qui il fait de plus en plus confiance à mesure qu'il avance en âge. Heshen est certes un ministre extrêmement doué, mais il affiche un immense népotisme et accumule au cours des années une fortune si considérable qu'elle ne manque pas de lui attirer, après la mort de l'empereur en 1799, la haine du fils et successeur de Qianlong, l'empereur Jiaqing, qui le fait exécuter.

Le règne de Qianlong est marqué en premier lieu par un **grand nombre de campagnes militaires** dont certaines étendent considérablement le territoire contrôlé par l'empire, notamment en **Asie centrale** (cf. « L'empire Qing », chap. II) : le monarque soumet définitivement les Dzoungares (1755-1757), pacifie les musulmans du Turkestan (1757-1759), mate des rébellions au Tibet (campagnes de Jinchuan au Sichuan, en 1747-1749 puis en 1771-1776, et contre les Gourkhas du Népal, en 1790-1792) et à Taiwan (1787-1788), fait la guerre en Birmanie (1766-1770) et au nord du Vietnam (1786-1789). La plus grande de ces victoires est sans conteste la

résolution définitive du problème dzoungare – ce peuple est presque exterminé –, ce qui permet l'**intégration de la vallée de l'Ili et du Turkestan oriental à l'empire**, régions qui deviennent le Xinjiang (littéralement les « nouveaux territoires »).

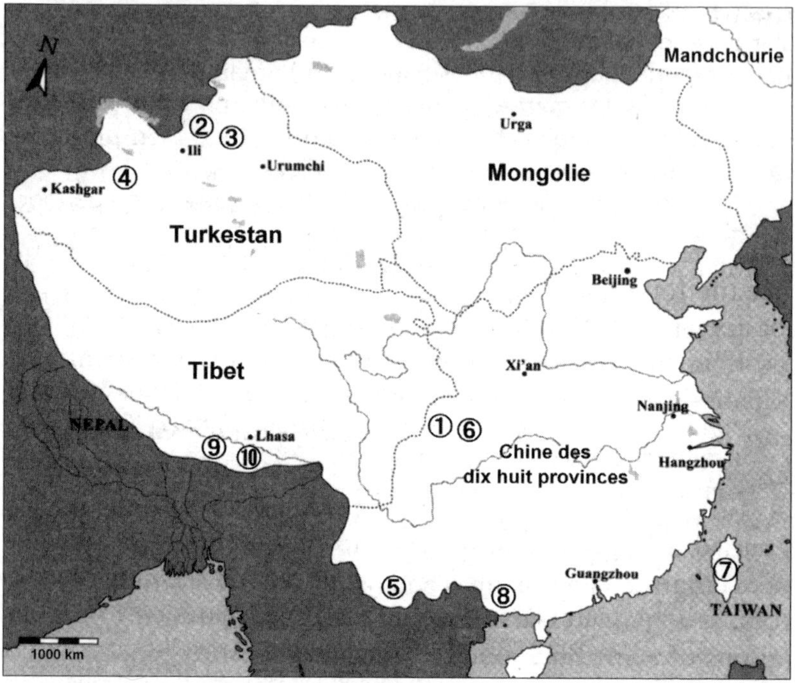

Les dix campagnes militaires de Qianlong

1. Première campagne de Jinchuan (1747-1749) ; 2. Première campagne contre les Dzoungares (1755) ; 3. Seconde campagne contre les Dzoungares (1756-1757) ; 4. Campagne contre la rébellion de Khoja (Turkestan, 1757-1759) ; 5. Campagne de Birmanie (1767-1771) ; 6. Seconde campagne de Jinchuan (1771-1776) ; 7. Campagne de Taiwan (1787-1788) ; 8. Campagne du Vietnam (1786-1789) ; 9. Première campagne contre les Gourkhas (1790) ; 10. Seconde campagne contre les Gourkhas (1792)

L'empereur est tout au long de son règne **un grand protecteur des arts et des lettres** : il comprend que la culture est un enjeu politique de taille et veut montrer à ses sujets, et en particulier aux lettrés chinois, qu'il est un défenseur et un préservateur du savoir. Fervent collectionneur, il réunit une vaste collection d'antiquités, en particulier des bronzes, des sceaux et des peintures. Il est lui-même bon calligraphe et s'adonne autant que possible à la poésie. **Il s'entoure, à la cour, de savants et d'artistes occidentaux**, notamment des peintres jésuites Jean-Denis Attiret (1702-1768) et Giuseppe Castiglione (1688-1766), ce dernier ayant déjà été au service de son père et de son grand-père. Castiglione réalise non seulement de nombreux portraits du souverain, mais conçoit également les palais occidentaux (Xiyang lou) du Jardin de la clarté parfaite (Yuanming yuan, cf. « Les résidences impériales d'été », chap. II), un vaste palais d'été commencé sous Kangxi.

L'une des plus grandes réalisations littéraires du règne de Qianlong **est la *Collection complète en quatre magasins*** (cf. « Les grands travaux académiques officiels », chap. VII), que le souverain confie à son ministre érudit Ji Yun (1724-1805). Si l'empereur ambitionne de réunir dans cette collection les plus éminents ouvrages de la culture chinoise, **il profite de l'entreprise pour se livrer à une vaste inquisition littéraire** (1774-1789), faisant détruire et mettre à l'index quantité d'ouvrages jugés antimandchous ou contraires aux bonnes mœurs (cf. « L'inquisition littéraire », chap. VII).

En 1795, l'empereur fête ses soixante années de règne. Afin de manifester sa piété filiale, l'une des vertus cardinales du confucianisme, il décide de ne pas gouverner plus longtemps que son grand-père Kangxi et abdique au profit de son quinzième fils, Yongyan, qui règne à partir de 1796, son ère ayant pour nom Jiaqing. Qianlong, désormais revêtu du titre d'« empereur retiré » (Tai shanghuang) vit encore pendant trois ans, et meurt en 1799 à l'âge de quatre-vingt-neuf ans.

MISSIONNAIRES JÉSUITES ET RELATIONS AVEC L'OCCIDENT

Lorsque les Qing conquièrent la Chine en 1644, une **présence jésuite y est établie depuis environ soixante ans**. Celle-ci **débute formellement en 1582**, sous les Ming, lorsque les Italiens **Matteo Ricci** (1552-1610) et **Michele Ruggieri** (1543-1607) s'installent sur le territoire chinois, d'abord dans le sud, puis à Pékin à partir de 1601. Ces missionnaires, puis ceux qui les suivent, ont à cœur de convertir dans un premier temps les élites chinoises, c'est-à-dire les lettrés. Ils estiment qu'une fois ceux-ci christianisés, le reste de la population suivra, en vertu de la règle *cujus regio, cujus religio* (« tel roi, telle religion ») qui a fait ses preuves en Occident. **Les jésuites se présentent donc en Chine comme l'équivalent occidental des lettrés** : ils ambitionnent d'être considérés et employés comme des savants. Sur ce plan, leur méthode est payante. **Kangxi, comme Yongzheng et Qianlong, acceptent dans leur cour des jésuites européens qu'ils emploient comme astronomes, ingénieurs, peintres ou même intermédiaires dans des rencontres diplomatiques** (par exemple, avec les Russes). Les plus fameux de ces missionnaires sont, outre les peintres Giuseppe Castiglione et Jean-Denis Attiret, Joseph-Marie Amiot (1718-1793), qui reste quarante ans à Pékin, et Michel Benoist (1715-1774), auquel Qianlong confie la construction des fontaines et des jeux d'eau du Jardin de la Clarté parfaite.

On note, au XVIIe et au XVIIIe siècle, une **importante exportation de céramiques**, notamment celles des ateliers impériaux de Jingdezhen (Jiangxi). L'Europe, en partie grâce au jésuite Francois Xavier d'Entrecolles (1664-1741), découvre ces belles porcelaines chinoises et y prend goût. Mais si, pour de nombreux aspects, **le XVIIIe siècle européen est sinophile** – les philosophes des Lumières (Voltaire, entre autres) font par exemple l'éloge du despotisme éclairé des souverains chinois – le suivant ne le sera pas. Les empereurs Qing, et particulièrement Qianlong, refusent en effet d'ouvrir grandes les portes de leur empire au commerce occidental, ce qui déplaît aux souverains européens. Durant tout ce siècle, **de nombreuses ambassades européennes sont reçues** par les monarques Qing ; la plus célèbre d'entre elles, celle du **Britannique Macartney** (1793-1794), est le meilleur exemple d'une rencontre manquée. Lord Macartney (1737-1806), venu à la cour de Qianlong en qualité d'ambassadeur plénipotentiaire du roi Georges III d'Angleterre (r. 1760-1820), a pour objectif principal de développer les échanges commerciaux en faisant ouvrir plus de ports et en implantant une présence diplomatique à Pékin. Ses demandes ne sont pas satisfaites. Cette mission très décevante pour l'Angleterre est le point de départ d'une sinophobie qui ne cesse de s'accentuer tout au long du XIXe siècle. **Les puissances européennes finissent par contraindre militairement les Qing à l'ouverture** (notamment à l'issue des deux guerres de l'opium, cf. la chronologie ci-après), et se livrent à un véritable démembrement du territoire. L'empire manchou, saigné à blanc par les guerres, devenu exsangue sur le plan économique, miné à la cour par des querelles de pouvoir et dans les provinces par d'innombrables insurrections, ne se relèvera pas. **Il tombera en 1911 pour laisser place à la République de Chine** de Sun Yat-sen.

LES DYNASTIES CHINOISES

Le nom d'une dynastie chinoise n'a pas de rapport avec le patronyme de la famille régnante. Il s'agit de la dénomination de l'État (*guohao*) choisie par le souverain fondateur. Ce nom peut être un terroir (par exemple, Han), le nom d'une principauté de l'Antiquité (Qin, Wei, Jin), ou un terme choisi pour son sens (Xin signifie « la nouvelle », Yuan « la primordiale », Ming « la claire » et Qing « la pure »).

XIA 夏 (dynastie semi-légendaire, 1re moitié du IIe millénaire av. J.-C.)

SHANG 商 (vers 1500-1050 av. J.-C.)

ZHOU 周 (vers 1050-256 av. J.-C.) :
- Zhou occidentaux 西周 (vers 1050-771 av. J.-C.)
- Zhou orientaux 東周 (771-256 av. J.-C.) : Printemps et automnes 春秋 (722-481 av. J.-C.) puis Royaumes combattants 戰國 (403-221 av. J.-C.)

QIN 秦 (221-206 av. J.-C.)

HAN 漢 (206 av. J.-C.-220 apr. J.-C.) :
- Han antérieurs ou Han occidentaux 西漢 (206 av. J.-C.-9 apr. J.-C.)
- Interrègne des XIN 新 (9-25)
- Han postérieurs ou Han orientaux 東漢 (25-220)

TROIS ROYAUMES 三國 (220-266-280) :
- WEI 魏 (220-266)
- SHU 蜀 (221-263)
- WU 吳 (222-280)

JIN 晉 (266-420)

DYNASTIES DU SUD ET DU NORD 南北朝 (420-589)

SUI 隋 (581-618)

TANG 唐 (618-907)

Période des CINQ DYNASTIES 五代 (907-960) et des DIX ROYAUMES 十國 (902-960)

SONG 宋 (960-1279), LIAO 遼 (907-1125, dynastie khitan), JIN 金 (1115-1234, dynastie jurchen)

YUAN 元 (1279-1367), dynastie mongole

MING 明 (1368-1644)

QING 清 (1644-1911), dynastie mandchoue

LES EMPEREURS DES QING

Nom personnel et dates	Nom d'ère
Nurhaci 努爾哈赤 (1559-1626)	Tianming 天命
Hong Taiji 皇太極 (1592-1643)	Chongde 崇德
Fulin 福臨 (1638-1661)	Shunzhi 順治
Xuanye 玄燁 (1654-1722)	Kangxi 康熙
Yinzhen 胤禛 (1678-1735)	Yongzheng 雍正
Hongli 弘曆 (1711-1799)	Qianlong 乾隆
Yongyan 顒琰 (1760-1820)	Jiaqing 嘉慶
Minning 旻寧 (1782-1850)	Daoguang 道光
Yizhu 奕詝 (1821-1861)	Xianfeng 咸豐
Zaichun 載淳 (1856-1875)	Tongzhi 同治
Zaitian 載湉 (1871-1908)	Guangxu 光緒
Puyi 溥儀 (1906-1967)	Xuantong 宣統

* Nurhaci est l'ancêtre fondateur des Qing. Il fonde en 1616 la dynastie des Jin ; son fils Hong Taiji change le nom en Qing en 1636.

Le **nom personnel est le prénom reçu à la naissance.** Le nom de famille des souverains des Qing est Aisin Gioro, en chinois Aixin Jueluo.

Le nom d'ère est choisi par l'empereur lorsqu'il monte sur le trône (cf. « Le calendrier », chap. V). Ce n'est pas à proprement parler un nom de souverain, mais l'appellation donnée à sa

Nom de temple	Dates de règne
Taizu 太祖	1616-1626*
Taizong 太宗	1626-1643*
Shizu 世祖	1644-1661
Shengzu 聖祖	1662-1722
Shizong 世宗	1723-1735
Gaozong 高宗	1736-1795
Renzong 仁宗	1796-1820
Xuanzong 宣宗	1821-1850
Wenzong 文宗	1851-1861
Muzong 穆宗	1862-1874
Dezong 德宗	1875-1908
aucun	1909-1912

période de règne. Toutefois, les empereurs des dynasties Ming et Qing sont le plus souvent désignés par ce nom d'ère : empereur Kangxi, empereur Qianlong…

Le nom de temple est le nom écrit sur la tablette funéraire (cf. « Le culte des ancêtres », chap. VI) de l'empereur, que l'on place dans le temple des Ancêtres impériaux (Taimiao).

L'année où meurt un empereur appartient au règne du défunt. L'ère de son successeur commence donc au nouvel an qui suit la date du décès, même si le nouveau monarque exerce en fait le pouvoir depuis quelques mois déjà.

L'HISTOIRE

CHRONOLOGIE (1618-1912)

1618 : Nurhaci et ses armées jurchen arrivent en Mandchourie.
1625 : Mukden (actuelle Shenyang) devient capitale de la Mandchourie.
1642 : Hong Taiji occupe toute la Mandchourie jusqu'à la passe de Shanhaiguan. Le chef des Mongols Koshots, Gushri Khan, confère au 5e dalai-lama, Ngawang Lobsang (1617-1682), l'autorité temporelle sur le Tibet central et devient lui-même le « roi » du Tibet. Construction du Potala à Lhasa.
1643 : Le sécessionniste Li Zicheng établit sa capitale à Xiangyang au Hubei.

L'installation des Mandchous en Chine

1644 : Li Zicheng occupe Pékin. Suicide de l'empereur Chongzhen des Ming. **Prise de Pékin par les Mandchous.** Début du règne de l'empereur Shunzhi des Qing, son oncle Dorgon assurant la régence.
1645 : Li Zicheng est défait. Prise de Yangzhou et de Nankin par les Mandchous. **Le port de la natte est imposé par les Mandchous à tous les Chinois adultes de sexe masculin sous peine de mort.**
Vers 1650 : Zheng Chenggong (Koxinga) et ses pirates ravagent les côtes sud-est de la Chine.
1656 : Rétablissement des concours mandarinaux.
1658-1659 : Zheng Chenggong parvient aux abords de Nankin.
1661 : Écrasement des Ming du Sud au Yunnan. Mort de l'empereur Shunzhi des Qing.
1662 : **Début du règne de l'empereur Kangxi.** Régence de Oboi.
1667 : Début du règne personnel de Kangxi.
1668 : Interdiction aux Chinois de s'installer en Mandchourie.
1669 : Kangxi condamne Oboi à mort.
1678-1679 : Les Dzoungares occupent le bassin du Tarim.

L'apogée des Qing

1683 : Taiwan est conquise.
1683-1705 : 6e dalai-lama au Tibet. Il est enlevé par un chef mongol.

1684 : 1er voyage de Kangxi dans le Sud.
1689 : 2e voyage de Kangxi dans le Sud. Traité de Nertchinsk avec la Russie. La frontière entre la Chine et la Russie autour du fleuve Amour est ainsi délimitée.
1696 : Offensive contre les Dzoungares. Victoire de Jaomodo (Zûn-mod).
1697 : Les Qing occupent la Mongolie.
1699 : 3e voyage de Kangxi dans le Sud.
1703 : 4e voyage de Kangxi dans le Sud. Achèvement de la *Poésie complète des Tang* (*Quantang shi*).
1705 : 5e voyage de Kangxi dans le Sud.
1707 : 6e et dernier voyage de Kangxi dans le Sud.
1708-1757 : 7e dalai-lama. Installé par les Mandchous en 1720, il n'exerce pas de pouvoir temporel. C'est un noble, Pholané (1689-1747), qui devient, avec l'aide des Mandchous, maître du Tibet jusqu'à sa mort.
1709 : Fondation du Jardin de la clarté parfaite (Yuanming yuan).
1717 : Les Dzoungares au Tibet.
1720 : Expédition militaire au Tibet, repli des Dzoungares.
1722 : Mort de Kangxi.
1723 : **Début du règne de l'empereur Yongzheng.** Guerre civile au Tibet.
1725 : Agrandissement du Jardin de la clarté parfaite. Achèvement de la *Collection de livres et d'illustrations antiques et modernes* (*Gujin tushu jicheng*).
1729 : Création du Grand Conseil.
1730 : Tremblement de terre à Pékin.
1735 : Achèvement de l'*Histoire des Ming* (*Mingshi*). Mort de Yongzhen.
1736 : **Début du règne de l'empereur Qianlong.**
Vers 1745-1740 : Publication des *Chroniques indiscrètes des mandarins* (*Rulin waishi*).
1746-1749 : Soulèvement à Jinchuan au nord-ouest du Sichuan.
1747-1759 : Construction de palais de style occidental au Jardin de la clarté parfaite.
1751 : 1er voyage de Qianlong dans le Sud. Expédition militaire au Tibet.
1756-1757 : Extermination des Dzoungares.
1757 : 2e voyage de Qianlong dans le Sud. Le commerce avec les Européens et les Américains est confiné à Canton, sur l'îlot de Shamian.
1758-1759 : Conquête du bassin du Tarim.

L'HISTOIRE

Vers 1760 : *Le Rêve dans le pavillon rouge* (*Hongloumeng*) de Cao Xueqin commence à circuler.

1762 : 3e voyage de Qianlong dans le Sud. 200 millions d'habitants recensés.

1765 : 4e voyage de Qianlong dans le Sud. Révolte de musulmans au Xinjiang.

1767-1769 : Campagnes militaires en Birmanie.

1771-1776 : Révolte au nord-ouest du Sichuan.

1772-1782 : Compilation de la *Collection complète en quatre magasins* (*Siku quanshu*) sous la direction de Ji Yun.

1774 : Révolte de la secte des Lotus blancs en Chine du Nord.

1774-1789 : **Inquisition littéraire.**

1780 : 5e voyage de Qianlong dans le Sud. Heshen devient le favori de l'empereur.

1781-1784 : Révoltes au Gansu.

1784 : 6e et dernier voyage de Qianlong dans le Sud.

1787-1788 : Répression sanglante de révoltes à Taiwan.

1788-1789 : Campagne militaire au Vietnam.

1791-1792 : Campagne militaire au Tibet et au Népal contre les Gourkhas.

1791 : Première publication imprimée du *Rêve dans le pavillon rouge* par Cheng Weiyuan et Gao E.

1793-1794 : **Ambassade britannique de Lord Macartney.**

Le déclin

1793-1795 : Révoltes paysannes au Henan, Shaanxi, Sichuan et Hebei.

1795-1803 : Soulèvement des Lotus blancs en Chine du Nord.

1795 : Qianlong abdique et transmet le pouvoir à son fils, l'empereur Jiaqing.

1799 : **Mort de Qianlong.** Exécution de Heshen.

1800 : Interdiction de la plantation et de l'usage de l'opium.

1800-1809 : Répression de la piraterie dans le Sud et à Taiwan.

1802 : Soulèvement au Yunnan.

1803 : Soulèvement à Canton.

1805 : Mesures contre les Chinois convertis au christianisme.

1807 : Troubles dans l'armée.

1811-1814 : Révoltes de la secte Tianlijiao (Ordre céleste) au Shandong et au Hebei.

1812 : Recensement : 361 millions d'habitants.

1813 : Tentative d'enlèvement de l'empereur par des membres de la secte Tianlijiao.
1816 : L'East India Company décide de développer les importations d'opium en Chine.
1820 : Mort de l'empereur Jiaqing.
1820-1825 : Les importations d'opium deviennent préjudiciables à la balance commerciale chinoise.
1821 : Début du règne de l'empereur Daoguang.
À partir de 1830 : Accroissement très rapide des importations d'opium.
1839 : Lin Zexu, gouverneur des deux Guang, fait brûler des caisses d'opium à Canton.
1839-1841 : **1re guerre de l'opium.**
1842 : Traité de Nankin : le territoire de Hong-Kong est cédé à la Grande-Bretagne ; les ports de Canton, Shanghai, Amoy, Fuzhou et Ningbo sont ouverts aux importations d'opium.
1843 : Libéralisation des activités missionnaires catholiques. Premiers droits d'extraterritorialité en faveur des étrangers.
1850 : Mort de l'empereur Daoguang.
1850-1861 : Révolte des Taiping, menée par le chef de la secte, Hong Xiuquan.
1853 : Nankin, occupée par les Taiping, devient la capitale du mouvement.
1854 : Pékin est menacée par les Taiping.
1855 : Grande inondation due au fleuve Jaune. Il reprend son cours au nord du Shandong. Soulèvement des musulmans du Yunnan.
1856 : **2e guerre de l'opium.**
1858 : Traité de Tianjin.
1860 : Expédition militaire des alliés occidentaux à Pékin. Exil de la cour mandchoue à Jehol (Chengde). Pillage et incendie du Jardin de la clarté parfaite. Conventions de Pékin.
1861 : Mort de l'empereur Daoguang. Soulèvement des musulmans du Shaanxi et du Gansu.
1860-1885 : Mouvement réformateur « Yangwu » (gestion à la mode occidentale).
1862 : Début du règne de l'empereur Tongzhi. Les territoires musulmans du Xinjiang font sécession.
1867-1908 : Mainmise sur l'État de l'impératrice Cixi.
1873 : Record des importations d'opium en Chine. L'ensemble du Xinjiang est en rébellion.
1874 : Mort de l'empereur Tongzhi.

L'HISTOIRE

1875 : Début du règne de l'empereur Guangxu.

1878 : La région du Xinjiang est pacifiée.

1884-1885 : Guerre franco-chinoise à la suite de l'intervention française au Tonkin.

1894-1895 : Guerre sino-japonaise, remportée par le Japon. Traité de Shimonoseki : Taiwan et les îles Penghu sont cédées au Japon. Ces îles ne seront restituées à la Chine qu'en 1945.

1896 : Publication du *Livre de la grande unité* (*Datongshu*) de Kang Youwei, utopie sociale et politique.

1898 : **Réforme des Cent Jours.** La Chine est dépecée par les puissances occidentales : l'Allemagne obtient la région de Qingdao au Shandong, la Russie s'installe à Dalian et à Lüshun (Port-Arthur), le Yunnan est une zone d'influence française (car proche du Tonkin), le Royaume-Uni signe un bail de 99 ans pour les Nouveaux Territoires (face à l'île de Hong-Kong).

1900 : Révolte des boxeurs.

1904-1905 : Guerre russo-japonaise. Le Japon sort vainqueur.

1905 : Sun Yat-sen crée au Japon le Tongmenghui (Société de la conjuration), ancêtre du Guomindang (Parti nationaliste).

1908 : Mort de l'empereur Guangxu et de l'impératrice douairière Cixi.

1909 : Début du règne de l'empereur Xuantong (Puyi).

Octobre 1911 : Insurrection républicaine à Wuchang ; elle provoque l'effondrement des Qing.

1er janvier 1912 : Proclamation à Nankin de la République de Chine par Sun Yat-sen, suivie le 12 février de l'abdication de l'empereur Xuantong (Puyi). C'est la fin de la dynastie des Qing et du système impérial en Chine.

史

II

L'EMPIRE ET SA CAPITALE

Pour les Chinois, et pour les souverains mandchous, l'empire correspond au « monde sous le Ciel » (*tianxia*), c'est-à-dire au monde civilisé. En dehors vivent des « barbares » plus ou moins sauvages qui sont tenus à l'allégeance envers l'empereur. Dans ce système, est vassale ou ennemie toute population hors de l'empire, et il ne saurait y avoir de pouvoir politique égal. Cette vision informe non seulement la façon de gouverner à l'intérieur de l'écoumène impérial, mais également les relations internationales (cf. « L'organisation politique et administrative », chap. III, et « Missionnaires jésuites et relations avec l'Occident », chap. I). C'est sous les Qing et au XVIIIe siècle que le territoire contrôlé par l'empire chinois (sino-mandchou dans le cas présent) atteint son extension maximale : en 1759, **l'empire Qing, peut-être le plus vaste au monde après l'empire russe, s'étend sur treize millions de kilomètres carrés**, environ quatre millions de plus que l'actuelle République populaire de Chine (9 736 000 km^2). L'empire englobe alors la Mongolie, l'île de Taiwan, et des territoires qui appartiennent de nos jours à la Russie. Par ailleurs, son aire d'influence ne se limite pas à ce vaste ensemble ; de nombreux pays d'Asie (Vietnam, Siam, Birmanie, Népal, Philippines, Corée) reconnaissent en effet sa suzeraineté et en sont plus ou moins dépendants. L'empire sino-mandchou est alors le géant de l'Asie et, jusqu'aux guerres de l'opium, il ne souffre d'aucun ennemi digne de rivaliser avec lui.

L'EMPIRE ET SA CAPITALE

Carte physique de la Chine actuelle

Source : http://www.universalis.fr/atlas/asie/chine/

L'EMPIRE ET SA CAPITALE

LE CADRE NATUREL

Il faut insister sur le fait que le territoire contrôlé par les Qing est immense, plus proche d'un continent ou d'un sous-continent que d'un simple pays, tout comme d'ailleurs l'actuelle République populaire de Chine. L'empire Qing, à l'apogée de son extension, s'inscrit dans un vaste quadrilatère d'environ 3 500 km du nord au sud (légèrement plus qu'entre Paris et Jérusalem) par 4 400 km d'ouest en est (à peu près la distance entre Paris et Téhéran). Ce territoire est donc non seulement gigantesque, mais il est en outre marqué par une très grande variété de climats, de paysages et de peuplements (cf. « La démographie », chap. IV).

Au XVIIIe siècle, les zones climatiques sont peu ou prou les mêmes qu'aujourd'hui, quoique les températures soient légèrement plus hautes actuellement. **Le sud** (à partir de la rivière Huai) **est chaud et humide**, et l'extrême sud (Hainan, sud de Taiwan) est subtropical. **Le nord-est** (Pékin compris) **correspond à un climat tempéré froid, pratiquement continental** (été très chaud et hiver très froid). Les records d'amplitude thermique se trouvent en Mongolie, où près de quatre-vingts degrés peuvent séparer le mois le plus froid du mois le plus chaud. **L'empire comprend des zones désertiques** en Mongolie et dans le Turkestan oriental (Xinjiang). Les hauts plateaux tibétains sont quant à eux marqués par un climat froid et sec. Le Yunnan bénéficie d'un microclimat assez tempéré.

Du point de vue du relief, **on peut distinguer trois grands paliers d'altitudes** d'ouest en est :

– le plus haut, **au-dessus de 2 000 mètres**, comprend le plateau tibétain, c'est-à-dire l'actuelle région autonome du Tibet, la province du Qinghai et l'ouest du Sichuan. Il culmine à plus de 8 800 m avec le mont Everest ; la chaîne des monts Kunlun atteint 7 000 m.

– le palier moyen, **entre 1 000 et 2 000 m** ; on y trouve, entre autres, le plateau de Mongolie, les chaînes des Nanshan, celle des Qinshan et celle du Grand Khingan (Daxing'an).

– enfin, le palier bas, **à moins de 1 000 m**, constitué notamment par la grande plaine du Nord, le bassin du Sichuan (le bassin Rouge), celui du fleuve Tarim, et les déserts du Taklamakan et de Gobi.

Sur le plan hydrographique, **la Chine** est très riche en cours d'eau, et **se trouve traversée par deux immenses fleuves** coulant d'ouest en est :

– **au sud, le fleuve Bleu**, en chinois Changjiang (le « long fleuve ») ou Yanzijiang, d'où l'ancienne orthographe de Yangtsé. Long de presque 6 000 kilomètres (3e du monde), il prend sa source au Tibet et irrigue avec ses affluents un bassin de 1 830 000 km². Son cours étant relativement calme et ses crues assez régulières, il est particulièrement propice à la navigation.

– **au nord, le fleuve Jaune** (Huanghe). Il est long de 5 500 km, et son bassin couvre 745 000 km². Il prend sa source dans le Qinghai. Fleuve à la prodigieuse turbidité, très riche en alluvions, il connaît des crues dévastatrices. À Lanzhou, où il n'est plus qu'à 1 500 km de la mer à vol d'oiseau, il forme un coude vers le nord et son tracé dessine une grande boucle (la boucle des Ordos), si bien qu'il parcourt encore 3 500 km avant de finir sa course. Ce fleuve est si impétueux que son cours inférieur a changé une dizaine fois d'embouchure dans l'histoire. Actuellement, il se jette dans la mer au nord de la péninsule du Shandong, mais sous les Qing, c'était au sud, à plus de 450 km de distance.

Les **autres grands cours d'eau** de Chine sont :

– le fleuve Amour (Heilongjiang), qui délimite de nos jours la frontière avec la Russie (ce n'était pas le cas au XVIIIe siècle, car la frontière était alors située plus au nord) ;

– les deux grands affluents du fleuve Jaune, les rivières Wei et Fen ;

– le fleuve Liao, dans la province actuelle du Liaoning, en Mandchourie ;

– la rivière Huai, entre le fleuve Bleu et le fleuve Jaune ;

– les grands cours du sud (fleuves, affluents du fleuve Bleu ou rivières se jetant dans le lac Poyang) : les rivières Han, Xiang (Hunan), Gan (Jiangxi), et le fleuve Min (Fujian) ;

– la rivière des Perles (Zhujiang), avec ses nombreux affluents, qui vient se jeter dans la mer au niveau de Hong-Kong et dont le bassin irrigue la province du Guangdong ;

– le fleuve Tarim, endoréique, qui coule dans le Xinjiang ;

– le Mékong, qui prend sa source dans le Qinghai, traverse le Yunnan puis quitte le territoire chinois pour couler dans la péninsule indochinoise.

L'EMPIRE ET SA CAPITALE

PÉKIN, CAPITALE D'EMPIRE

Cœur et symbole du pouvoir impérial sous les Ming et les Qing, **Pékin** (Beijing, littéralement la « capitale du Nord ») **n'a pas toujours été le centre de l'empire en Chine** : les précédentes capitales des dynasties impériales chinoises ont tour à tour été les villes actuelles de Luoyang (au Henan, capitale sous les Han postérieurs), de Xi'an (l'antique Chang'an, Shaanxi, capitale sous les Han Occidentaux et les Tang), de Kaifeng (Henan, Song du Nord), de Hangzhou (Zhejiang, Song du Sud) et de Nankin (Jiangsu, sous diverses dynasties du IIIe au VIe siècle, puis au début des Ming). C'est sous les dynasties non chinoises des Liao, des Jin, puis surtout des Yuan que le site de Pékin acquiert le statut de capitale. Les Mongols y établissent Dadu (littéralement, la « grande capitale »), que Marco Polo décrit sous le nom de Khanbalik (la ville du khan, c'est-à-dire du souverain). La dynastie suivante, les Ming (1368-1644), s'installe dans un premier temps à Nankin, mais en 1421, l'empereur Yongle (r. 1403-1424) décide de déplacer sa capitale à Pékin ; celle-ci gagne alors un statut qu'elle ne perdra jamais.

Les Mandchous, lorsqu'ils prennent la ville en 1644, la trouvent en effet tout à fait à leur goût, car elle dispose non seulement de toutes les infrastructures nécessaires à une métropole, mais elle possède également un emplacement très avantageux : elle se trouve dans une plaine abritée des vents du nord par les monts Jingshan, et bénéficie de la présence de cours d'eau dans les environs (Juma, Yongding, Beiyun et Chaobai). Autre avantage, la ville est relativement proche de la Mandchourie dont les monarques Qing sont originaires.

Sous les Qing, la ville de **Pékin s'organise en deux ensembles distincts et complémentaires** : **au nord, la ville tartare** (*neicheng*, littéralement la « ville intérieure »), que les Mandchous ont vidée de ses habitants chinois lorsqu'ils sont parvenus au pouvoir, et **au sud la ville chinoise** (*waicheng*, la « ville extérieure »). La ville tartare est un vaste carré orienté selon les points cardinaux et traversé par un axe nord-sud dont le palais impérial, la Cité interdite, est le centre. La ville possède plusieurs enceintes concentriques : au centre, celle qui protège la Cité interdite, puis celle qui entoure la ville impériale, et enfin celle qui marque la limite de la ville de Pékin proprement dite. La ville chinoise est quant à elle conçue sur un plan rectangulaire. Le périmètre des deux ensembles est d'environ quarante kilomètres et ceux-ci s'étendent sur soixante kilomètres carrés. En comparaison, Paris *intra-muros* couvre une superficie de cent cinq kilomètres carrés.

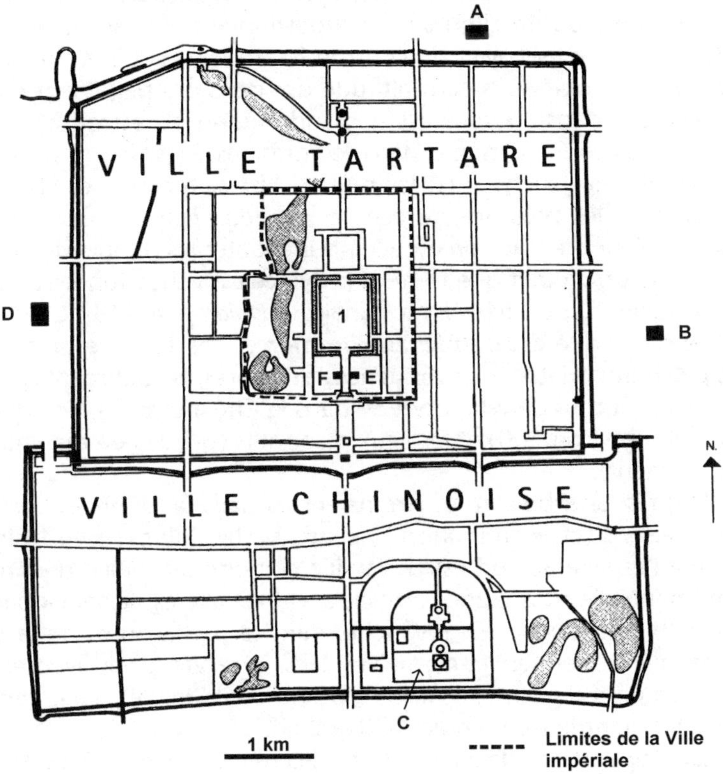

Plan général de Pékin

1 : Cité interdite ; A : Autel de la Terre ; B : Autel du Soleil ; C : Temple du Ciel ; D : Autel de la Lune ; E : Autel du Sol et des Moissons ; F : Temple des Ancêtres impériaux

La ville est relativement basse : les bâtiments élevés sont peu nombreux car il est interdit de construire plus haut que les toitures du palais impérial, situées au maximum à environ trente-six mètres du sol. John Burrows (1764-1849), membre de l'ambassade Macartney en 1793, est impressionné par cette horizontalité qui tranche avec les capitales européennes : « À Pékin, on ne voit même pas une cheminée s'élever au-dessus du toit des maisons ; les maisons sont presque toutes de la même hauteur, formant des rues bien alignées, et ayant dans leur ensemble l'aspect et la régularité d'un camp très étendu [...]. Il y a très peu de maisons qui aient plus d'un étage. » (cité dans Luca Gabbiani, *Pékin à l'ombre du Mandat Céleste*, p. 49.)

L'EMPIRE ET SA CAPITALE

Autre élément qui surprend les Européens, **la foule de badauds, de vendeurs ou de clients** qui congestionnent les rues de la capitale. Un jésuite envoyé à la cour de Kangxi par Louis XIV raconte dans ses mémoires : « La multitude des gens qui paraissent continuellement dans les rues est si grande qu'on en est effrayé. […] Presque partout et même dans les grandes rues, il y a de l'embarras. À voir les chevaux, les mulets, les chameaux, les chariots, les chaises, les pelotons de cent et de deux cents personnes qui s'assemblent d'espace en espace pour écouter les diseurs de bonne aventure, on croirait que toute la province est venue fondre à Pékin pour quelque spectacle extraordinaire. » (*Ibid.*, p. 47-48.) C'est que **90 % de la ville est dédiée au commerce** ; les 10 % restants sont les palais impériaux et les résidences princières, les bâtiments administratifs (autour de 240, dont 50 dans la Cité interdite), les édifices cultuels (environ 700) et les lieux associatifs (guildes de marchands notamment).

Hormis les arbres et les jardins enclos dans les cours intérieures des maisons (cf. « La maison », chap. X), **la ville est peu boisée**, et seul l'espace au sud-est de la ville chinoise fait office de jardin. Agrémenté de trois étangs artificiels, cet espace est le seul « parc » accessible au public. En revanche, dans la partie ouest de la ville impériale, s'étendent trois autres lacs, réservés exclusivement à l'empereur et à sa famille : le lac septentrional (Beihai), le lac central (Zhonghai) et le lac méridional (Nanhai).

La population de la capitale s'accroît beaucoup à partir de la conquête mandchoue ; au XVIIIe siècle, elle **s'élève à près de 800 000 personnes** et atteint environ un million si l'on ajoute les faubourgs. C'est l'une des villes les plus peuplées de la planète à cette époque.

Population de Pékin (1647-1781)

Année	Population
1647	539 000
1657	562 160
1681	641 200
1711	766 700
1781	776 242

(d'après Luca Gabbiani, *Pékin à l'ombre du Mandat Céleste*, p. 61)

La Cité interdite, qui constitue le palais impérial *stricto sensu*, appartient elle-même à un ensemble plus vaste désigné sous le nom de ville impériale (*huangcheng*). Cet ensemble se compose de la Cité interdite proprement dite et d'un espace délimité par une enceinte où se trouvent les résidences de la famille impériale, les bureaux du département de la Maison impériale (*neiwufu*), des ateliers, des entrepôts, des écuries ainsi que les trois lacs cités plus haut, agrémentés de pavillons, de temples (la Pagode blanche, le temple Mahakala et le Fayuansi) et d'autres édifices commandités par les différents souverains Qing. La ville impériale abrite également deux lieux de culte très importants : l'autel du Sol et des Moissons (*shejitan*) et le temple des Ancêtres impériaux (Taimiao). Ce dernier contient non seulement les tablettes funéraires des empereurs défunts (cf. « Le culte des ancêtres », chap. VI), mais également celles de généraux ou de ministres méritants.

La Cité interdite

Voici ce que raconte l'abbé Jean-Baptiste Grosier, dans sa célèbre *Description générale de la Chine, ou Tableau de l'état actuel de cet empire*, publiée à Paris en 1785 et composée à partir de récits de missionnaires :

> Le palais de l'empereur s'élève au milieu de la ville tartare : il offre un amas prodigieux de grands bâtiments, de vastes cours et de superbes jardins ; il est enfermé de toute part d'une double enceinte ; le terrain qui est entre la première et la seconde est occupé par les maisons des officiers de la cour, des eunuques, et par différents tribunaux, dont les uns sont chargés de fournir les choses nécessaires au service du prince, les autres de maintenir l'ordre, de juger les différends, et de punir les fautes commises par les officiers de la famille impériale. On donne une lieue et demie de circonférence à l'enceinte extérieure de cet immense palais. Quoique l'architecture chinoise n'ait aucun rapport avec celle d'Europe, cependant le palais impérial de Peking ne laisse pas de frapper et d'en imposer aux yeux, par l'étendue, la grandeur, la disposition régulière des appartements, et par la structure singulière des toits à quatre pentes, ornés sur l'arête d'une plate-bande à fleurons, et relevés par les extrémités ; ces toits sont couverts de tuiles vernissées, et peintes d'un si beau jaune, qu'elles jettent de loin un aussi grand éclat que si elles étaient dorées. Au-dessous de ce toit supérieur il s'en forme un autre également brillant, qui naît de la muraille, soutenu par un grand nombre de poutres enduites d'un vernis vert, et semées de figures dorées : ce second toit, avec la saillie du premier, forme une espèce de couronnement à ces édifices.

L'EMPIRE ET SA CAPITALE

Le palais de l'empereur décrit par Grosier est la Cité interdite, un terme traduisant le chinois *zijincheng*, qui signifie littéralement « Cité pourpre interdite ». L'expression fait référence à la constellation qui contient l'étoile polaire, laquelle est pour les Chinois l'astre pourpre autour duquel gravite l'ensemble de la voûte céleste, tout comme l'empereur est l'axe autour duquel se meut l'empire. Elle est interdite car elle est la demeure impériale et seule une partie (la Cour extérieure, *waichao*) est accessible aux ministres et aux hauts fonctionnaires.

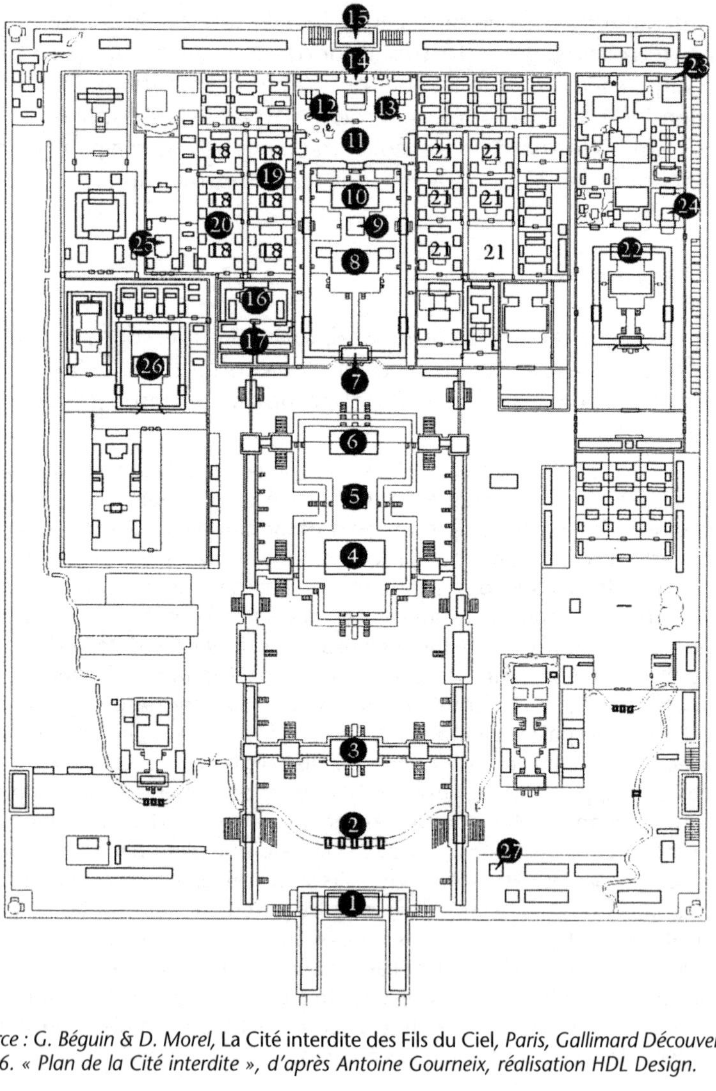

Source : G. Béguin & D. Morel, La Cité interdite des Fils du Ciel, *Paris, Gallimard Découvertes, 1996. « Plan de la Cité interdite », d'après Antoine Gourneix, réalisation HDL Design.*

Plan de la Cité interdite

1	*Porte du Midi*	*Wumen* 午門
2	*Ponts sur la rivière aux eaux d'or*	*Jinshuihe qiao* 金水河橋
3	*Porte de l'Harmonie suprême*	*Taihe men* 太和門
4	*Salle de l'Harmonie suprême*	*Taihe dian* 太和殿
5	*Salle de l'Harmonie du milieu*	*Zhonghe dian* 中和殿
6	*Salle de l'Harmonie préservée*	*Baohe dian* 保和殿
7	*Porte de la Pureté céleste*	*Qianqing men* 乾清門
8	*Palais de la Pureté céleste*	*Qianqing gong* 乾清宮
9	*Salle de la Puissante fertilité*	*Jiaotai dian* 交泰殿
10	*Palais de la Tranquillité terrestre*	*Kunning gong* 坤寧宮
11	*Jardin impérial*	*Yuhua yuan* 御花園
12	*Kiosque des Mille automnes*	*Qianqiu ting* 千秋亭
13	*Kiosque des Dix Mille printemps*	*Wanchun ting* 萬春亭
14	*Porte de la Droiture appliquée*	*Shunzhen men* 順貞門
15	*Porte du Génie militaire*	*Shenwu men* 神武門
16	*Salle de la Nourriture de l'esprit*	*Yangxin dian* 养心殿
17	*Grand Conseil*	*Junji chu* 軍機處
18	*Six palais de l'Ouest*	*Xi liugong* 西六宮
19	*Palais de l'Élégance accumulée*	*Chuxiu gong* 儲秀宮
20	*Palais de l'Éternel printemps*	*Changchun gong* 長春宮
21	*Six palais de l'Est*	*Dong liugong* 東六宮
22	*Palais de la Longévité tranquille*	*Ningshou gong* 寧壽宮
23	*Pavillon de la Floraison du bouddhisme*	*Fanhua lou* 梵華樓
24	*Pavillon des Sons agréables*	*Changyin ge* 暢音閣
25	*Pavillon des Fleurs en pluie*	*Yuhua ge* 雨花閣
26	*Palais de la Tranquillité compatissante*	*Cining gong* 慈寧宮
27	*Siège du Grand Secrétariat*	*Neige datang* 內閣大堂

La construction de la Cité, demeure des souverains et siège de la cour, **est l'œuvre des Ming** (1368-1644) : de 1407 à 1420, l'empereur Yongle (troisième de la dynastie) fait intervenir 200 000 ouvriers sur un espace de 720 000 m². Les matériaux nécessaires proviennent de tout l'empire : la pierre vient de Fangshan (près de Pékin), le marbre de la province du Shandong, et le bois de charpente du Sichuan, du Guizhou et du Yunnan, à plus de 2 000 km de la capitale. Si les souverains Ming ont jeté les bases de cet ensemble palatial, la Cité est continuellement enrichie, restaurée et modifiée au gré des monarques qui la peuplent par la suite. Mais jamais les Mandchous n'effaceront la Cité conçue par Yongle.

La Cité interdite est divisée en deux parties : au sud, la Cour extérieure (*waichao*), qui est la partie publique, **au nord, la Cour intérieure** (*neichao*), constituée des appartements privés de l'empereur et de sa famille. Aucun homme extérieur à la famille impériale ne peut pénétrer dans cette dernière zone, hormis les eunuques.

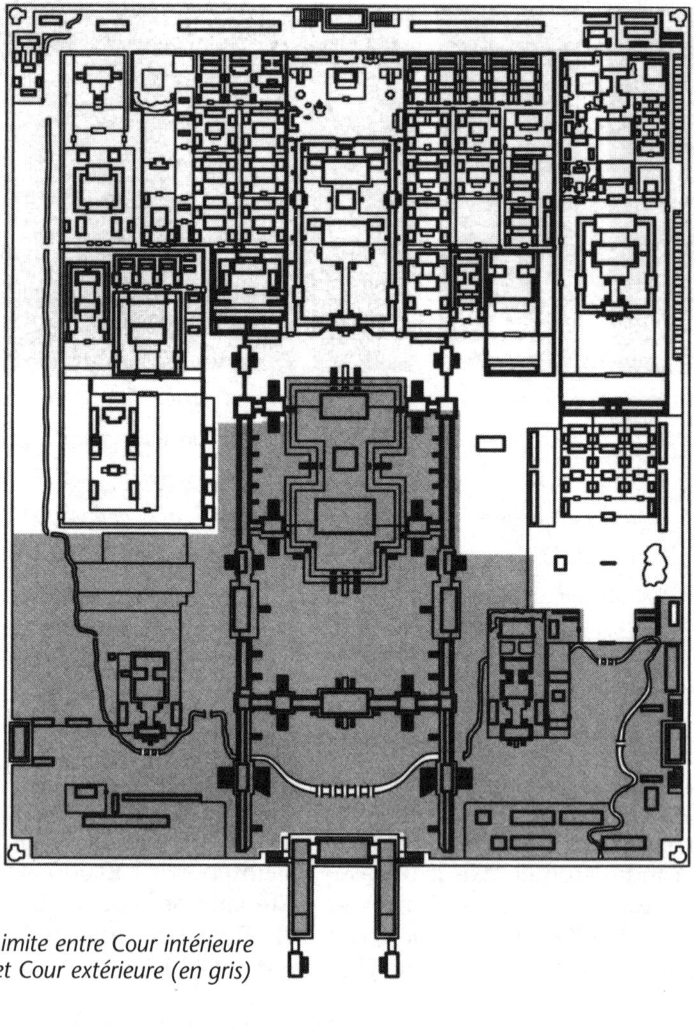

Limite entre Cour intérieure et Cour extérieure (en gris)

Tout comme la ville de Pékin dans son ensemble (et la ville chinoise de manière générale), la Cité interdite frappe par son horizontalité ; elle est composée de nombreux bâtiments, de grand-salles (*dian* ou *gong*, que l'on traduit par « palais ») de plain-pied, quoique parfois construites sur des terrasses auxquelles on accède par quelques marches.

Les trois salles les plus éminentes de la Cité par leurs fonctions politiques et rituelles **sont la salle de l'Harmonie suprême**, la **salle de l'Harmonie du milieu** et la **salle de l'Harmonie préservée**, organisées selon un axe nord-sud. La première est une salle hypostyle rectangulaire où sont célébrées les cérémonies les plus importantes de l'empire : intronisation d'un nouvel empereur, mariage, anniversaire du souverain, nouvel an, proclamation des résultats des concours mandarinaux et des décrets importants, nomination de grands généraux. Le monarque y reçoit également les ambassadeurs des nations étrangères. La salle de l'Harmonie du milieu, bâtie sur un plan carré, est le lieu où le souverain se repose et se prépare avant de se rendre dans la Salle de l'harmonie suprême. La salle de l'Harmonie préservée est une salle de réception et de banquet. C'est également dans ce bâtiment qu'a lieu l'examen mandarinal le plus éminent, celui qui se déroule en présence de l'empereur (le *dianshi*, cf. « Le recrutement et la carrière des fonctionnaires », chap. III).

La **porte de la Pureté céleste** assure la séparation entre la Cour extérieure et la Cour intérieure et débouche sur le **palais de la Pureté céleste**. Il a abrité les appartements privés des empereurs Ming et des premiers souverains Qing. À partir de Yongzheng, il sert de cabinet de travail et de salle de réception. La **salle de la Puissante fertilité**, un peu plus au nord, est un bâtiment carré employé dans un premier temps comme salle d'audience pour l'impératrice. À partir de Qianlong, il est utilisé pour abriter les sceaux impériaux, au nombre de vingt-cinq.

À la fin du XVIIIe siècle, **on évalue à environ 9 000 le nombre de personnes résidant dans la Cité interdite**. À la famille impériale (le monarque, ses nombreuses concubines, l'impératrice), il faut ajouter environ trois mille eunuques et des centaines de jeunes servantes, les « dames du palais ». On compte également, pour la Cour extérieure, du personnel aux fonctions diverses qui ne loge pas dans la Cité : de nombreux fonctionnaires, notamment ceux du département de la Maison impériale (*neiwufu*), environ un millier de gardes, et d'innombrables domestiques et esclaves affectés à des tâches variées.

LES RÉSIDENCES IMPÉRIALES D'ÉTÉ

Afin de fuir la chaleur étouffante de la capitale, **les souverains mandchous**, à partir de Kangxi, **prennent leurs quartiers d'été dans des complexes qu'ils font construire soit dans la banlieue de la capitale, soit plus loin**. Trois de ces résidences d'été furent principalement occupées : deux « palais d'été » situés au nord de la capitale (l'un des deux, l'actuel palais d'Été que l'on visite près de Pékin [le Yiheyuan, Jardin de l'harmonie préservée] fut construit à la fin du XIXe siècle par l'impératrice Cixi [1835-1908]), et le site de Rehe, aussi orthographié Jehol, qui correspond de nos jours à la ville de Chengde.

LE JARDIN DE LA CLARTÉ PARFAITE (YUANMING YUAN)

Après l'édification d'un complexe de parcs situés autour d'un lac – ancienne propriété de l'un des membres de la famille impériale des Ming –, Kangxi ordonne en 1709 la construction, à environ dix kilomètres de la Cité interdite, d'un ensemble de palais entourés de verdure, qu'il nomme Jardin de la clarté parfaite (Yuanming yuan). Il le fait édifier à l'origine pour son quatrième

Bâtiment européen du Jardin de la clarté parfaite (gravure du XIXe siècle)

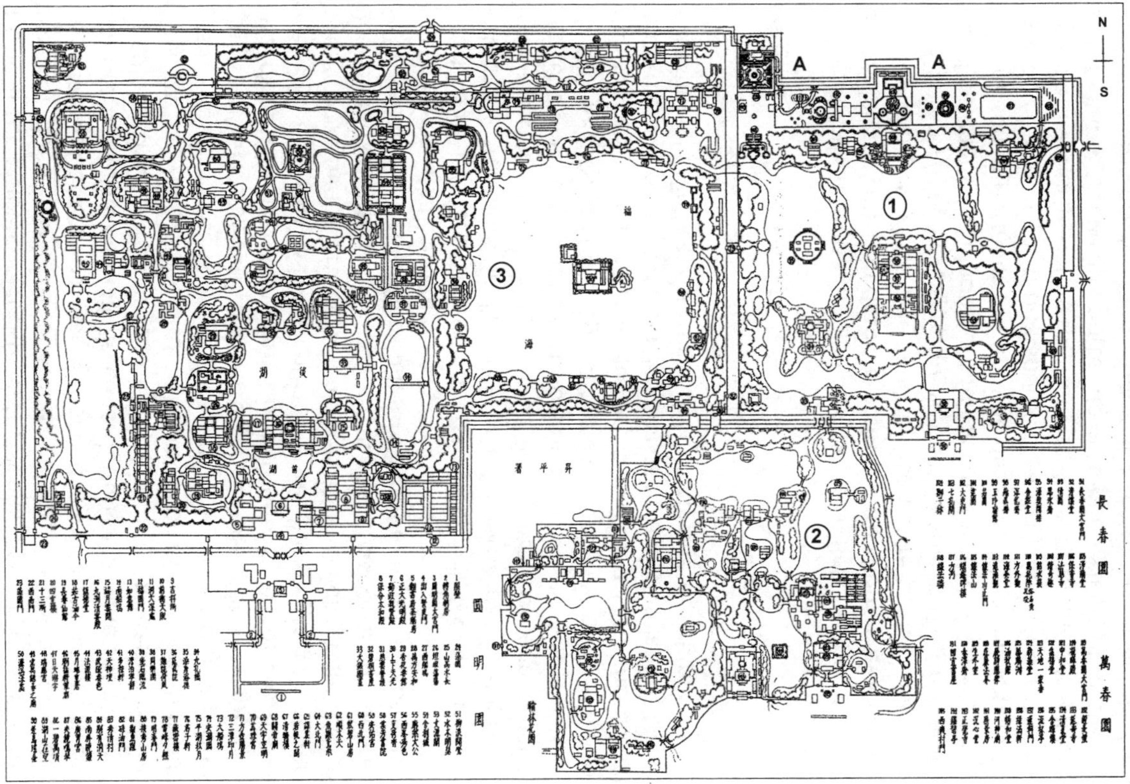

Plan du Jardin de la clarté parfaite

Ce plan présente les trois jardins : celui du printemps éternel au nord-est (1), celui du printemps chatoyant au sud (2) et celui de la clarté parfaite au nord-ouest (3).

Les palais européens sont situés au nord du Jardin du printemps éternel (A).

fils, le futur empereur Yongzheng, lequel, peu après son intronisation, opère quelques agrandissements. C'est Qianlong qui, ne se laissant arrêter par aucune dépense, ordonne le plus grand nombre de travaux et fait de ce jardin une véritable merveille. Il lui adjoint deux autres ensembles, le Jardin du printemps éternel (Changchun yuan) et le Jardin du printemps chatoyant (Qichun yuan), aussi connu sous le nom de Jardin des dix mille printemps (Wanchun yuan). **Ce vaste ensemble s'étend alors sur une circonférence d'environ dix kilomètres et couvre à peu près 350 hectares**. S'il fait construire des bâtiments à l'architecture typiquement chinoise, Qianlong s'adresse également à deux Occidentaux, Giuseppe Castiglione et Michel Benoist, qu'il charge de la construction d'**édifices à l'européenne**, munis de fontaines au style tout à fait baroque.

En 1859, lors de la seconde guerre de l'opium, les Qing tardent à signer le traité de Tianjin qui leur est imposé par la France, le Royaume-Uni et les États-Unis ; les puissances européennes exercent alors une pression supplémentaire en envoyant plus de 15 000 soldats. Lors des opérations militaires, les troupes franco-britanniques s'en prennent au Jardin, qu'ils pillent, incendient et détruisent, ne laissant sur leur passage que désolation. De ce magnifique jardin, **il ne subsiste désormais que des ruines**.

Chengde

Le site de **Chengde** (appelé au XVIIIe siècle Rehe, transcrit autrefois par Jehol), à environ **deux cent cinquante kilomètres au nord-est de Pékin**, est choisi par Kangxi pour y faire édifier à partir de 1703 une résidence estivale, qui se déploie autour de son premier grand bâtiment, le Refuge pour fuir la chaleur (Bishu shanzhuang). Le lieu a son importance : pourvu de deux pics (le mont Shuangta, les « deux tours ») et d'une source d'eau chaude (c'est cet agrément naturel qui lui donne son nom de Rehe, qui signifie le « fleuve chaud »), il se trouve aux portes de la steppe ; s'il est situé près du territoire d'origine des Mandchous, il n'est pas pour autant trop éloigné de la capitale.

Au XVIIIe siècle, **les souverains y passent trois ou quatre mois par an**, et c'est dans cette capitale d'été qu'est reçue la plus célèbre ambassade occidentale, celle du Britannique Macartney (cf. « Missionnaires jésuites et relations avec l'Occident », chap. I). Cependant, après l'abdication de l'empereur Qianlong en 1795, le site reçoit de moins en moins la visite des souverains.

Le temple de l'école du Potala de Chengde

Le Potala de Lhasa (Tibet)

L'EMPIRE ET SA CAPITALE

Chengde est non seulement un centre politique, mais également **un haut lieu du bouddhisme tibétain** : pas moins de douze temples ou ensembles sont construits de 1713 à 1780, surtout par Qianlong. Ces fondations sont administrées par le supérieur du temple des Lamas de Pékin (cf. « Le bouddhisme », chap. VI). L'un des édifices, le temple de l'école du Potala (Putuozong cheng miao), fut bâti sur le modèle du Potala de Lhasa, centre du gouvernement tibétain.

CHRONOLOGIE DES PRINCIPAUX ÉVÉNEMENTS ET MONUMENTS DE PÉKIN ET DES RÉSIDENCES D'ÉTÉ

1407 à 1420 : Construction de la Cité interdite par l'empereur Yongle des Ming.

1644 : Li Zicheng s'installe à Pékin. Il en est chassé par Wu Sangui avec l'aide des Mandchous, qui s'emparent ensuite du pouvoir.

1647-1656 : Nombreuses reconstructions de salles, de portes et de palais de la Cité interdite.

1650 : L'empereur Shunzhi autorise le jésuite Johann Adam Schall von Bell à construire une église dans la capitale.

1690 : L'empereur Kangxi autorise la construction d'une seconde église catholique dans la capitale. : Construction du Jardin du printemps joyeux (Changchun yuan), à l'ouest.

1694 : Établissement d'une représentation diplomatique russe.

1703 : Début de la construction de la capitale d'été de Chengde, et notamment du Refuge pour fuir la chaleur (Bishu shanzhuang).

1709 : Fondation du Jardin de la clarté parfaite (Yuanming yuan).

1713 : À l'occasion des soixante ans de l'empereur Kangxi, construction du temple de la Bonté universelle (Pushan si) et du temple de la Bienveillance universelle (Puren si) à Chengde.

1725 : Agrandissement du Jardin de la clarté parfaite.

1731 : Construction du palais du Jeûne (Zhaigong) dans la Cité interdite.

1732 : L'ancien palais princier de Yongzheng est transformé en temple des Lamas.

avant 1733 : Construction de la salle de la Nourriture de l'esprit (Yangxin dian) de la Cité interdite.

1747-1759 : Construction des palais européens du Jardin de la clarté parfaite.

1749-1751 : Construction du Jardin du printemps éternel (Changchun yuan).
1755-1760 : Construction du temple de la Paix universelle (Puning si) à Chengde.
1760 : Construction du temple du Secours universel (Puyou si) à Chengde.
1764 : Construction du temple de la Paix lointaine (Anyuan miao) à Chengde.
1766-1767 : Construction du temple de la Joie universelle (Pule si) à Chengde.
1767-1771 : Construction du temple de l'école du Potala (Putuozong cheng miao) à Chengde.
1771 : Agrandissement du palais de la Tranquillité compatissante (Cining gong) de la Cité interdite à l'occasion des quatre-vingts ans de la mère de Qianlong.
1774 : Construction dans la Cité interdite du pavillon de la Floraison des lettres (Wenyuan ge), érigé pour accueillir un exemplaire de la *Collection complète en quatre magasins* (*Siku quanshu*). Construction à Chengde du temple du bodhisattva Manjusri (Shuxiang si).
1770-1779 : Construction du Ningshougong.
1780 : Construction du temple du Bonheur et de la Longévité au mont Sumeru (Xumi fushou miao) à Chengde.
1793 : Restauration de l'Académie impériale (Guozijian).

L'EMPIRE QING

L'empire des Qing est divisé en cinq ensembles aux régimes administratifs divers selon les peuples qui les habitent :

– la **Chine des dix-huit provinces**, cœur de la civilisation chinoise proprement dite ;

– la **Mongolie** ;

– la **Mandchourie** ;

– le **Turkestan oriental** (c'est-à-dire le Xinjiang, littéralement les « nouveaux territoires ») ;

– le **Tibet**, qui constitue un cas un peu à part.

Ces territoires sont gagnés progressivement, à des époques et dans des circonstances différentes (cf. « L'histoire », chap. I).

L'EMPIRE ET SA CAPITALE

La **Chine dite des dix-huit provinces**, appelée également la Chine propre, est l'ancien territoire des Ming que les Mandchous gagnent lors de la conquête de 1644 (cf. « La conquête de la Chine par les Mandchous », chap. I). C'est l'ensemble le plus vaste de l'empire Qing, il représente environ la moitié de sa superficie.

La Chine des dix-huit provinces

Les dix-huit provinces chinoises	
Nom	**Capitale**
Anhui 安徽	Anqing 安慶
Fujian 福建	Fuzhou 福州
Gansu 甘肅	Lanzhou 蘭州
Guangdong 廣東	Guangzhou 廣州 (Canton)
Guizhou 貴州	Guiyang 貴陽
Henan 河南	Kaifeng 開封
Hubei 湖北	Wuchang 武昌
Hunan 湖南	Changsha 長沙
Jiangsu 江蘇	Nanjing 南京 (Nankin)
Jiangxi 江西	Nanchang 南昌
Shaanxi 陝西	Xi'an 西安
Shandong 山東	Jinan 濟南
Shanxi 山西	Taiyuan 太原
Sichuan 四川	Chongqing 重慶
Taiwan 臺灣	Tainan 臺南
Yunnan 雲南	Kunming 昆明
Zhejiang 浙江	Hangzhou 杭州
Zhili 直隸	Baoding 保定

Du point de vue économique, social et démographique, on peut également, comme le font Susan Naquin et Evelyn Rawski à la suite de William Skinner, présenter l'empire Qing plus finement en le découpant en **dix macrorégions organisées selon un système de lieux centraux**. Ceux-ci structurent l'ensemble d'une région autour d'un centre urbain qui regroupe ses ressources (humaines, agricoles et financières).

Macrorégions de l'empire Qing en 1843			
Macrorégion	Superficie (en km²)	Population (en millions)	Densité (personnes/km²)
Chine du Nord	746 470	112	150
Bas fleuve Bleu	192 740	67	348
Moyen fleuve Bleu	699 700	84	120
Côte sud-est	190 710	26	136
Lingnan*	424 900	29	68
Chine du Nord-Ouest**	771 300	29	38
Haut fleuve Bleu	423 950	47	111
Chine du Sud-Ouest	470 570	11	23
Manchourie	1 230 000	3***	2
Taiwan	36 000	1	28
Total	5 186 340	409	79
* Hainan inclus ** Turkestan (Xinjiang) exclu *** population de 1851			
Tiré de Susan Naquin, Evelyn Rawski, *Chinese Society in the Eighteenth Century*, p. 213.			

La **Chine du Nord**, région la plus peuplée, comprenant la capitale Pékin, correspond à la grande plaine du Nord qui couvre les provinces du Zhili, du Shandong et du Henan. Si les cours d'eau n'y sont guère navigables, cette région est cependant l'aboutissement du Grand Canal (voir plus bas), grâce auquel de nombreuses denrées (comme le grain) sont acheminées depuis le sud du pays. Les sécheresses et les inondations y sont courantes, mais le sol y demeure fertile. C'est une zone stratégique située entre la Mandchourie, la Mongolie, et les provinces du sud.

Le **bas fleuve Bleu**, région traditionnellement appelée le Sud du fleuve (Jiangnan) en chinois, couvre le sud de la province du Jiangsu, le nord du Zhejiang et le sud de l'Anhui ; c'est la région du delta du fleuve Bleu, une zone très bien irriguée où l'agriculture est florissante. Elle constitue le grenier agricole de l'empire et nourrit la capitale par le biais du Grand Canal. Le bas fleuve Bleu est une zone très densément peuplée et très urbanisée. C'est de loin la région la plus riche de l'empire, et celle qui lui fournit le plus grand nombre de lettrés. Trois villes sont particulièrement importantes à tous points de vue : Suzhou, Hangzhou et Nankin.

Le **moyen fleuve Bleu** (région des lacs) est la région correspondant au bassin arrosé par le fleuve et par quelques-uns de ses affluents (les rivières Han, Yuan, Xiang et Gan) sur environ huit cents kilomètres. La zone, bien que fragmentée en de nombreuses petites sous-régions, n'est pas enclavée car les cours d'eau y sont particulièrement navigables. Les quatre grands centres urbains sont Nanchang (province du Jiangxi), en bordure du lac Poyang, Changsha (Hunan), Wuhan et Hankou.

La **côte sud-est** se remet graduellement, au XVIIIe siècle, des destructions économiques causées par les luttes entre les Qing et les mouvements loyalistes Ming (et également contre le pirate Zheng Chenggong), et des troubles qu'elle a subis lors des révoltes des Trois Feudataires (cf. « La conquête de la Chine par les Mandchous », chap. I). Cette région couvre le Fujian, le sud du Zhejiang et l'est du Guangdong, et correspond au bassin formé par les deltas des fleuves Ou, Min, Han et Jiulong. Les villes côtières de Wenzhou, Fuzhou, Zhangzhou, Quanzhou et Chaozhou sont les poumons économiques de la région et marquent un grand contraste avec l'arrière-pays, bien moins développé. Ces ports sont des zones de contacts étroits avec l'Asie du Sud-Est, et la région est la patrie d'origine de nombreuses communautés chinoises parties s'installer en Indonésie ou en Indochine (dont Singapour). La spécialité de la côte sud-est est le thé, qu'elle exporte non seulement dans le reste de la Chine, mais aussi en Occident, par l'intermédiaire de Canton. En 1800, environ 69 % du thé exporté de Canton est originaire du Fujian.

Le **Lingnan** comprend les deux provinces du Guangxi et du Guangdong et se trouve dominé par l'important carrefour économique et humain que sont la ville de Canton (Guangzhou) et le delta de la rivière des Perles. C'est un grand port maritime et fluvial, et une porte vers l'étranger, en particulier le monde européen. La région est si fertile que le climat permet trois récoltes de riz par an. Mais le Lingnan tire surtout sa richesse du commerce d'objets (les récipients en métal fabriqués à Foshan par exemple) et de fruits (lychees, longanes). Les Portugais étant établis à Macao (sur la côte du Guangdong), le commerce international au départ du Lingnan se développe de manière exponentielle durant tout le siècle : il s'agit dans un premier temps de sucre, de soie et de thé ; par la suite, les Cantonais produisent de la vaisselle aux décors européens pour l'exportation.

La **Chine du Nord-Ouest**, qui comprend l'ouest du Shanxi, le Shaanxi, le Gansu, correspond au bassin supérieur du fleuve Jaune. Son centre se trouve dans la petite zone comprise entre les vallées des rivières Wei et Fen, la première étant le cœur de la civilisation chinoise antique, où est située Xi'an, capitale d'anciennes dynasties. La région est relativement enclavée (les cours d'eau, notamment le fleuve Jaune, ne sont guère navigables), le climat est semi-aride, si bien que la densité de population y est faible. L'agriculture n'est guère productive (la région est déficitaire en grains), mais on y travaille la laine, le cuir, la fourrure et on y élève des chevaux. La région est illustre pour ses marchands, notamment ceux du Shanxi, qui, installés un peu partout dans l'empire, constituent un véritable réseau économique. La Chine du Nord-Ouest est par ailleurs un haut lieu de pèlerinage en raison de la présence de montagnes sacrées comme le Hengshan et le Wutaishan au Shanxi, ainsi que le Huashan au Shaanxi.

La région du **haut fleuve Bleu**, qui comprend les deux tiers orientaux du Sichuan, une partie du Guizhou et du Yunnan, se situe à la périphérie orientale de l'empire, mais s'y intègre économiquement et socialement. Même si le grand centre urbain de Chengdu – cœur de la région – est situé dans un bassin, le haut fleuve Bleu n'est pas enclavé car, facilement navigable, il constitue une voie d'accès pratique et peu onéreuse. L'agriculture y est florissante, les deux spécialités (le blé et le riz) sont produites de manière excédentaire et exportées vers d'autres provinces. Le haut fleuve Bleu est aussi producteur de soie, de coton, de teintures, de canne à sucre et de tabac.

La **Chine du Sud-Ouest**, constituée des provinces du Guizhou et du Yunnan, est une région en pleine intégration au XVIIIe siècle. Elle est relativement enclavée (les cours d'eau n'y sont guère praticables) et peuplée de nombreuses populations non chinoises telles que les Yi, les Tai et des peuples tibétains. L'immigration chinoise, stimulée par l'État, y est importante, et la région passe de quatre ou cinq millions d'habitants en 1700 à onze en 1800 puis à vingt en 1850. Sa richesse principale provient de son sous-sol, qui abrite de nombreuses mines de cuivre.

La **Mandchourie** est la région d'origine des souverains Qing. Elle correspond au nord-est de la Chine actuelle et couvre les provinces du Liaoning, du Jilin et du Heilongjiang. Le terme de Mandchourie n'existe pas à proprement parler en chinois ni en mandchou, le mot *manzhou* (Mandchou en chinois) étant au départ un ethnonyme et non un nom de lieu. Cet ethnonyme fut cependant progressivement utilisé en chinois pour désigner la région, puis employé par les Japonais et les Occidentaux pour créer le néologisme de Mandchourie. Lorsque cette région fut intégrée au système des provinces en 1907, on la désigna par l'expression « trois provinces de l'est » (*dongsansheng*) : Fengtian, Jilin et Heilongjiang. La proximité de la région avec la Corée, la Russie au nord et les territoires mongols à l'ouest en fait un lieu stratégique. Dès 1668, les Mandchous interdisent aux Chinois venus d'autres parties de l'empire de s'y installer, afin de garder vierge leur territoire d'origine, mais cette interdiction n'empêche pas l'immigration.

La **Mongolie** comprend, sous les Qing, le territoire couvert par l'actuelle République populaire de Mongolie (proclamée en 1924) et par celui de la Mongolie intérieure (Neimenggu, province de la République populaire de Chine), ce qui représente environ 2 700 000 km². La culture mongole a une grande influence sur les Mandchous, qui empruntent notamment son écriture (elle-même héritée des Ouïghours). C'est progressivement que les différentes tribus mongoles se soumettent aux Qing : ce sont d'abord les Mongols orientaux (Chahar, Khalkha), puis, au terme de plusieurs campagnes militaires, les Mongols occidentaux (cf. « Le règne de Kangxi », chap. I). Les Qing intègrent les Mongols dans le système des bannières (cf. « L'armée », chap. III), et maintiennent, du moins en apparence, leur organisation en khanat (chefferie). Pourtant, dans les faits, une bureaucratisation à la chinoise et de nombreux mariages mixtes entre Mandchous et Mongols permettent d'affaiblir ces derniers sur le plan politique et de mieux les soumettre à la domination des Qing. Le soutien du bouddhisme tibétain par les Mandchous constitue par ailleurs un autre facteur important de liens entre eux et les Mongols (cf. « Le bouddhisme », chap. VI).

Le **Turkestan oriental** (Xinjiang) est la dernière région conquise par les Qing (cf. « Le règne de Kangxi », chap. I et « Le règne de Qianlong », chap. I). Dans la seconde moitié du XVIIe siècle et dans la première moitié du XVIIIe, cette zone steppique, peuplée essentiellement de musulmans turcophones (les Ouïghours), était, dans sa partie nord, contrôlée par des populations mongoles fédérées sous l'égide de khans dzoungares tels que Batur Hongtaiji (†1653), Galdan (†1697), Tsewang Rabtan (†1727) puis Galdan Tseren (†1745). Le khanat s'affaiblissant en raison de dissensions internes, les Qing gagnent la région en 1757-1759. Qianlong lance alors

L'EMPIRE ET SA CAPITALE

La Mongolie en 1820

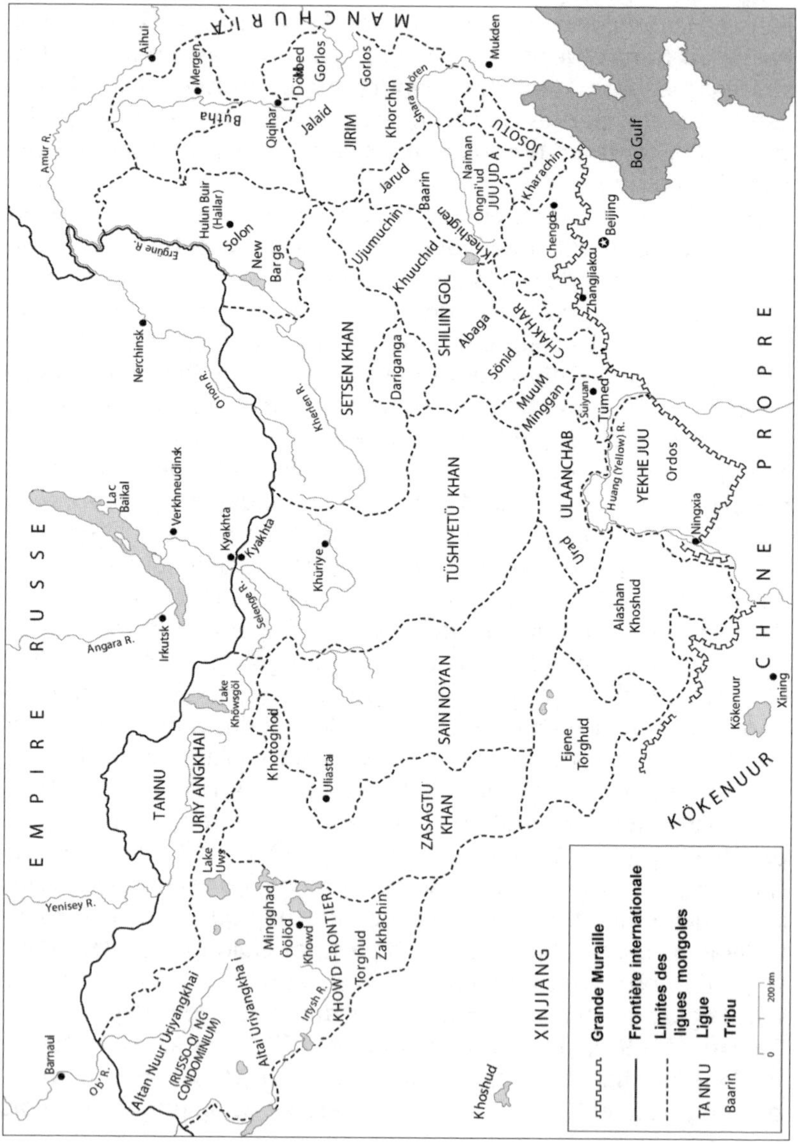

une grande campagne qui se solde par la mort d'un demi-million de Dzoungares (presque la totalité de ce peuple). Fort de ce succès, le monarque en profite pour annexer également la partie sud du Turkestan, correspondant au bassin du fleuve Tarim. En 1768, la région est formellement intégrée à l'empire Qing et reçoit le nom de Xinjiang, les « nouveaux territoires ». S'ensuit une politique destinée à peupler cette région relativement vide : on encourage les paysans à s'y établir en les défrayant et en leur accordant des facilités fiscales. Les résultats ne sont pas à la mesure des attentes, et le Turkestan reste, jusqu'à l'époque contemporaine, une zone marquée par de nombreux conflits ethniques et des insurrections. Située aux confins de l'empire – trois mille kilomètres la sépare de Pékin –, cette région fut très souvent un lieu d'exil et de bannissement, à la fois pour les ministres et les fonctionnaires tombés en disgrâce (par exemple, Ji Yun), mais aussi pour les prisonniers de droit commun.

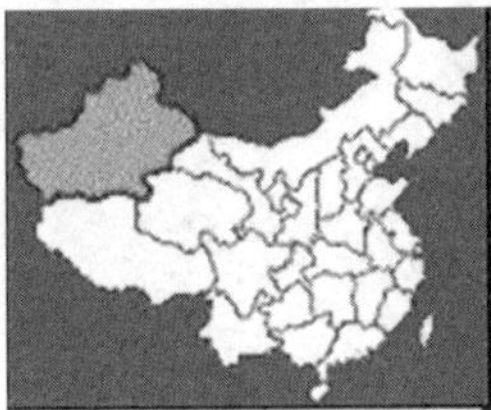

Le Turkestan oriental (Xinjiang) et sa localisation actuelle

Le contrôle de la région (elle ne devient province qu'en 1884) par les Mandchous s'exerce par l'intermédiaire de chefs et de nobles locaux musulmans – les *beg* (un mot ouïghour qui signifie « noble »), reconnus et titrés par les Qing –, et également au moyen de colonies militaires. Sur les 40 000 soldats qui les peuplent, une moitié est composée de combattants des bannières mongoles et mandchoues, l'autre de troupes chinoises (cf. « L'armée », chap. III).

L'EMPIRE ET SA CAPITALE

L'**espace culturel tibétain** correspond géographiquement à trois ensembles : le Tibet central et occidental (les deux provinces de Ü et de Tsang, qui forment aujourd'hui la région autonome chinoise du Tibet, Xizang), le Kham (dont certaines parties sont rattachées au Sichuan et au Yunnan) et l'Amdo (Gansu, Qinghai et Sichuan).

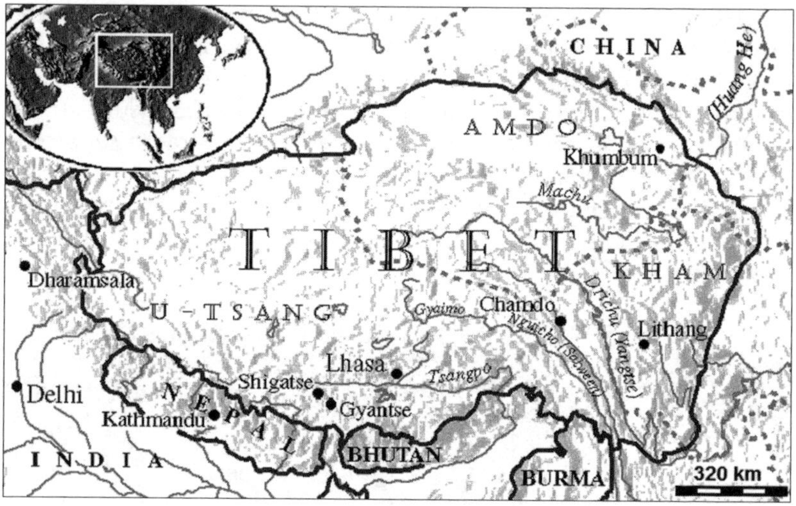

Le Tibet et ses régions traditionnelles

Les souverains Qing comprennent que l'élément clé du contrôle des Mongols est le Tibet et surtout l'élite tibétaine religieuse, dont l'ascendant est déterminant sur les chefs mongols en raison de leur foi bouddhique (cf. « Le bouddhisme », chap. VI). En 1720, les rivalités entre les Mongols koshots et les Mongols dzoungares débouchent sur un débat à propos de la légitimité du dalaï-lama, chef de l'ordre bouddhique des gelugpa qui règne alors sur le Tibet. L'invasion de Lhasa par les Dzoungares (1750-1751) déclenche une contre-offensive des Qing, qui établissent une garnison dans la capitale tibétaine, inaugurant une nouvelle ère dans les relations sino-tibétaines. Certaines régions de l'est tibétain sont alors rattachées à des provinces chinoises (principalement Sichuan et Gansu). Dans le même temps, les Qing s'allient aux Mongols khalkhas contre les Dzoungares, qu'ils subjuguent après quelques campagnes victorieuses : en 1759, les Qing intègrent à leur empire le bassin du fleuve Tarim ainsi que la Dzoungarie.

Le **contrôle temporel du Tibet varie au cours du siècle** ; les Mandchous tantôt s'immiscent dans les affaires tibétaines (par le biais des *ambans*, représentants impériaux), tantôt laissent les dalaï-lama ou les dirigeants laïcs ou monastiques gérer eux-mêmes les affaires intérieures et extérieures. En définitive, comme le dit la spécialiste Anne Chayet, « au fur et à mesure que les Mongols se faisaient moins menaçants, le Tibet perdait de son intérêt particulier, pour n'être bientôt plus qu'un pays frontalier presque comme les autres, inclus dans le glacis protecteur de l'empire et, pour ne pas prendre de risque, petit à petit soumis à sa loi. La présence chinoise [c'est-à-dire sino-manchoue, celle des Qing] y fut pratiquement constante à partir de 1720, mais les institutions mises en place sous son influence ne faisaient pas du pays une simple province chinoise. Même le renforcement d'autorité des représentants de l'empereur à Lhasa (les *ambans*), décrété et organisé par un train de mesures prises en 1793, n'instaurait pas au Tibet un régime comparable à celui qui régissait les provinces chinoises. » (A.-M. Blondeau, K. Buffetrille (dir.), *Le Tibet est-il chinois ?*, p. 47.)

TRANSPORTS ET VOIES DE COMMUNICATION

L'empire, et plus particulièrement les dix-huit provinces chinoises, **est maillé par un réseau relativement efficace de relais de poste** fournissant chevaux et denrées aux commissaires impériaux, aux hauts fonctionnaires et aux messagers en déplacement. Le nombre de relais dans une sous-préfecture (cf. « L'administration des provinces », chap. III) varie de un à trois, et chaque relais dispose d'environ soixante chevaux. Ce système permet de relier par exemple Pékin à Kunming (capitale du Yunnan), soit 2 000 kilomètres à vol d'oiseau, en six semaines.

Outre les routes, notamment celles qui connectent les relais de poste, on utilise beaucoup les voies fluviales et les canaux. Les fleuves et les rivières ne sont certes pas tous navigables – contrairement au fleuve Bleu, très praticable, le fleuve Jaune ne l'est guère – mais le sud du pays est particulièrement propice à ce type de communication. **Le Grand Canal** (*dayunhe*) **est l'une des voies les plus importantes**. Construit à partir de la dynastie des Sui à la fin du VIe siècle et au tout début du VIIe, afin de relier la

L'EMPIRE ET SA CAPITALE

Carte du réseau postal sous les Ming et les Qing

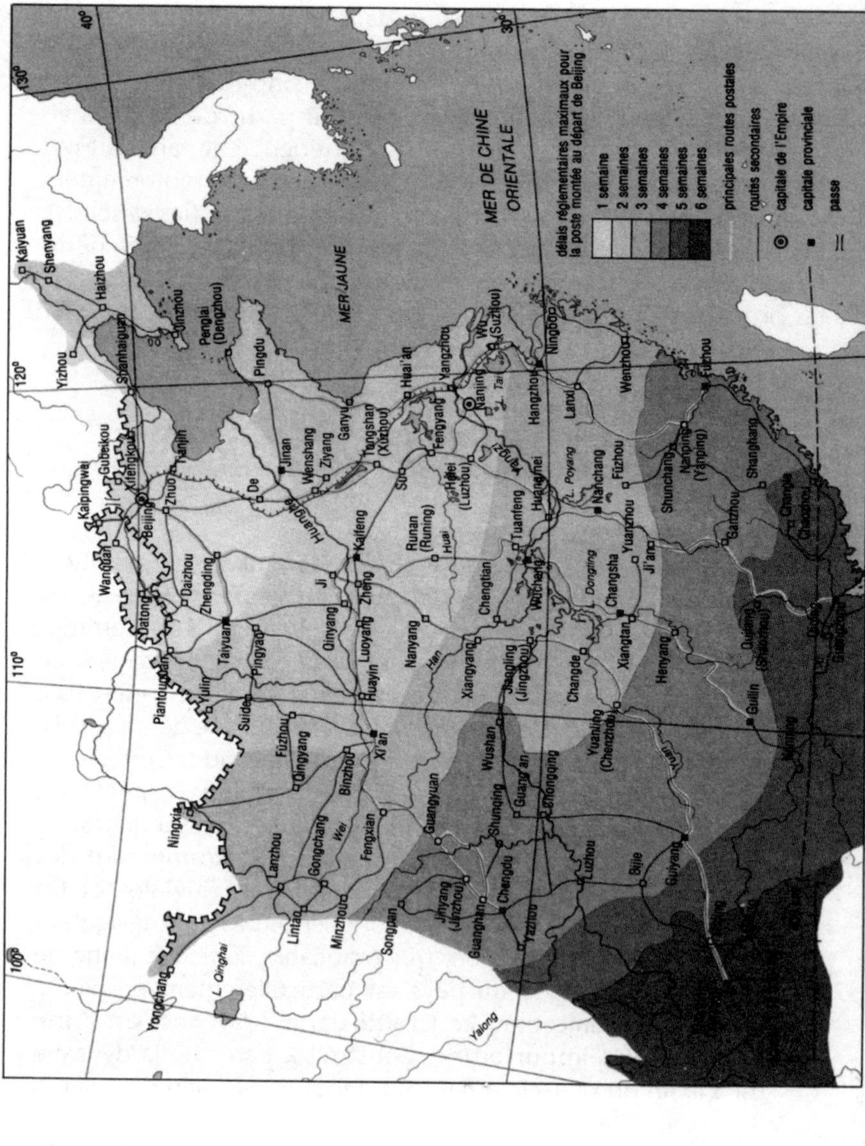

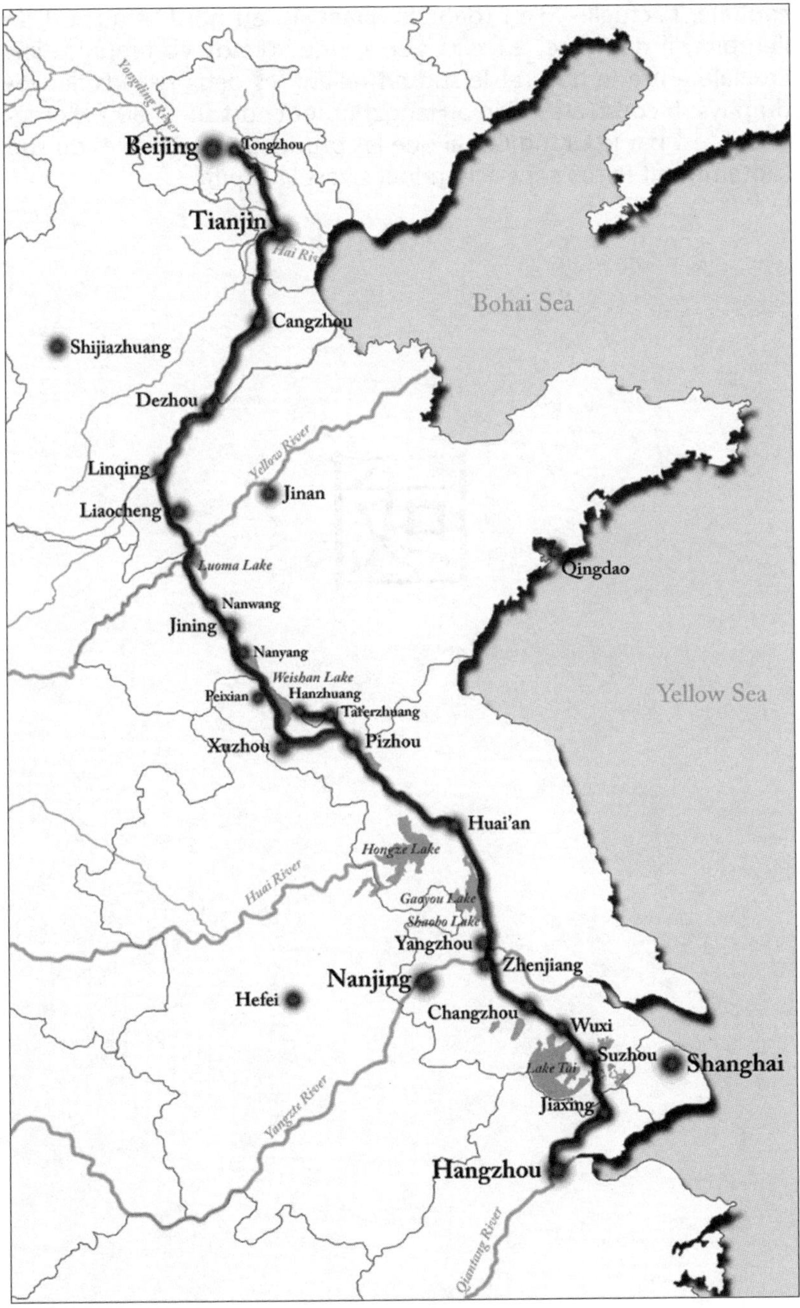

Tracé du Grand Canal

capitale, l'actuelle Xi'an (dans le Shaanxi), au nord et au sud de l'empire, il demeure, au XVIIIe siècle, une voie de communication cruciale entre le nord et le sud en reliant les deux grands fleuves du pays. Il connecte Pékin à Hangzhou et court sur 1 800 kilomètres. C'est par le Grand Canal que les productions agricoles du sud (notamment le riz) sont acheminées vers la capitale.

國

III

L'ORGANISATION POLITIQUE ET ADMINISTRATIVE

L'empire Qing, agrégat de territoires et de populations variés, est un espace immense qui nécessite une administration particulièrement efficace pour être gouverné de manière satisfaisante. Les monarques mandchous installés sur le trône de Pékin en 1644 ne modifient guère la pyramide du pouvoir qui prévalait sous les Ming ; au contraire, ils **calquent leur administration sur celle de leurs prédécesseurs**, en y ajoutant un certain nombre de traits propres à leur culture, comme le système militaire des bannières. Si vingt mille fonctionnaires impériaux seulement représentent l'empereur aux quatre coins d'un pays peuplé d'environ deux cents millions d'habitant, c'est en réalité un personnel bien plus nombreux qui assure le fonctionnement de cet édifice.

L'organisation politique et administrative de l'empire Qing présente trois caractéristiques essentielles : elle est **centralisée**, c'est-à-dire que toutes les décisions importantes sont en théorie prises à la capitale ; elle est marquée par **une hiérarchie très claire** chez les serviteurs de l'État ; enfin, elle **différencie très nettement le gouvernement central** (la cour, les ministères et les autres organes administratifs) **et l'administration locale** (dans les provinces). Si la gestion des provinces proprement chinoises (la Chine des dix-huit provinces) reproduit le modèle légué par les Ming, celle des autres composantes de l'empire (Mandchourie, Mongolie, Turkestan et Tibet) varie selon les populations et les époques (cf. « L'empire Qing », chap. II).

L'ORGANISATION POLITIQUE ET ADMINISTRATIVE

L'EMPEREUR

Dans les langues occidentales, le souverain chinois est appelé « empereur », en référence au modèle constitué par la Rome antique. Ce terme traduit le chinois *huangdi*, un titre forgé par le premier empereur des Qin (*Qin shihuangdi*), en 221 avant notre ère, lorsqu'il unifie le territoire chinois sous sa seule autorité. En s'attribuant ce titre – composé de deux épithètes antiques (*huang* et *di*, que l'on pourrait traduire par « auguste » et « souverain ») appliquées, avant l'unification, à des souverains légendaires divinisés –, ce monarque souhaite informer le monde que sa dignité surpasse celle des simples rois (*wang*), fort nombreux avant l'unification. Le titre de *huangdi* restera en usage en Chine durant toute la période impériale.

L'empereur chinois tire sa légitimité d'une origine divine, le Ciel, une divinité omnipotente régulatrice du monde des hommes et du monde supralunaire. **Il en est le fils (*tianzi*) et cette filiation est spirituelle** : l'empereur (ou plus largement son clan) est *choisi* par le Ciel et peut être rejeté lorsqu'il ne convient plus. C'est là qu'intervient le principe fondateur de la philosophie politique chinoise, la théorie du **mandat du Ciel (*tianming*)**, selon laquelle cette divinité donne mandat à un individu ou à une famille et lui délègue l'autorité sur l'empire, le « monde sous le Ciel » (*tianxia*), et par extension sur le monde entier. D'après cette théorie, **le mandat n'est pas éternel** et peut être transféré à d'autres lorsque le Ciel juge le clan régnant indigne de conserver le pouvoir. Un changement dynastique, comme le passage des Ming aux Qing, doit ainsi être légitimé en apportant la preuve – ou du moins des éléments – indiquant que le Ciel a transféré son mandat, ce que n'ont pas manqué de faire les souverains mandchous.

Le monarque des Qing n'est pas seulement un empereur à la mode chinoise, mais le souverain d'un État pluriethnique peuplé également de Mongols, de Tibétains et de musulmans. L'empereur Qing revêt ainsi **plusieurs identités** dont il joue en fonction de la population à laquelle il s'adresse : s'il est le **Fils du Ciel pour les Chinois**, il est aussi un **grand khan pour les Mongols** – se proclamant l'héritier de Gengis Khan – et un **Cakravartin (roi bouddhiste) pour les Tibétains**. Il est le plus souvent polyglotte (maîtrisant au minimum le chinois et le mandchou), et un empereur comme Qianlong va loin, si on l'en croit, dans l'étude des langues des peuples qu'il gouverne. Il raconte en effet, dans une préface à un poème : « La huitième année de mon règne (1743), je commençai d'apprendre le mongol. La vingt-cinquième (1760), après avoir pacifié les musulmans, je me familiarisai avec leur langue (c'est-à-dire le ouïghour). La quarante et unième année (1776), après les deux campagnes de pacification de Jinchuan, j'appris grossièrement la langue du Kham (marches tibétaines rattachées au Sichuan). La quarante-cinquième (1780), comme le panchen-lama devait venir en visite, j'appris également le tibétain. Ainsi, lorsqu'ils vinrent en audience à la capitale chaque année à tour de rôle, je parlai aux Mongols, aux musulmans et aux Tibétains dans leur propre langue, sans recourir à un interprète, [...] et leur manifestai de cette façon l'idée de la conquête par la bonté. » (Cité dans E. Rawski, *The Last Emperors*, p. 6.)

Théoriquement, le pouvoir de l'empereur est quasiment illimité ; en termes modernes, il concentre les trois pouvoirs : législatif, exécutif et judiciaire (il décide de l'application des lois, ses édits sont parfois inscrits dans le code et il est le juge suprême, cf. « La justice », plus bas). Cependant, en pratique, **ce pouvoir est encadré par d'innombrables normes rituelles et limité par des précédents historiques hérités de ses devanciers**. Par ailleurs, un corps de fonctionnaires particuliers, **les censeurs** (voir plus bas), **a pour mission de veiller au respect des règles établies** ; ils n'hésitent donc pas à adresser au monarque des critiques lorsqu'il commet des abus.

L'empereur ne peut prendre de décisions que lorsqu'il est informé d'un problème, d'où le **rôle très important de la communication entre la cour, les ministères et les provinces**, et l'intérêt de disposer de mémoires secrets (*zouzhe*) que peuvent lui adresser directement, sans suivre la voie hiérarchique, un certain nombre de hauts fonctionnaires. Lorsque le souverain est averti d'une mesure efficace prise par un fonctionnaire local, il peut en faire la publicité auprès des autres fonctionnaires régionaux pour qu'ils s'en inspirent. C'est donc un **incessant va-et-vient de mémoires au trône et de réponses impériales qui parcourent l'empire de part en part**.

L'empereur gouverne par l'écrit et informe ses sujets (en particulier ses représentants, les fonctionnaires) de ses décisions par le biais de décrets (*shangyu*), dont l'intitulé varie selon la nature de l'affaire ou les conditions dans lesquelles ils sont rédigés. **Les principaux types de décrets sont l'édit** (*zhao*, pour les affaires politiques les plus importantes), le **diplôme** (*gaoming*, pour les nominations à des rangs élevés), l'**ordonnance** (*chiming*, pour les annonces adressées aux pays étrangers) et le **rescrit** (*zhi*, réponse de l'empereur à un fonctionnaire, souvent au moyen d'une apostille écrite en rouge sur le mémoire dudit fonctionnaire).

Comment se présente un mémoire adressé à l'empereur ?

« [Un mémoire] se présente comme une longue feuille de papier pliée en accordéon par tranches de dix centimètres de large, sur vingt et un centimètres de haut, avec sur chaque pli six colonnes (le chinois s'écrit traditionnellement de haut en bas et de droite à gauche) pouvant contenir entre dix-huit et vingt et un idéogrammes chacune. Tant que le narrateur touche à des choses ordinaires, il n'a qu'à remplir consciencieusement et continûment les colonnes de dix-huit caractères qui s'offrent à lui (le chinois classique ignore signes de ponctuation et paragraphes). Mais quand il nomme "l'État", "la Civilisation", ce "Pays Supérieur" qu'est la Chine, les résidences ou les palais impériaux, ou encore quand il dit adresser un mémoire au Trône, il lui faudra placer les mots correspondants au sommet d'une nouvelle colonne qu'il surélèvera d'un espacement identique à la place d'un caractère. S'il en vient à citer "le Ciel", "la Céleste Dynastie", un "Commissaire Impérial", un "édit", ou "Sa Majesté Impériale" avec son cortège d'ineffables vertus et de bienfaisantes actions, il devra les surhausser de deux niveaux au-dessus du commun des colonnes. Un troisième niveau existe [...], réservé aux seuls êtres qui transcendent le Fils du Ciel : ses parents et ses ancêtres. Quant à l'auteur du mémoire, il se désignera comme "Votre esclave" ou "Votre serviteur" et écrira le caractère correspondant en petit. »

Pierre-Henri Durand, « Note liminaire », dans Alain Peyrefitte (dir.), *Un choc de cultures, La Vision des Chinois*, p. CXXII-CXXIII.

L'art de la citation dans les mémoires au trône

« Supposons que le gouverneur du Zhejiang reçoive un édit ; il s'empresse alors de rédiger un mémoire en réponse où il commence par réciter tout ou partie des instructions reçues, puis il fait état des derniers développements de l'affaire en cours qui, autant que faire se peut, doivent vérifier les prévisions de Sa Majesté, d'où nouveau rappel de ses précédentes injonctions. Sept jours plus tard, le mémoire est à Pékin. L'empereur l'apostille. Sur quoi, les grands conseillers entreprennent de rédiger un nouvel édit ; ils citeront fidèlement les points centraux du document reçu avant de passer les nouveaux ordres dans lesquels ils s'efforceront d'intégrer, quand il y a lieu, les apostilles impériales. Que le nouvel édit soit également destiné au Guangdong et, trois semaines plus tard, le gouverneur de Canton, à son tour... C'est ainsi que de mémoire en édit, de rescrit en mémoire, l'empire semble comme résonner d'un même refrain. »

Pierre-Henri Durand, *idem*, p. CXXVI-CXXVII.

L'ORGANISATION POLITIQUE ET ADMINISTRATIVE

Contrairement, par exemple, à un empereur romain ou à un roi européen, **un empereur chinois ne se montre pas, ou très peu, à son peuple**. Le jésuite français Jean-Denis Attiret, peintre à la cour de Qianlong, raconte qu'« un empereur chinois est trop esclave de sa grandeur pour se montrer au public quand il sort ; il ne voit rien ; les maisons, les boutiques, tout est fermé. Partout on tend des toiles pour empêcher qu'il ne soit aperçu. Plusieurs heures même avant qu'il passe, il n'est permis à personne de se trouver sur son chemin et cela sous peine d'être maltraité par les gardes. Quand il marche hors des villes, dans la campagne, deux haies de cavaliers s'avancent fort au loin de chaque côté, autant pour écarter ce qui s'y trouve d'hommes, que pour la sûreté de la personne du prince. » (Lettre du 1er novembre 1743, dans les *Lettres édifiantes et curieuses de Chine*). Cependant, **les empereurs Qing, probablement parce qu'ils ne sont pas chinois** (cf. « La conquête de la Chine par les Mandchous », chap. I), **sont plus enclins que leurs prédécesseurs Ming à quitter leur capitale et à se déplacer dans l'empire**. Non seulement ils font des va-et-vient réguliers entre leur palais de Pékin et leurs résidences d'été, mais deux des souverains les plus glorieux des Qing, Kangxi et Qianlong, effectuent chacun six voyages longs et fastueux dans le sud du pays.

L'agenda impérial quotidien est particulièrement chargé, d'autant que Kangxi, Yongzheng ou encore Qianlong sont réputés pour avoir été des souverains particulièrement travailleurs. **La journée de l'empereur commence très tôt, vers cinq heures du matin, par une réunion du Grand Conseil**, plus ou moins longue selon les affaires à traiter. Le reste de la journée est dédié à diverses **audiences, réunions politiques, remises de récompenses, revues militaires** et autres réceptions. En plus de ce calendrier régulier, **tout au long de l'année, il incombe au Fils du Ciel d'accomplir un très grand nombre de cérémonies**, de rites et de sacrifices religieux officiels (cf. « Les grandes fêtes », chap. V et « Les rites et sacrifices officiels », chap. VI), en premier lieu les sacrifices aux solstices et aux équinoxes. Malgré cet emploi du temps très serré, le monarque dispose de phases de repos ou de loisir, lors desquelles il chasse, lit, pratique la calligraphie, la peinture ou la poésie : on attribue par exemple à Qianlong environ 40 000 poèmes, ce qui représente près de deux poèmes par jour pendant ses soixante années de règne.

L'ORGANISATION POLITIQUE ET ADMINISTRATIVE

LA HIÉRARCHIE MANDARINALE

Le système qui régit l'ensemble du corps administratif civil et militaire de l'empire **répartit les fonctionnaires** en **neuf rangs** (*jiupin*), divisés chacun en deux degrés, l'un supérieur (*zheng*), l'autre inférieur (*cong*) ; la pyramide compte donc dix-huit échelons, depuis 9B (*cong jiupin*) en bas, jusqu'à 1A (*zheng yipin*). **À chaque échelon correspondent** non seulement un **titre** et le plus souvent une **fonction** réelle (certains titres sont purement honorifiques), mais aussi un **code vestimentaire** particulier, représenté par un globule (ou bouton, *dingdai*) en pierre semi-précieuse sur le chapeau (cf. « Les costumes et les parures », chap. X), et un emblème (*bufu*) placé sur le dos et la poitrine du costume de cour – un oiseau pour les fonctionnaires civils et un animal à quatre pattes pour les fonctionnaires militaires.

Afin de s'assurer un meilleur contrôle, **les souverains mandchous ont doublé les hauts postes de l'administration** (un Chinois et un Mandchou par poste) ; ce sont les fonctionnaires mandchous qui disposent de la prééminence.

Les neuf degrés mandarinaux (par ordre d'importance décroissante)

Rang	Emblème civil	Emblème militaire	Globule
1	Grue	Licorne	Corail rose
2	Faisan doré	Lion	Corail rouge
3	Paon	Léopard	Saphir
4	Oie sauvage	Tigre	Lapis-lazuli
5	Faisan argenté	Ours	Cristal
6	Héron de soie	Panthère	Jade blanc
7	Canard mandarin	Rhinocéros	Cuivre doré
8	Caille	Rhinocéros	
9	Gobe-mouches du paradis	Cheval	

Emblèmes de fonctionnaires civils (rangs 1 à 4, de droite à gauche et de haut en bas)

Exemple de titre
1A : grand secrétaire 1B : président de ministère, gouverneur général
2A : gouverneur de province
3A : juge provincial
4B : préfet
5A et 5B : censeur
7B : sous-préfet

Un fonctionnaire des Qing

L'ORGANISATION POLITIQUE ET ADMINISTRATIVE

LE GOUVERNEMENT CENTRAL

Le Grand Conseil (*junjichu*), innovation des Qing, créé en 1729 par l'empereur Yongzheng, **est l'organe gouvernemental le plus important de la cour**. À l'origine conseil militaire officieux, il gagne en importance au cours du XVIIIe siècle jusqu'à l'emporter sur le Grand Secrétariat. Il est installé à l'intérieur même de la Cité interdite et se compose de quelques **Grands Conseillers** (*junji dachen*, une demi-douzaine en général) choisis par l'empereur parmi les plus hauts ministres et fonctionnaires, le plus souvent mandchous ; ces conseillers conservent leurs fonctions d'origine, leur intégration au sein du Grand Conseil s'y ajoutant. **Outre son rôle de conseil, le Grand Conseil est chargé de réceptionner, pour le compte du souverain, les mémoires secrets** (*zouzhe*) **que peuvent lui envoyer directement un certain nombre de fonctionnaires triés sur le volet** (ministres, gouverneurs et grands généraux, tout au plus une centaine de personnes dans tout l'empire). Le Grand Conseil se réunit chaque matin avec l'empereur et c'est à cette occasion que sont prises les décisions politiques les plus importantes.

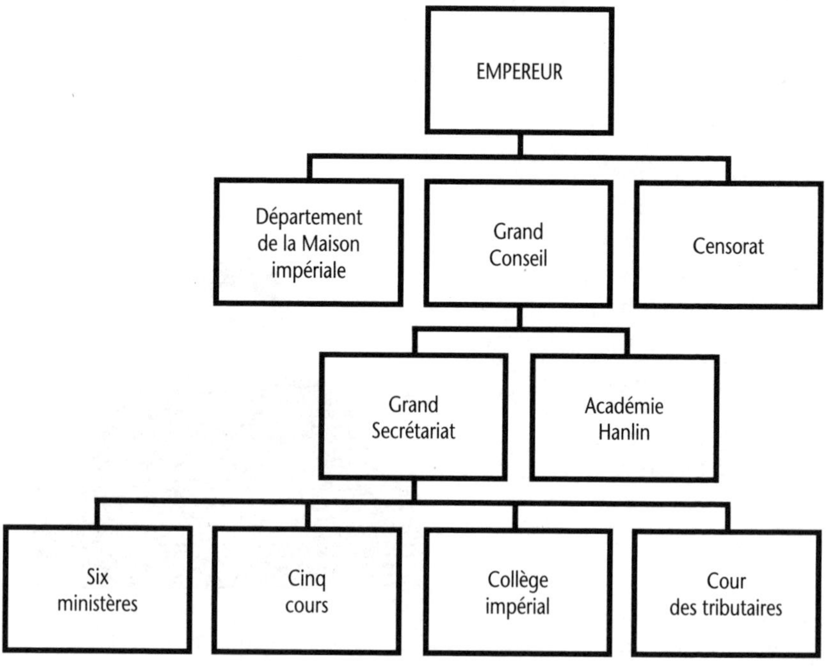

L'ORGANISATION POLITIQUE ET ADMINISTRATIVE

Le **Grand Secrétariat** (*neige*) est un héritage de la dynastie des Ming, mais il n'a plus sous les Qing la même importance. Il se compose de quatre **Grands Secrétaires** (*xueshi*, rang 1A), choisis parmi les hauts fonctionnaires les plus élevés de la hiérarchie ; ils sont assistés d'adjoints et d'un certain nombre de secrétaires, d'archivistes et d'autres membres subalternes du personnel. **Le rôle du Grand Secrétariat est de servir d'intermédiaire entre les ministères et le souverain** : il a une fonction de **chancellerie**, transmettant les mémoires et rapports à l'empereur et diffusant les décrets de celui-ci.

Il existe **six ministères** (*liubu*), chacun dirigé par deux présidents (*shangshu*, rang 1B) et deux vice-présidents (*shilang*, rang 2A), avec parité égale entre Chinois et Mandchous :

– le **ministère des Rites** (*libu*) est chargé des cultes officiels, des examens mandarinaux (voir plus bas « Le recrutement et la carrière des fonctionnaires »), de l'éducation et, dans certains cas, des relations avec les pays étrangers. De lui dépend également le code vestimentaire des fonctionnaires.

– le **ministère des Finances** (*hubu*) est chargé de la gestion des dépenses de l'État, de la perception des impôts, des droits de douane, du contrôle du commerce avec l'étranger, de l'émission des monnaies. Il assume également la gestion du traitement des fonctionnaires (cf. « Les finances publiques », chap. IV).

– le **ministère des Fonctionnaires** (*libu*) assure la gestion de tout ce qui a trait à la carrière des quelque vingt mille fonctionnaires de l'empire : affectation, promotion, rétrogradation, transfert. Il est à noter que l'organisation des examens mandarinaux ne dépend pas du ministère des Fonctionnaires, mais de celui des Rites.

– le **ministère de la Justice** (*xingbu*) centralise les informations sur tous les procès qui ont lieu dans les provinces, et examine les affaires dans les cas les plus graves, en particulier pour les homicides. Les petits délits sont rapportés au ministère, mais jugés localement.

– le **ministère de la Guerre** (*bingbu*) est l'équivalent du ministère des Fonctionnaires pour les militaires. De lui dépendent également les services de la poste. La stratégie et le commandement ne sont cependant pas de son ressort, mais de celui des bannières. Le ministère de la Guerre est également chargé de la gestion des bataillons verts (*lüying*), la gendarmerie de l'empire.

– le **ministère des Travaux publics** (*gongbu*) est chargé de la voirie, de l'entretien des bâtiments publics, des travaux hydrauliques, de l'armement, de la construction navale.

La cour des Tributaires (*lifanyuan*) **est une sorte de septième ministère chargé des relations avec les populations non mandchoues et non chinoises**, en particulier les Mongols, mais aussi les Tibétains, les Russes et les populations du Turkestan (cf. « La démographie », chap. IV et « L'empire Qing », chap. II).

Parallèlement aux ministères, **il existe cinq cours**, c'est-à-dire cinq services administratifs aux compétences restreintes : la **cour suprême de Justice** (*dalisi*), chargée d'examiner et de réviser les procès les plus importants ; la **cour des Sacrifices impériaux** (*taichangsi*), qui aide le ministère des Rites dans l'organisation de certains cultes officiels ; la **cour du Cérémonial** (*honglusi*), chargée des rites importants ; la **cour des Banquets impériaux** (*guanglusi*), qui assume la fonction de traiteur officiel de la cour, et enfin la **cour des Équipages impériaux** (*taipusi*), qui administre les pâturages du cheptel chevalin national.

Le Censorat (*duchayuan*), une institution typiquement chinoise, dirigé par deux présidents (*duyushi*, rang 1B), **abrite des censeurs** (*yushi*) **dont le rôle est d'observer et de critiquer l'administration en général et le souverain**. Leur rang dans la hiérarchie n'est guère élevé (5A et 5B), mais leur liberté de parole est très grande : ils peuvent aussi bien mettre en accusation les fonctionnaires les plus élevés que critiquer l'empereur pour telle ou telle dépense exagérée (ce qui arriva à l'empereur Kangxi lors de ses voyages dans le sud par exemple) ou pour toute décision contestable.

Le département de la Maison impériale (*neiwufu*) est l'organe qui **encadre le service personnel de l'empereur et de sa famille**, ainsi que la gestion de ses intérêts financiers privés dans l'empire. Les fonctionnaires qui en relèvent administrent notamment divers domaines agricoles du nord et du nord-est du pays et les manufactures des soies impériales de Nankin et de Suzhou. Cette institution est créée par Oboi à la fin du règne de l'empereur Shunzhi afin de contrebalancer le pouvoir des eunuques. Elle est en effet composée de serviteurs non eunuques choisis parmi les membres des trois bannières supérieures (cf. « L'armée », chap. III). À la fin du XVIIIe siècle, le département de la Maison impériale est une grande structure, regroupant 1 600 fonctionnaires et un très grand nombre de subalternes.

L'académie Hanlin (*Hanlin yuan*) **regroupe la fine fleur des lettrés** et accueille les meilleurs lauréats des examens mandarinaux. Les académiciens (*xueshi*) ont pour mission de compiler les documents historiques et de tenir à jour les archives de la cour.

L'ADMINISTRATION DES PROVINCES

L'empire est découpé administrativement en plusieurs niveaux de circonscriptions s'imbriquant les unes dans les autres selon une hiérarchie stricte. **Trois niveaux** sont véritablement pertinents, même si, localement, il peut y avoir des strates intermédiaires. Le plus bas niveau est la **sous-préfecture** (*xian*, traduit aussi par « district ») ; viennent ensuite la **préfecture** (*fu*), puis la **province** (*sheng*). Généralement, une préfecture regroupe cinq ou six sous-préfectures, et l'on compte une moyenne de sept à treize préfectures par province.

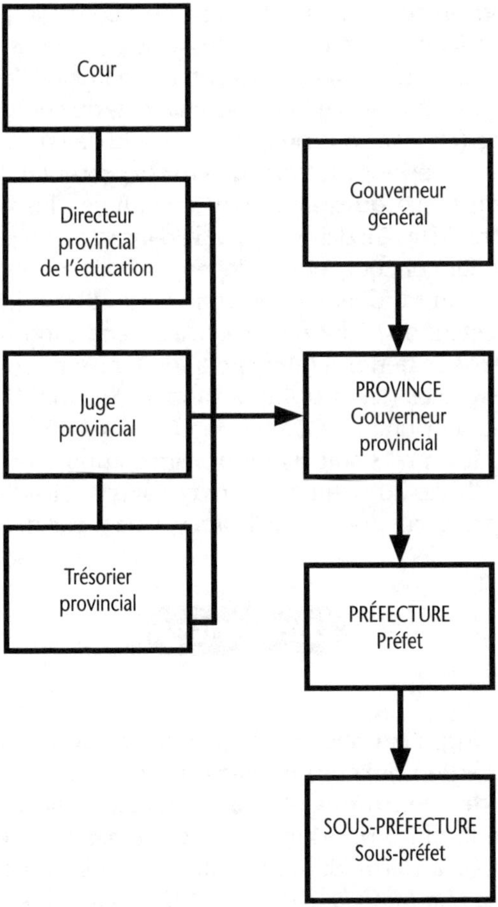

L'ORGANISATION POLITIQUE ET ADMINISTRATIVE

Les circonscriptions administratives (par ordre croissant d'importance)		
Division administrative	Nombre approximatif	Fonctionnaire responsable et rang
Sous-préfecture	1 300	Sous-préfet, 7A
Préfecture	200	Préfet, 4B
Province	18	Gouverneur, 2B

Le sous-préfet (*zhixian*) **est le premier fonctionnaire avec lequel la population entre en contact**. C'est en général le premier poste obtenu par un jeune docteur ayant réussi aux examens mandarinaux de rang élevé. C'est un poste polyvalent, en charge de l'administration proprement dite, mais également des finances, du culte, des examens et de la justice (cf. « La sous-préfecture, cellule de base de l'empire », chap. III). **Son supérieur hiérarchique est le préfet** (*zhifu*), **lui-même sous la dépendance du gouverneur** (*xunfu*), le plus haut fonctionnaire d'une province. Ce dernier est aidé dans sa tâche par des spécialistes recrutés sur concours et qui dépendent directement de l'un des six ministères : un trésorier (*buzhengshi*, rang 2B), un juge (*anchashi*, 3A) et un directeur de l'éducation (*tidu xuezheng*, rang 7A à 5B).

Le gouverneur général (*zongdu*, traduit aussi par vice-roi) **dirige plusieurs provinces** (Jiangsu-Anhui-Jiangxi ; Shaanxi-Gansu ; Fujian-Zhejiang ; Hubei-Hunan ; Guangdong-Guangxi ; Yunnan-Guizhou) ou une seule lorsqu'il s'agit d'une province importante (comme les provinces du Zhili et du Sichuan). Dans certains cas, il administre directement une province, pour laquelle il n'y a alors pas de gouverneur.

LA JUSTICE

Sous les Qing, l'**exercice de la justice se fonde sur des textes de loi, des règlements administratifs, des précédents historiques et sur des coutumes et usages locaux**. Parmi les textes de loi, l'ouvrage le plus important est le ***Code des Qing*** (*Da Qing lüli*) publié en 1740 à partir de codes plus anciens, principalement le *Code des Ming* (*Da Ming lü*, daté de 1397). Celui-ci sert de base à la première édition du *Code des Qing,* paru au début de la dynastie, en 1646. Le code de 1740 est divisé en sept grandes parties contenant au total 436 sections thématiques dans lesquelles sont exposées non seulement les normes juridiques et les lois, mais aussi les questions de procédures judiciaires (arrestation, administration pénitentiaire, tenue des procès, etc.).

Contenu du *Code des Qing* (1740)	
Partie	**Sections**
I. Principes généraux	1-46
II. Lois administratives	47-74
III. Lois civiles	75-156
IV. Lois concernant les rites	157-182
V. Lois militaires	183-253
VI. Lois pénales	254-423
VII. Lois concernant les travaux publics	424-436

On remarquera que les parties II à VII correspondent peu ou prou aux six ministères. Dans le code, la matière juridique est répartie en lois (*lü*, ce sont les 436 sections), qui sont les normes et les lois principales, et en lois additionnelles (*li*), des compléments provenant soit d'édits impériaux, soit de décisions prononcées par le ministère de la Justice et entérinées par le souverain. Les lois additionnelles sont donc issues de précédents régulièrement compilés et diffusés puis inscrits dans le code.

Le *Recueil de lois et d'institutions des Qing* (*Da Qing huidian*), qui traite essentiellement du droit administratif et des procédures, est une autre source scripturaire du droit dans la Chine des Qing.

Le *Code des Qing* prévoit, selon la gravité des délits et des crimes, en plus de peines de prison et d'amendes, **cinq catégories traditionnelles de peines** : 1. la petite bastonnade (10 à 50 coups de bâton) 2. la grande bastonnade (60 à 100 coups), 3. l'exil temporaire (travaux forcés), 4. l'exil perpétuel, 5. la peine capitale. Il existe aussi des peines infamantes comme le port de la cangue (carcan dans lequel est engagé le cou et éventuellement les poignets du condamné) ou le tatouage.

L'exercice de la justice suit une voie hiérarchique depuis le plus bas niveau, le sous-préfet, jusqu'à l'empereur lui-même, dans les affaires les plus graves. Tout dépend de l'importance du délit ou du crime commis. Le sous-préfet étant le premier fonctionnaire avec qui la population est en contact, c'est lui qui assume la fonction de juge lorsque l'affaire n'est pas très grave, c'est-à-dire lorsque l'encours de la peine est tout au plus une bastonnade. Son pouvoir décisionnel est cependant relativement grand car c'est à lui qu'incombe l'arbitrage dans les querelles entre administrés.

Dans les cas plus sérieux, le sous-préfet prononce une sentence provisoire examinée par son supérieur hiérarchique, le préfet, qui doit, selon les cas, demander son aval au gouverneur de province. C'est au niveau provincial que l'affaire est alors étudiée par des juristes spécialisés, les juges provinciaux, qui ne dépendent pas en théorie du gouverneur, mais du ministère de la Justice. Ces juges siègent dans une cour de justice provinciale, lieu où se déroulent les procès. Les sentences prononcées par le juge provincial sont ensuite confirmées par le gouverneur ou le gouverneur général, qui les transmettent à leur tour au ministère pour information. Les affaires graves, homicides non passibles de mort, par exemple, sont quant à elles examinées individuellement par les fonctionnaires du ministère. Les affaires passibles de la peine de mort sont examinées en haut lieu par une instance appelée collectivement les Trois Hautes Cours de Justice (*san fasi*), qui regroupe, outre le ministère de la Justice et le Censorat, la Cour suprême de Justice (*dalisi*). La sentence est ensuite ratifiée par le souverain.

Le système juridique en Chine n'est pas isonomique : l'application de la loi, et donc les peines prononcées, dépendent du statut social de la personne jugée. Les membres de l'élite lettrée (ceux qui ont réussi un examen mandarinal), par exemple, sont souvent exemptés de peines de bastonnade, et **peuvent également racheter certaines peines moyennant finance**. Autre exemple, la cangue peut être une solution alternative aux travaux forcés pour des Mandchous ou des militaires des bannières : un an de travaux forcés peuvent être commués en vingt jours de port de cangue.

Tableau récapitulatif de la hiérarchie et du mode de fonctionnement judiciaires

Niveau administratif	Gravité du cas (encours de peine)			
	Bastonnade	**Travaux forcés**	**Homicide non passible de la peine de mort**	**Crime passible de la peine capitale**
1. Sous-préfecture	Procès et sentence	Enquête	Enquête	Enquête
2. Préfecture		Transmission au niveau supérieur	Transmission au niveau supérieur	Transmission au niveau supérieur
3a. Cour provinciale		Procès et sentence	Procès et sentence	Procès et sentence
3b. Gouverneur ou gouverneur général		Confirmation de la sentence	Confirmation de la sentence	Confirmation de la sentence
4. Ministère de la Justice			Sentence finale	Examen
5. Trois Hautes Cours				Sentence finale
6. Empereur				Ratification

(d'après D. Bodde, C. Morris, *Law in Imperial China*, p. 116)

L'ORGANISATION POLITIQUE ET ADMINISTRATIVE

L'ARMÉE

C'est surtout dans le domaine militaire que les Mandchous innovent par rapport à l'héritage des Ming. **Ils incorporent au système chinois une institution bien à eux, les bannières**, celle-là même qui leur permet de conquérir la Chine en 1644 (cf. « La conquête de la Chine par les Mandchous », chap. I). Cette organisation militaire, créée à l'origine en 1615 par Nurhaci, est appelée système des « **huit bannières** » (*baqi*), en raison du nom des couleurs utilisées par chacun des corps d'armée : jaune, blanc, rouge et bleu, auxquelles furent ajoutées plus tard quatre autres bannières de la même couleur mais dotées de bordures (on oppose ainsi les bannières unies, *zheng*, et celles à bordures, *xiang*). **Ce système est** plus qu'**une organisation militaire**, car les Mandchous, surtout lors de la conquête au XVIIe siècle, ne distinguent pas armée et État : les bannières sont **une organisation autant militaire que socio-économique**, lointaine cousine de la structure clanique que l'on trouve chez les populations nomades ou semi-nomades. En 1635, les tribus mongoles et les ralliés chinois sont à leur tour organisés en huit bannières, ce qui constitue **vingt-quatre bannières au total**. Chaque bannière est dirigée par un commandant en chef (*dutong*) et deux adjoints, et comprend cinq régiments (deux dans le cas des bannières mongoles) appelés *jalan* en mandchou (*jiala* en chinois). Ces régiments sont eux-mêmes subdivisés en cinq compagnies (*niru* en mandchou, *niulu* en chinois), comptant en théorie trois cents hommes, si bien qu'une bannière est censée regrouper sept mille cinq cents combattants, auxquels il faut ajouter famille et dépendants. En réalité, le chiffre est bien moindre et on estime qu'**au moment de la conquête en 1644, l'ensemble des bannières représente une force armée de 200 000 hommes** (soit environ 900 combattants par bannière).

Trois bannières mandchoues, la jaune unie, la jaune à bordures et la blanche unie, sont sous le commandement direct de l'empereur, et forment les « **bannières supérieures** ». Les cinq autres, appelées « **bannières inférieures** », sont affectées à divers princes du clan impérial.

Parallèlement aux bannières, il existe **un autre corps d'armée, les bataillons verts** (*lüying*), **constitués à l'origine par les troupes Ming ralliées aux Mandchous.** Ces bataillons dépendent du ministère de la Guerre et sont en quelque sorte **les gendarmes de**

Uniforme de soldats des bannières (rouge à gauche et rouge à bordures à droite)

l'empire ; le pouvoir mandchou les emploie à diverses tâches telles que l'escorte des transferts de fonds, les transfèrements de prisonniers, la surveillance des greniers publics, des tombes, des portes de cités. Ils assurent également le service des postes et peuvent être employés à l'occasion dans les travaux publics. **Ils jouissent d'un prestige bien moindre que celui des combattants des bannières**. Les officiers des bataillons verts sont recrutés en principe par voie de concours, lors d'examens militaires calqués sur les examens mandarinaux, mais comportant presque uniquement des épreuves sportives. Dans les faits, les officiers sont souvent d'anciens soldats méritants. Les combattants des bataillons verts sont répartis dans tout l'empire au sein de très nombreuses casernes, plus ou moins grandes selon les besoins.

L'ORGANISATION POLITIQUE ET ADMINISTRATIVE

LE RECRUTEMENT ET LA CARRIÈRE DES FONCTIONNAIRES

L'un des traits les plus marquants de l'administration chinoise est le mode de **recrutement des fonctionnaires**, qui se fait, dans la majorité des cas, **par voie de concours** (l'autre voie étant la recommandation). Ces **examens mandarinaux** (*keju*), comme il est coutume de les désigner, reposent sur **l'idée qu'un fonctionnaire doit être recruté et employé** non en raison de son origine familiale ou de sa richesse, mais **en fonction de ses compétences et de ses qualités morales**, que l'on peut déceler grâce à des épreuves écrites fondées sur la connaissance des classiques confucéens (cf. « Le confucianisme : fondement de l'État et de la société », chap. VI). Les examens mandarinaux, réservés aux hommes, tirent leur origine lointaine de la dynastie des Han, mais ils sont formalisés sous celle des Tang. C'est sous les Song qu'ils deviennent l'une des **institutions essentielles du fonctionnement de l'empire chinois** (cf. « Les rites de passage », chap. V).

Sous les Qing, il existe **trois grands niveaux d'examens**, correspondant à trois « grades » dont le prestige est proportionnel à la hiérarchie. Le **premier niveau est local** et correspond à trois examens qu'on appelle *tongshi*, « examens pour les jeunes gens » ou *xiaokao*, « petits examens ». Après deux épreuves de qualification (devant le sous-préfet, puis devant le préfet), le candidat passe un examen appelé *yuankao* organisé par le directeur provincial de l'éducation. En cas de succès, le lauréat a droit au titre de **bachelier** (*shengyuan*, autrefois appelé *xiucai*) ; il est alors considéré comme appartenant à l'élite lettrée (cf. « Les groupes sociaux », chap. IV). Les examens de ce premier niveau ont lieu deux fois tous les trois ans. **Tous les trois ans se tient aussi l'examen provincial** (*xiangshi*), le **deuxième niveau dans la hiérarchie** ; il confère au lauréat le titre de **licencié** (*juren*, littéralement « homme recommandé »). Enfin, tous les trois ans se déroule à Pékin, un an après l'examen provincial, l'**examen métropolitain** (*huishi*) pour le titre de **docteur** (*jinshi*, littéralement « lettré accompli »). Les noms des lauréats sont gravés sur des stèles érigées dans le temple de Confucius de la capitale et ils sont invités à participer à un banquet spécial organisé par le ministère des Rites. **Les docteurs constituent l'élite intellectuelle du pays**, élite triée sur le volet : on compte à chaque session environ 320 reçus pour 5 000 à 6 000 candidats. Les docteurs peuvent ensuite participer au prestigieux examen du palais (*dianshi*), présidé par l'empereur lui-même.

Les examens mandarinaux (par ordre croissant d'importance)
Niveau local
Examen sous-préfectoral (*xiankao* 縣考)
Examen préfectoral (*fukao* 府考)
Examen pour le titre de bachelier (*yuankao* 院考)
Niveau provincial
Examen pour le titre de licencié (*xiangshi* 鄉試)
Niveau métropolitain
Examen pour le titre de docteur (*huishi* 會試)
Examen du palais (*dianshi* 殿試)

Les épreuves sont écrites et **les candidats composent**, entre autres, **des dissertations en huit parties** (*baguwen*) sur des sujets liés aux classiques confucéens. **Les examens provinciaux et pour le titre de docteur se déroulent dans des centres d'examens** spécialisés munis de milliers de cellules individuelles. L'organisation est quasi militaire et la **surveillance étroite**, mais **certains parviennent malgré cela à tricher**, par exemple en dissimulant des antisèches dans leurs vêtements.

L'obtention de l'un des trois titres académiques ne signifie pas que le lauréat gagne immédiatement un poste dans la fonction publique. Encore faut-il qu'il y ait un poste vacant. Ainsi, **l'obtention d'un diplôme est une sorte d'inscription sur une liste d'aptitude**, charge ensuite aux lauréats de jouer de leurs relations pour obtenir une affectation. Si les docteurs commencent leur carrière au milieu de l'échelle mandarinale avec un poste de rang 7A à 4A, les licenciés se contentent d'un poste mineur et les bacheliers doivent attendre longtemps, ou tenter d'obtenir le grade académique suivant. **La grande majorité des bacheliers vit médiocrement** en assumant des charges de précepteur, de maître d'école ou de modeste assistant dans une administration locale.

Centre des examens mandarinaux de Nankin

Allées conduisant aux cellules d'examen

Cellules d'examen

Afin d'éviter que les fonctionnaires, dont beaucoup sont issus de riches et influentes familles locales, ne puissent profiter de leur position pour privilégier les leurs, **les Qing appliquent** un certain nombre de règles sur les affectations issues de leurs prédécesseurs, connues sous le nom de **lois d'évitement** (*huibi*) :

– un fonctionnaire ne peut être affecté dans son lieu d'origine.

– lorsque deux fonctionnaires doivent travailler ensemble, il ne peut s'agir de parents (même distants). Le fonctionnaire ayant le rang le plus bas est alors muté.

– enfin, pour empêcher que les fonctionnaires ne développent un réseau trop important dans leur lieu d'affectation, **ils sont régulièrement mutés** : les gouverneurs de provinces le sont tous les trois ans et les sous-préfets tous les un an et demi.

Tous les trois ans, les fonctionnaires locaux sont évalués par leur supérieur hiérarchique immédiat (préfet pour les sous-préfets, par exemple). L'évaluation est ensuite avalisée, complétée ou modifiée par le gouverneur ou le gouverneur général. Dans le cas des sous-préfets, on juge notamment leur probité et leur capacité à collecter correctement les impôts. Le dossier est transmis *in fine* au **ministère des Fonctionnaires** (cf. « Le gouvernement central », chap. III), **qui classe les agents en trois catégories** : **exceptionnels** (donc dignes d'être reçus par l'empereur et d'être promus ; cette catégorie est cependant pourvue d'un quota, un dizaine de personnes par province tout au plus), **incompétents ou corrompus**

(condamnés et révoqués en cas de manquement grave) ; la troisième catégorie, de loin la plus importante en termes de nombre, comprend tous les autres fonctionnaires, **ceux qui ne sont ni très bons, ni trop mauvais.**

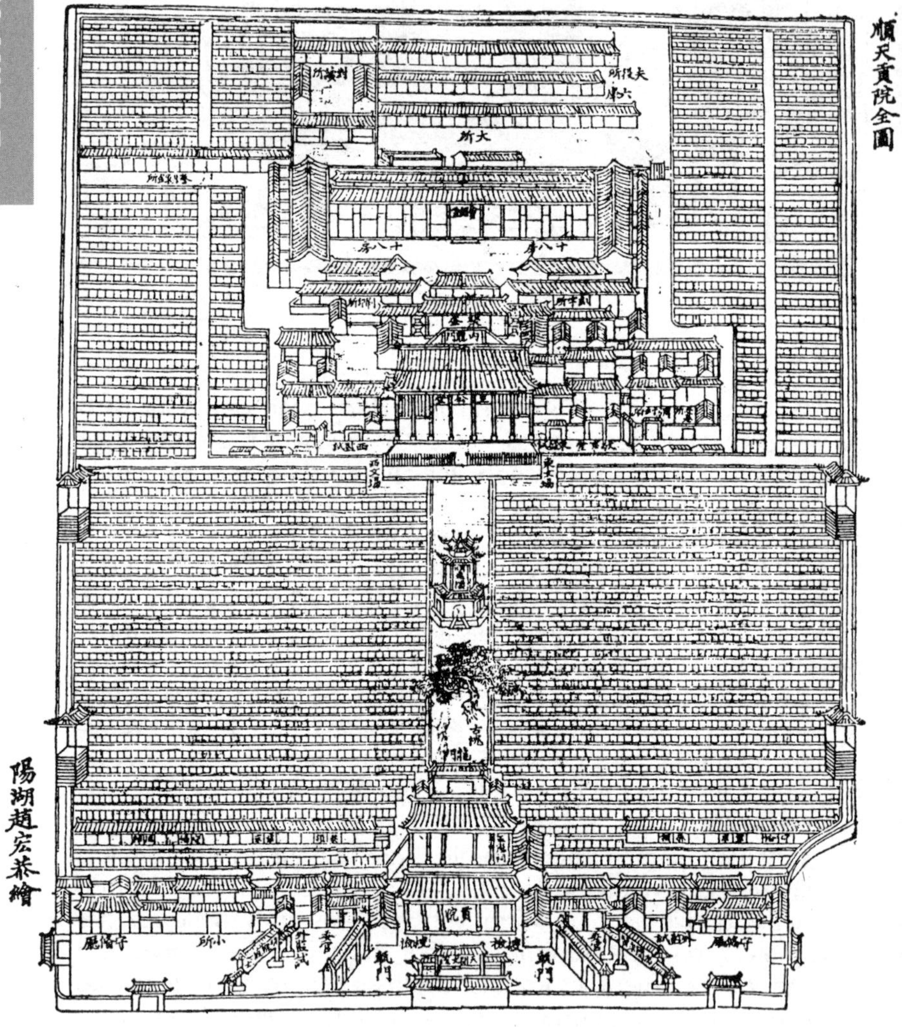

Plan du centre des examens de Pékin
(Les petits rectangles correspondent à des cellules d'examen individuelles)

LA SOUS-PRÉFECTURE, CELLULE DE BASE DE L'EMPIRE

Bien qu'elle soit elle-même constituée de cantons et de villages bien différenciés aux yeux de l'administration, **la sous-préfecture est la plus petite circonscription de l'empire**. Le terme « petite » ne doit cependant pas tromper : **cette unité peut** en effet **regrouper jusqu'à un million d'habitants**, c'est dire la tâche énorme qui incombe aux sous-préfets affectés dans des zones particulièrement peuplées. Les postes sont de ce fait classés en quatre catégories (très importants, importants, moyens, aisés) selon que les sous-préfectures correspondantes sont des nœuds de communication fréquentés, des régions marquées par des insurrections, des lieux où la collecte des impôts est difficile, etc.

Le sous-préfet est dépositaire, à une petite échelle, de l'ensemble des pouvoirs et des prérogatives détenus par l'empereur, qui les lui délègue. Il représente le pouvoir impérial, avec toute la pompe et le prestige associés, et assume de très nombreuses responsabilités : **il est à la fois un administrateur des travaux publics, un collecteur d'impôts, un chef de gendarmerie, un responsable des cérémonies officielles et un juge**, ce dernier aspect étant particulièrement important – le sous-préfet juge autant les crimes et les délits que les plaintes du menu peuple. C'est la raison pour laquelle on traduit parfois ce titre par magistrat. Les célèbres aventures du juge Ti (de Robert Van Gulik) relatent par exemple les enquêtes criminelles menées par un sous-préfet des Tang.

Le lieu où réside et travaille le sous-préfet est la résidence administrative (le *yamen*), à la fois **tribunal local et centre décisionnel** de la sous-préfecture. Le sous-préfet est loin d'être seul pour accomplir sa mission, **il dispose d'un personnel local très important en nombre** et aux statuts divers. Du fait des lois d'évitement (cf. « Le recrutement et la carrière des fonctionnaires », chap. III), un sous-préfet ne peut rester en poste très longtemps et se trouve toujours affecté à un endroit où il ne dispose a priori d'aucun réseau ; il arrive même qu'il ne connaisse pas la langue dans laquelle s'expriment ses administrés, d'où l'importance cruciale des agents sous son autorité. Ce personnel relève de quatre grandes catégories : les auxiliaires, les serviteurs personnels, les hommes de main et les assistants privés.

Les **auxiliaires** (*li*) constituent un corps d'**agents administratifs locaux** rattachés à la sous-préfecture et présents dans tout le territoire qui en dépend. Ce ne sont pas des fonctionnaires ; ils sont recrutés dans la province où ils exercent. Ils accomplissent en théorie un service de cinq ans dans la même sous-préfecture, mais certains parviennent à rester beaucoup plus longtemps, en changeant de nom, par exemple. **Ils sont répartis dans plusieurs services spécialisés**, les plus importants étant les six bureaux correspondant aux six ministères du gouvernement central : rites, finances, fonctionnaires, justice, guerre, travaux publics. **Le sous-préfet, venu d'ailleurs, dépend entièrement de ces agents**, qui n'hésitent pas à le manipuler (par exemple, en lui dissimulant des informations) et à privilégier leurs intérêts et ceux de leurs proches. Le nombre d'auxiliaires est très important (de plusieurs centaines dans les petites sous-préfectures jusqu'à un millier dans les grandes) et dépasse le plus souvent les besoins réels. Ces agents ont la possibilité, après un service de cinq ans, de passer un examen provincial afin de devenir fonctionnaires. En cas de réussite, ils obtiennent un poste de rang 9B (le plus bas de l'échelle).

Les **serviteurs personnels** (*changsui*) sont attachés à la personne du sous-préfet, qui les recrute lui-même. Ils sont le plus souvent étrangers à la sous-préfecture. En effet, le sous-préfet peut vouloir engager des personnes qui n'ont aucune attache ou réseau local, atout qui rend ces serviteurs plus fiables que les auxiliaires. Ils sont en quelque sorte les yeux et les oreilles du fonctionnaire et assument pour lui non seulement des **fonctions de domestiques**, mais aussi **diverses autres tâches**, comme celles de gardien de porte, de surveillant des greniers publics, d'intendant des cuisines, de préposé au sceau officiel, de geôlier, etc. Personnel considéré comme vil (au même titre que les esclaves, les hommes de main ou les domestiques), les serviteurs personnels ne peuvent entrer dans la fonction publique.

Les **hommes de main** (*yayi*) forment l'ensemble des messagers, policiers ou gardes du sous-préfet. Les **assistants privés** (*muyou*) sont quant à eux recrutés par le sous-préfet parmi **les lettrés locaux sans postes** ou les étudiants afin d'assurer **diverses tâches spécialisées** qui exigent des connaissances en matière de droit ou d'administration. Ils ne sont pas fonctionnaires, mais du fait de leur instruction, ils sont considérés plus ou moins comme des égaux par le sous-préfet.

Le salaire officiellement accordé par l'État à un sous-préfet est ridiculement bas au regard des responsabilités qui lui incombent (cf. « Les prix », chap. IV). C'est la raison pour laquelle **il**

lui est permis de prélever sa part sur les taxes et impôts qu'il collecte, d'autant qu'il doit non seulement rétribuer lui-même le personnel qui travaille sous son autorité – et l'on a vu qu'il est très nombreux – mais aussi participer financièrement aux grands travaux entrepris au niveau provincial. Toute cette **pression financière se reporte en fin de compte sur la population**, qui essaye par tous les moyens d'échapper aux impôts et aux taxes diverses qu'elle est tenue d'acquitter (cf. « Les finances publiques », chap. IV). Notons cependant qu'**un poste de sous-préfet peut être hautement lucratif** : tout dépendra de la dynamique économique et de la fertilité de la région. Les fonctionnaires le savent et connaissent très bien les zones de l'empire où il fait bon être affecté.

Un gouverneur hors du commun : Chen Hongmou

« Il n'y a sans doute pas de meilleure fenêtre sur cette période [le XVIIIe siècle], et plus particulièrement sur les mentalités de l'élite alors au pouvoir, que le personnage de Chen Hongmou (1696-1771). Il fut probablement le fonctionnaire chinois le plus influent de l'empire Qing à cette époque et très certainement le plus célébré de ses administrateurs locaux. Entre 1733 et 1763, il assuma des postes de gouverneur général, de gouverneur et diverses autres fonctions dans une dizaine de provinces, mais ce fut en tant que gouverneur qu'il servit le plus longtemps. Il est l'homme des Qing qui reçut le plus grand nombre de postes de ce type. Dans chacune de ses affectations, qui le menèrent aux quatre coins de l'empire, du Yunnan au Jiangnan et du Gansu au Guangdong, Chen Hongmou s'illustra pour le souci qu'il accordait aux problèmes pesant sur la société locale et pour les remèdes administratifs qu'il élabora pour les résoudre. Amplement acclamé en son temps – l'éminent Fang Bao (1668-1749) disait de lui qu'il était "le seul fonctionnaire qui, de nos jours, se consacre tout entier au peuple, à l'instar des grands hommes d'État de l'Antiquité" –, il se mua graduellement au long de sa carrière en gestionnaire des crises régionales, et fut employé comme tel par le trône. Chen Hongmou n'était pas un penseur particulièrement original, et sa façon d'administrer n'était guère différente de celle de ses confrères les plus capables, mais l'énergie et la minutie qu'il employa à satisfaire les besoins des territoires placés sous sa juridiction furent réellement stupéfiantes. Durant les dernières années de sa vie, il fut promu grand secrétaire (il fut le premier de sa province natale le Guangxi à recevoir cet honneur sous les Qing, et le troisième dans toute l'histoire impériale) et tuteur du prince héritier. »

William T. Rowe, *Saving the World*, p. 2

政

IV
LA SOCIÉTÉ ET L'ÉCONOMIE

La société Qing est marquée par une très forte hiérarchie, accentuée par l'existence d'une méritocratie – le fonctionnariat – qui en théorie se fonde non sur la généalogie, mais sur les compétences et la moralité, deux éléments évalués lors des examens mandarinaux (cf. « Le recrutement et la carrière des fonctionnaires », chap. III). La façon dont une personne est vue ou traitée par autrui est très différente selon ses origines familiales, ses richesses et selon qu'elle appartient ou non au corps des fonctionnaires. **Avec la conquête mandchoue, la société se modifie, notamment dans les relations entre groupes ethniques** : les Chinois n'étant en effet plus les maîtres de leur pays, ils se retrouvent en position d'infériorité face aux Mandchous, bien qu'ils soient largement plus nombreux.

Si ce basculement du pouvoir a des conséquences négatives pour les Chinois sur le plan administratif (cf. « L'organisation politique et administrative », chap. III), dans les domaines économique et démographique, **l'installation de la dynastie des Qing et la remise en ordre opérée par les souverains conduisent à une prospérité sans précédent**. Cependant, ce miracle mandchou se transforme en cauchemar au XIXe siècle, notamment parce que l'État, quasiment ruiné, ne peut plus faire face à une population aussi importante.

LA DÉMOGRAPHIE

La *pax manjurica* (paix mandchoue), **la stabilité politique,** instaurées dès la fin du XVIIe siècle, ainsi que **la reprise du développement agricole s'accompagnent tout au long du XVIIIe siècle**

d'une poussée démographique extraordinaire. On passe en effet sous les Qing d'environ 120 millions d'habitants en 1680 à 430 en 1850. La population de l'empire double entre 1750 et 1800.

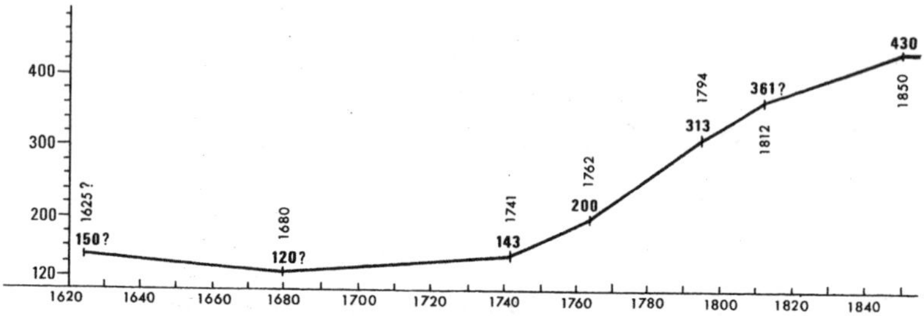

Courbe de la croissance démographique (en millions).
(source : Jacques Gernet, Le Monde chinois, *© Armand Colin, 1999)*

Cet essor conduit non seulement à une **émigration** de Chinois à **l'extérieur de l'empire**, notamment en Asie du Sud-Est, mais aussi à des **mouvements de population** au sein de celui-ci, en particulier depuis les provinces chinoises du nord vers l'extrême ouest au Turkestan oriental – migrations soutenues et encouragées par l'État (cf. « L'empire Qing », chap. II) – et vers les provinces méridionales du Guizhou, du Yunnan et du Guangxi.

D'un point de vue strictement numérique, le peuple au pouvoir dans l'empire Qing, les **Mandchous** (cf. « La conquête de la Chine par les Mandchous », chap. I), sont **très inférieurs en nombre aux sujets qu'ils gouvernent**. En effet, dans les territoires de la Chine historique (la Chine des dix-huit provinces héritées de l'empire Ming, cf. « L'empire Qing », chap. II), les Chinois proprement dits, c'est-à-dire les **Han, constituent la population majoritaire** (environ 94 %). Le reste des habitants de ces zones sont ce qui est actuellement désigné par le terme de **minorités ethniques**. Ces dernières diffèrent des Han par leur mode de vie, leur religion ou leur langue. **Les principales minorités sont les Zhuang** (au Guangxi et au Yunnan), **les Hui** (au Gansu et au Shaanxi : ce sont **les musulmans** chinois, à distinguer des Ouïghours turcophones), **les Yi** (Sichuan, Yunnan) et **les Miao** (Guizhou, Yunnan et Hunan). Le **Turkestan oriental** est la patrie des **Ouïghours**, une population turcophone musulmane sunnite. Les **Mongols** se répartissent en deux grands ensembles, les Mongols **occidentaux** (Dzoungares,

Koshots, Torguts et Torbets) et les Mongols **orientaux** (les premiers ralliés aux Mandchous : Khalkha et Chahar) ; ils nomadisent dans la **partie nord de l'empire Qing**, qui correspond aux territoires couverts actuellement par la **province chinoise de Mongolie intérieure** et à la **République de Mongolie**. Les **Tibétains**, quant à eux, sont présents non seulement sur les hauts plateaux tibétains, mais également dans des parties du Sichuan et du Qinghai, et, dans une moindre mesure, au Yunnan et au Gansu.

Les Hakka

Les Hakka (*kejia*, littéralement « les familles invitées ») sont une population Han présente dans le sud de la Chine (principalement dans les provinces du Guangdong, du Fujian, du Jiangxi et du Guangxi) qui constitue un groupe ethnique quelque peu à part. Se considérant comme les descendants de réfugiés du nord de la Chine ayant émigré dans le sud en plusieurs vagues (probablement de la fin des Tang à la fin des Ming), ils se distinguent des populations qui les entourent par leur langue, leur mode de vie (ils ont rejeté la coutume des pieds bandés ; certains vivent dans de vastes demeures rondes) et un fort sentiment d'appartenance à leur communauté relativement endogame. Installés au départ dans les arrière-pays, ils y ont développé des activités économiques liées à ces écosystèmes : sylviculture, culture du thé, de l'indigo et du tabac. Le XVIIIe siècle leur est favorable : les Hakka prospèrent, une élite intellectuelle se développe dans leurs rangs et une diaspora voit le jour, notamment à Taiwan.

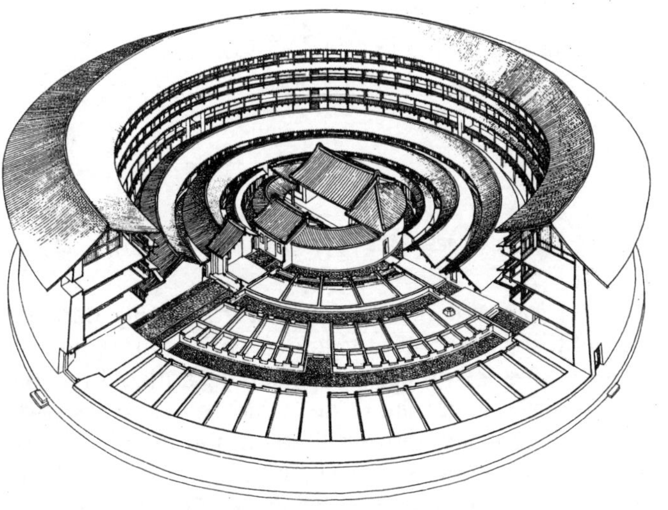

Maison hakka ronde dans le Fujian

LA SOCIÉTÉ ET L'ÉCONOMIE

L'ÉCONOMIE

Comme l'explique Jacques Gernet dans *Le Monde chinois*, l'empire Qing « est parvenu au XVIIIe siècle à tirer le meilleur parti des techniques de l'âge préindustriel ». En cela, et en particulier **dans le domaine agricole, il a été plus performant que l'Europe à la même époque**.

L'agriculture connaît au XVIIIe siècle un développement sans précédent encouragé par le pouvoir impérial qui taxe assez modérément les paysans et limite considérablement la corvée, courante sous la dynastie précédente. Les rendements sont très bons, les terres cultivées augmentent, et l'introduction de nouvelles cultures (patate douce, arachide, sorgho), qui viennent s'ajouter aux plantes traditionnelles (riz, blé, millet, orge), permet de mieux tirer parti des spécificités locales des terres et des climats. Les surfaces cultivées augmentent et **le pays peut faire face aux besoins de sa population en termes d'alimentation**.

Terres cultivées 1600-1850

Année	Surface de terre cultivée (en millions de *mu*)
1600	670
1650	600
1685	470
1750	900
1770	950
1850	1 210

(d'après Naquin, Rawski, *Chinese Society in the Eighteenth Century*, p. 25)

La majorité des habitants de l'empire vit et travaille dans des villages ou de petites villes de moins de deux mille habitants, et la plus grande partie des ressources est dédiée à l'agriculture, mais du fait de l'immensité de l'empire et de la variété des terres et des climats, les types de céréales cultivées et le nombre de récoltes par an varient sensiblement d'une région à l'autre. Une première **dichotomie sépare la Chine du Nord, spécialisée dans le blé, et la**

Chine du Sud, portée sur la riziculture. Par ailleurs, on distingue quatre grands cycles de moisson :

– les provinces du nord ont un cycle moyen de trois récoltes sur deux ans ;

– au sud, dans les provinces les plus développées, les paysans récoltent deux moissons par an, en général l'une de riz, et l'autre d'une autre céréale ou de coton ;

– dans les provinces centrales, les récoltes sont également semestrielles ; celle de riz est vendue, et se trouve suivie par une moisson de blé, d'orge ou de millet ;

– dans l'extrême sud, le Fujian et une grande partie du Guangdong, il y a trois récoltes par an : deux de riz, et une de blé ou de fève.

Labourage et repiquage du riz

Le Yunnan et le Guangxi sont les deux principales provinces minières. Leur sous-sol est exploité principalement pour le **cuivre**, et, dans une moindre mesure, pour **l'argent**, le **charbon** et le **fer**. Entre 1700 et 1850, la production de cuivre de cette région représente un cinquième de la production mondiale d'alors.

Les commerçants se regroupent par corporations sous forme de guildes (*hang*) plus ou moins grandes ou puissantes. Ces guildes régulent le commerce (notamment en contrôlant les prix), règlent les

LA SOCIÉTÉ ET L'ÉCONOMIE

conflits et **agissent socialement** (aide aux commerçants en détresse, mécénats divers, assistance de la communauté urbaine en cas de catastrophe, etc.). Le **pouvoir mandchou encourage cette forme d'organisation**, surtout parce qu'il s'appuie sur les guildes pour récolter les impôts commerciaux. De leur côté, **les guildes ont souvent besoin du soutien des fonctionnaires** dans leurs entreprises commerciales.

Le commerce avec les nations européennes s'opère, durant la seconde moitié du XVIIIe siècle, depuis la seule ville de Canton (Guangzhou), **au travers d'un monopole appelé le Cohong**, *gonghang* en chinois, un terme qui signifie guilde générale. C'est une réunion de treize **guildes de négociants** autorisées par le pouvoir mandchou à commercer avec les Européens.

Malgré ce système très rigide, jusqu'à la fin du siècle, **la Chine vend plus** aux Européens **qu'elle n'importe** leurs produits ; elle leur procure principalement du **thé**, de la **porcelaine** (dont celle des manufactures impériales de Jingdezhen dans le Jiangxi, cf. « Les arts décoratifs », chap. VIII) et des **objets laqués**.

Le commerce extérieur à Canton (1719-1807)

Période	Volume des exportations (en centaines de tonnes)	Évolution (base 100 = 1719-1726)
1719-1726	2 803	100
1727-1734	3 178	113
1735-1740	4 968	177
1741-1748	9 093	324
1749-1756	11 620	414
1757-1762	10 199	364
1763-1768	15 344	547
1769-1775	16 537	590
1776-1782	16 158	576
1783-1791	25 013	892
1792-1799	22 731	811
1800-1807	24 689	881
1828-1833	37 507	1 338

(d'après Naquin, Rawski, *Chinese Society in the Eighteenth Century*, p. 103)

LA SOCIÉTÉ ET L'ÉCONOMIE

Si l'essor économique fait du XVIIIe siècle l'un des apogées de l'histoire chinoise en termes de prospérité, **la fin du siècle réserve cependant aux gouvernants une très mauvaise surprise**. Les finances publiques sont en effet au plus mal car les caisses de l'État ont été vidées tout au long de la seconde moitié du règne de Qianlong. Les souverains du siècle suivant ne sauront pas redresser la barre, car en plus du délabrement économique, il devront faire face à une corruption des plus graves, à toutes sortes d'insurrections et de conflits et à la pression exercée par les puissances occidentales, ce qui se soldera par les guerres de l'opium (cf. « Missionnaires jésuites et relations avec l'Occident », chap. I).

LES FINANCES PUBLIQUES

L'économie de l'empire repose essentiellement sur l'agriculture. **Les revenus de l'État proviennent pour une grande part de l'impôt foncier**, et, dans une moindre mesure, des différentes taxes et droits de douane liés au négoce et à l'exportation. Le pouvoir impérial dispose également d'importantes sources de revenus issues de monopoles, tels que le sel (monopole le plus important, il représente en 1753 douze pour cent des revenus de l'État), les métaux précieux, le ginseng et les perles. **La gestion du Trésor public relève du ministère des Finances** (cf. « Le gouvernement central », chap. III), qui abrite en son sein quatorze bureaux (*qingli si*) correspondant aux provinces (avec des regroupements de deux provinces), bureaux administrant eux-mêmes un certain nombre de services spécialisés (comptabilité, statistiques, greniers publics…).

À l'exception des droits de douane et de la gabelle (impôt sur le sel), **la collecte des différents impôts et taxes touchant la population est du ressort du sous-préfet**. Le principal impôt, qui constitue la source la plus importante de revenus pour l'État, est l'impôt foncier annuel sur les terres cultivées (*qianliang*), payable en numéraire. Il combine un impôt foncier sur les domaines agricoles et un impôt calculé en fonction des personnes qui y travaillent. Ceux qui ne possèdent pas de terres en sont exemptés. **L'impôt sur le grain**, payable principalement en nature (surtout en riz), ne s'applique qu'aux provinces du Shandong, Henan, Hunan, Hupei, Jiangxi, Jiangsu, Anhui et Zhejiang, qui correspondent aux zones les plus fertiles de l'empire. Il sert à constituer des réserves stockées dans des greniers de la capitale et de Tongzhou, ville qui en est proche.

Les grains y sont acheminés par le Grand Canal ou par voie maritime. La **gabelle** est quant à elle collectée non par les sous-préfets, mais par des collecteurs spécialisés qui relèvent du gouvernement central. Au niveau local, s'ajoutent à ces impôts **diverses taxes qui varient selon les lieux et les sous-préfets** chargés de les percevoir. Ce sont des taxes d'habitation, des taxes sur les maisons de courtage, sur la vente de bétail, de coton, de tabac ou encore de vin (cf. « La sous-préfecture, cellule de base de l'empire », chap. III).

LES GROUPES SOCIAUX

La **strate sociale la plus influente au XVIIIe siècle est l'élite lettrée**, que les Anglo-Saxons nomment la *gentry* ou les *literati*. Les termes chinois utilisés sous les Ming et les Qing pour désigner ces personnes sont *shenshi* et *shenjin*, deux mots se référant à la possession d'un diplôme qui permet d'accéder au fonctionnariat : *shi* signifie homme instruit de manière générale et *shen* désigne la ceinture portée par les gens issus de bonnes familles ; *jin*, quant à lui, désigne les pans d'une robe de lettré. **Le statut de cette élite** ne **repose** pas simplement sur des critères économiques, mais **sur la maîtrise d'un savoir académique**. Bien entendu, il est plus aisé pour un jeune homme d'acquérir une culture s'il est issu d'une famille de riches propriétaires terriens ou de négociants. Mais la simple richesse ou la possession de terre est insuffisante pour qu'une personne soit considérée comme membre de cette élite. Il lui manque l'un des deux éléments déterminants : un diplôme obtenu après avoir passé avec succès l'un des examens mandarinaux (même le moins élevé, cf. « Le recrutement et la carrière des fonctionnaires », chap. III) et/ou une charge officielle dans la fonction publique (qu'il est possible d'acheter). Même un pauvre garçon détenteur du titre de bachelier (*shengyuan*), sans fortune familiale et dépendant exclusivement de son salaire de précepteur pour vivre, est considéré par ses pairs comme un membre de l'élite lettrée. Inversement, un homme très instruit en est exclu tant qu'il n'a pas réussi l'examen.

Les membres de cette élite jouissent d'un statut supérieur au commun des mortels. Ils ont en premier lieu conscience d'appartenir à un même corps, distinct des autres sujets de l'empire. Cette élite est traitée avec respect et courtoisie par les fonctionnaires, qui opèrent cependant des distinctions selon les diplômes : si les docteurs (*jinshi*) et les licenciés (*juren*) sont considérés comme des égaux, tel n'est pas le cas des bacheliers.

Cette élite jouit par ailleurs de privilèges sociaux, économiques et judiciaires ; elle est en un mot protégée par la loi et subit beaucoup moins d'exactions que les gens du peuple (cf. « La justice », chap. III). Ses membres se distinguent par des vêtements particuliers (robe officielle, ceinture) et les docteurs ont le droit d'indiquer leur titre académique à la porte de leur demeure. En outre, l'élite fonctionnaire (c'est-à-dire les titulaires d'une charge officielle) ne relève pas des procédures judiciaires locales habituelles : l'accord de l'empereur est obligatoire dans le cas d'un procès contre un fonctionnaire. L'élite non fonctionnaire (les détenteurs de titres académiques mais dépourvus de poste officiel) jouit également de privilèges en matière judiciaire : ses membres ne peuvent être condamnés à la bastonnade sans l'accord des directeurs de l'éducation de la province (cf. « L'administration des provinces », chap. III), tenus de faire exécuter eux-mêmes la sanction le cas échéant.

Au-dessous de cette élite lettrée, **l'usage chinois traditionnel classe le reste de la population – les gens du commun – en trois catégories** dont l'ordre reflète, au moins en théorie, le statut social : **paysans** (*nong*), **artisans** (*gong*) et **marchands** (*shang*). Les marchands sont traditionnellement considérés comme des parasites de la société (bien qu'indispensables) parce qu'ils ne produisent rien, se contentant d'acheter des denrées ou des objets pour les revendre en réalisant un bénéfice. Les **paysans représentent 80 % de la population**. Illettrés pour la plupart, ils vivent dans des conditions très difficiles, à la merci des puissants et des catastrophes naturelles, avec très peu d'opportunités de s'élever dans la société. La majorité de la paysannerie n'est pas propriétaire des terres qu'elle cultive ; le métayage et la location sont de règle, avec des loyers si élevés qu'ils approchent parfois 40 % des récoltes. Les **artisans** recouvrent une réalité socio-économique très large et comprennent, entre autres, des **travailleurs** tels que les ferronniers, les potiers, les maçons, les charpentiers, les menuisiers, etc., des **ouvriers de manufactures** et du **personnel de service** comme les barbiers, les géomanciens, les cuisiniers, les domestiques ou les femmes de chambre. Les **marchands** occupent la place la plus vile dans l'idée de l'échelle sociale, mais ils constituent la classe qui **vit probablement le mieux, ou le moins mal, en comparaison des deux autres catégories**. Certains amassent des fortunes considérables en faisant commerce de soieries, de thé ou de sel. Il n'est pas rare que de grandes familles de marchands entrent dans l'élite intellectuelle par le biais des concours mandarinaux (cf. « Le recrutement et la carrière des fonctionnaires », chap. III). **Au-dessous de ces classes bien identifiées se trouvent diverses populations déclassées**, prostituées ou esclaves, par exemple, considérées comme viles.

LES MESURES

Si la plupart des noms des unités de mesure employées dans le monde chinois n'ont guère changé au cours du temps, leur valeur a quant à elle beaucoup évolué dans l'histoire. Le tableau suivant est fondé sur les tableaux diachroniques des mesures fournis dans le *Grand dictionnaire du chinois* (*Hanyu dacidian*, Shanghai, Shanghai cishu chubanshe, 1986).

Principales unités de mesure			
Chinois	**Traduction française**	**Valeur approximative sous les Qing**	**Remarque**
Mesures de longueur			
cun 寸	pouce	3,45 cm	
chi 尺	pied	34,5 cm	1 *chi* = 10 *cun*
zhang 丈	toise	3,45 m	1 *zhang* = 10 *chi*
li 里	*li* ou lieue	≈ 600 m	
Mesures de surface			
mu 畝	mu	0,064 hectare	
qing 頃	qing	6,539 hectares	1 *qing* = 100 *mu*
Mesures de capacité			
sheng 升	litre	≈ 1 litre	
hu 斛	hu	5 litres	1 *hu* = 5 *dou*
dou 斗	boisseau	10 litres	1 *dou* = 10 *sheng*
dan 石	dan	100 litres	1 *dan* = 10 *dou*

Mesures de poids			
liang 兩	once	37,3 g	1 *liang* = 1/16 *jin*
jin 斤	livre	596 g	
dan 石	picul	71,6 kg	1 *dan* = 120 *jin*

Il est à noter que les mesures étaient loin d'être unifiées, elles variaient selon les époques et les régions ; les valeurs données ici sont des moyennes établies d'après des étalons d'époque. Selon les données fournies par le *Grand dictionnaire du chinois*, le pied (*chi*) varie par exemple de 32 à 36,7 cm et la livre (*jin*) de 585,6 à 775 g sous les Qing.

Les mesures de grains étaient généralement exprimées en mesures de capacité (boisseau ou *dan*) et non en fonction du poids.

LA MONNAIE

L'unité monétaire sous les Qing est le tael (*liang*), mot d'origine malaise, qui correspond à environ 38 grammes d'argent ; l'or ne circule guère et sa valeur est de dix fois celle de l'argent. Les taels se présentent sous la forme de lingots au poids désiré. Cependant, dans les faits, **la monnaie courante est la sapèque** (*qian*) en cuivre, pièce ronde à trou carré dont la valeur équivaut à environ un millième de tael d'argent. Les sapèques sont très souvent liées ensemble sous forme de ligatures de 50 à 1 000 pièces.

La sapèque ne porte pas d'illustration, mais des inscriptions, en chinois sur l'avers et en mandchou sur le revers. Elles indiquent le nom d'ère de l'empereur régnant, suivi de la mention *tongbao*, synonyme de sapèque, qui signifie littéralement « monnaie en circulation ».

Une sapèque, avers et revers
L'avers porte l'inscription Qianlong tongbao, « sapèque de l'ère Qianlong »

LA SOCIÉTÉ ET L'ÉCONOMIE

Une ligature

Un lingot

LES PRIX

Au XVIIIe siècle, les prix sont extrêmement variables et, comme dans beaucoup d'autres sociétés, la différence de niveau de vie entre les plus riches et les plus pauvres est très importante. Un exemple frappant apparaît dans le chapitre XXXIX du *Rêve dans le pavillon rouge*. Dans la riche famille Jia, un pique-nique est organisé pour une quinzaine de personnes afin de déguster quelques crabes. Est aussi conviée une vieille paysanne vaguement apparentée au clan. En voyant la table dressée, elle s'exclame : « Ces crabes, c'est un tael les vingt livres cette année. […] Si on y ajoute le vin et les autres plats, il y en a pour une vingtaine de taels sur cette table. Oh mon Dieu ! L'argent dépensé pour ce repas nous permettrait de tenir un an ma famille et moi ! »

Le salaire moyen d'un ouvrier, artisan ou serviteur varie selon qu'il est journalier, mensuel ou employé à l'année. En moyenne, le salaire mensuel va de 200-300 sapèques à plus de 1 000 (cf. plus haut « La monnaie »). Le traitement de base des fonctionnaires est relativement bas en comparaison (cf. « La hiérarchie mandarinale », chap. III) : un sous-préfet (rang 7B) reçoit environ 45 000 sapèques par an, un gouverneur de province (rang 2A) 150 000 sapèques par an. Ce traitement est complété par diverses primes (certaines payées en nature, notamment en riz) et par des ponctions sur les taxes que le fonctionnaire prélève (cf. « La sous-préfecture, cellule de base de l'empire », chap. III).

Exemples de prix sous les Qing au début du XVIIIe siècle

Article	**Prix approximatif (en sapèques)**
riz (le litre)	10
porc (la livre)	30-35
bœuf (la livre)	25
œufs (l'unité)	2
concombre (la livre)	2
chou chinois (la livre)	1-3
jujube (la livre)	16-25
sel (la livre)	10

民

L'HOMME DES QING

V

LE TEMPS

Le temps, dans le monde chinois, comme dans bien d'autres traditions non occidentales, **est perçu** non de manière linéaire, mais **comme un cycle**. Il n'y a pas de point de départ ni de date ultime : la **marche du monde est un éternel recommencement**, tout comme les dynasties se succèdent les unes aux autres ; elles naissent, s'épanouissent, atteignent leur apogée puis déclinent, jusqu'à être remplacées par une autre. C'est alors un nouveau cycle qui débute.

La majorité des hommes des Qing sont des agriculteurs (cf. « Les groupes sociaux », chap. IV), et **le cycle le plus manifeste à leurs yeux est celui de l'année, de ses saisons successives et des travaux des champs**. Ce cycle fondamental imprègne la société jusqu'aux plus hautes sphères de l'État, puisque **l'agenda impérial annuel est lui aussi rythmé par des rites et des sacrifices officiels directement liés aux saisons** (cf. « Les rites et sacrifices officiels », chap. VI). C'est l'empereur lui-même qui lance la reprise de l'activité agricole lors du rite du premier labour, c'est dire l'importance accordée par le pouvoir à cette activité économique (cf. « L'économie », chap. IV). En outre, les Chinois perçoivent le monde d'une manière holiste : dans la cosmologie corrélative qu'il ont développée (cf. « La santé et la médecine », chap. X), tous les éléments de l'univers réagissent les uns par rapport aux autres, ce qui inclut les saisons. Aussi, **il importe autant, lorsqu'on entreprend quelque chose, de le faire selon les règles de l'art que de le faire au bon moment**. Par exemple, l'hiver étant la morte saison – celle où domine le principe *yin* –, c'est à cette époque, et non à une autre, que doivent avoir lieu les exécutions capitales. **Cette notion du moment opportun touche de nombreux domaines, depuis la politique jusqu'à la vie quotidienne**. Établir la date idéale pour un mariage est par exemple une affaire sérieuse. Se marier à contretemps augure en effet une union qui posera problème.

LE CALENDRIER

DONNER UN NOM AU TEMPS : LES ÈRES IMPÉRIALES

Depuis le IIe siècle avant notre ère, **l'une des spécificités du comput calendaire chinois est l'existence d'ères** (*nianhao*) – **des tranches de temps** pourrait-on dire – auxquelles les souverains donnent un nom. Jusqu'au XIVe siècle, les souverains chinois ont pour habitude, lorsqu'un grand événement – bon ou mauvais – frappe l'empire, de décréter un changement d'ère, afin, symboliquement, de déclarer qu'une nouvelle étape commence dans leur règne. Ces noms – qu'on ne traduit pas en général – sont très imagés et fort auspicieux ; nous trouvons par exemple sous la dynastie des Han postérieurs les ères Jianwu (« Établir la vertu militaire », 25-57) ou Yongkang (« Prospérité éternelle », 167-168), sous les Tang, l'ère Kaiyuan (« Fonder le commencement », 712-756). Le plus souvent, une ère longue révèle un contexte socio-économique et militaire relativement favorable, et au contraire, lorsqu'un règne connaît de nombreuses ères, c'est que la cour ou le pays sont frappés par de nombreuses crises et conflits.

Le système des noms d'ère connaît un changement à l'avènement des Ming (en 1368) : le premier empereur de cette dynastie décide en effet de ne pas changer de nom d'ère (ce sera Hongwu, « Grande vertu militaire », 1368-1399) durant tout son règne. Cela devient la règle durant les dynasties Ming et Qing : Kangxi, Yongzheng et Qianlong ne sont pas des noms personnels d'empereurs, mais ceux de leurs ères ; la première signifie « Splendeur de la prospérité », la deuxième « Harmonie et rectitude », et la dernière « Prospérité céleste ».

L'ANNÉE, LE MOIS, LE JOUR

Le calendrier utilisé au XVIIIe siècle correspond au calendrier traditionnel encore employé de nos jours en Chine et appelé « calendrier agricole » (*nongli*) ou « calendrier lunaire » (*yinli*), par opposition au « calendrier solaire » (*yangli*). En réalité, ce **calendrier traditionnel est luni-solaire**, c'est-à-dire qu'il tient compte à la fois des phases de la lune (qui rythment les mois) et des temps forts déterminés par la course du soleil (solstices et équinoxes).

L'année comporte douze mois de 29 ou 30 jours correspondant aux lunaisons ; d'ailleurs, lune et mois sont le même caractère en chinois, *yue*. Une année construite de la sorte comporte donc 354 jours, soit environ dix jours de moins qu'une année solaire (365,24 jours). Afin d'éviter le décalage que l'on rencontre dans les sociétés au calendrier purement lunaire (par exemple, le calendrier traditionnel musulman), **un mois intercalaire** (*runyue*) **est ajouté tous les deux ou trois ans.**

L'année chinoise comprend par ailleurs vingt-quatre divisions solaires espacées d'environ quinze jours ; ce sont les vingt-quatre **nœuds** (*ershi si jieqi*) qui **rythment l'année** et portent chacun un nom imagé, plus ou moins lié à des événements saisonniers.

Les vingt-quatre nœuds de l'année

Nom en français	Nom en chinois	Date
1. Solstice d'hiver	*dongzhi* 冬至	22 décembre
2. Petit froid	*xiaohan* 小寒	6 janvier
3. Grand froid	*dahan* 大寒	21 janvier
4. Commencement du printemps	*lichun* 立春	4 février
5. Pluie	*yushui* 雨水	20 février
6. Réveil des insectes	*jingzhe* 驚蟄	5 mars
7. Équinoxe de printemps	*chunfen* 春分	20 mars
8. Pure lumière	*qingming* 清明	5 avril
9. Pluie des céréales	*guyu* 穀雨	20 avril
10. Commencement de l'été	*lixia* 立夏	6 mai
11. Épis moitié pleins	*xiaoman* 小滿	21 mai
12. Les épis ont des barbes	*mangzhong* 芒種	6 juin
13. Solstice d'été	*xiazhi* 夏至	21 juin
14. Petites chaleurs	*xiaoshu* 小暑	7 juillet
15. Grandes chaleurs	*dashu* 大暑	23 juillet
16. Commencement de l'automne	*liqiu* 立秋	8 août
17. Fin des chaleurs	*chushu* 處暑	23 août
18. Rosée blanche	*bailu* 白露	7 septembre
19. Équinoxe d'automne	*qiufen* 秋分	23 septembre
20. Rosée froide	*hanlu* 寒露	8 octobre
21. Gelée blanche	*shuangjiang* 霜降	23 octobre
22. Commencement de l'hiver	*lidong* 立冬	7 novembre
23. Petite neige	*xiaoxue* 小雪	22 novembre
24. Grande neige	*daxue* 大雪	7 décembre

Les **mois n'ont pas de nom propre**, on les désigne par leur **numéro**, à l'exception du premier mois de l'année qui constitue le « mois norme » (*zhengyue*). Pour des raisons historiques, le premier mois de l'année est le troisième qui suit le mois lunaire contenant le solstice d'hiver (*dongzhi*). Le premier jour du premier mois se trouve donc approximativement entre le 20 janvier et le 20 février, si bien que les années chinoises et celles du calendrier grégorien ne coïncident jamais.

Les **jours n'ont pas de nom** ; il n'y a pas à proprement parler de nom de jour de la semaine, ni de notion de semaine, mais on utilise parfois la notion de décade (*xun*). Les jours sont désignés par leur numéro dans le mois, on parlera par exemple du douzième jour du troisième mois (*san yue shier ri*).

Parallèlement à cette numérotation des jours, **on emploie également un comput sexagésimal**, celui des « **dix troncs célestes et des douze rameaux terrestres** » (*tiangan dizhi*, ou *ganzhi*). Il s'agit d'un cycle de soixante binômes composés d'un élément de la liste des troncs célestes (qui en contient dix) et d'un élément de la liste des rameaux terrestres (qui en contient douze, correspondant aux douze animaux du zodiaque chinois), le premier élément du cycle étant le binôme *jiazi*. On dira, par exemple, le jour *gengwu* de tel mois.

Les dix troncs célestes et les douze rameaux terrestres		
Troncs célestes	**Rameaux terrestres**	
1. *jia* 甲	1. *zi* 子	Rat
2. *yi* 乙	2. *chou* 丑	Bœuf
3. *bing* 丙	3. *yin* 寅	Tigre
4. *ding* 丁	4. *mao* 卯	Lièvre
5. *wu* 戊	5. *chen* 辰	Dragon
6. *ji* 己	6. *si* 巳	Serpent
7. *geng* 庚	7. *wu* 午	Cheval
8. *xin* 辛	8. *wei* 未	Mouton
9. *ren* 壬	9. *shen* 申	Singe
10. *kui* 癸	10. *you* 酉	Coq
1. *jia* 甲	11. *xu* 戌	Chien
2. *yi* 乙	12. *hai* 亥	Porc

Les jours et les nuits sont divisés en douze sections (*shi*) d'une valeur théorique de deux heures et numérotées à l'aide des rameaux terrestres (*zi, chou, yin, mao*…). À 19 heures commence la première des cinq veilles (*geng*) qui rythment la nuit jusqu'à 5 heures du matin.

Dater

Contrairement au calendrier chrétien, il n'y a pas d'année de référence calendaire absolue dans la civilisation chinoise : le calendrier est cyclique et la référence est le règne du souverain. Sous la dynastie des Qing, comme sous celle des Ming, lorsqu'un empereur monte sur le trône, il décide d'un nom d'**ère** qu'il conserve jusqu'à sa mort. C'est cet élément qui **sert à dater les années**. Kangxi, Yongzheng et Qianlong, bien que souvent utilisés pour désigner les empereurs, sont donc en réalité les noms de leurs ères. Par exemple, la dixième année de l'ère Qianlong (*Qianlong shi nian*) commence le 1er février 1745 et se termine le 21 janvier 1746.

Le jour dans l'année est le plus souvent désigné à l'aide du binôme sexagésimal : on dira par exemple « le jour *kuichou* du 6e mois de la 32e année de l'ère Qianlong » (*Qianlong sanshier nian liu yue kuichou*), ce qui correspond au 16 juillet 1767.

L'année elle-même peut être désignée par un binôme du cycle sexagésimal : la 32e année de l'ère Qianlong est par exemple une année *dinghai* (tronc céleste n° 4 et rameau terrestre n° 12). On trouve souvent cette notation sur les colophons de peintures.

La mesure du temps

Le calendrier est publié chaque année de manière officielle. C'est une sorte d'almanach qui renseigne non seulement sur les données techniques (par exemple, les longueurs des mois, la présence d'un mois intercalaire, etc.), mais aussi sur les activités qui peuvent être entreprises chaque jour. Les astrologues de la cour décident en effet si tel jour est faste ou néfaste pour une activité (mariage, déplacement…).

Le temps qui passe est mesuré à l'aide de divers instruments : bougies graduées, bâtons d'encens, clepsydres, cadrans solaires, sabliers. Dans les villes, des veilleurs annoncent au tambour certaines heures de la journée – à l'aube, à midi, à la tombée du jour –, et les cinq veilles de la nuit.

Cadran solaire de la Cité interdite

Les Chinois importent, notamment par l'intermédiaire des missionnaires, des horloges occidentales, mais elles sont rares et ne sont présentes que dans les familles les plus riches. Le roman *Le Rêve dans le pavillon rouge* présente un passage tout à fait révélateur de cette rareté. Une vieille paysanne, invitée dans la riche demeure de la famille Jia, découvre par hasard une horloge qui se met à sonner : « Ne cessant d'entendre les battements d'un tic-tac, qui ressemblaient fort aux petits coups frappés sur un tamis dans lequel on passe de la farine, la vieille mémé ne put s'empêcher de lancer des regards à droite et à gauche, et finit par apercevoir, accrochée à une colonne de la salle centrale, une sorte de boîte, à laquelle était suspendu un objet semblable au poids d'une balance, et qui n'arrêtait pas d'osciller. "Qu'est-ce que c'est que ce machin-là ? se demande-t-elle à part soi. À quoi cela peut-il servir ?" Tandis qu'elle s'ébahissait ainsi, se produisit brusquement un tintement pareil à celui d'une cloche d'or ou d'un timbre de bronze, dont elle fut si effrayée qu'elle écarquilla les yeux, et qui se répéta huit ou neuf fois de suite. » (*Le Rêve dans le pavillon rouge*, « Bibliothèque de la Pléiade », vol. I, p. 153-154.)

LES GRANDES FÊTES

Le **nouvel an** ou **fête du printemps** (*chunjie*, 1er jour du premier mois lunaire) : au réveillon du nouvel an, le dernier jour de l'année, il est d'usage d'aller sacrifier aux ancêtres, au Ciel et à la terre (cf. « Le culte des ancêtres », chap. VI). C'est aussi la période des feux d'artifice et des pétards, dont le bruit est censé éloigner les démons. Le mets caractéristique de cette fête est le gâteau de riz glutineux (*niangao*). La tradition veut que l'on compose, ou que l'on achète, des calligraphies de sentences poétiques parallèles (*chunlian*) que l'on colle de chaque côté de la porte d'entrée des maisons.

La fête des lanternes (*yuanxiao jie,* 15e jour du premier mois) : elle **marque la fin des festivités du nouvel an**. Chacun sort la nuit de chez lui muni d'une lanterne pour contempler la pleine lune. Le jésuite Jean-Denis Attiret (1702-1768) raconte en ces termes un spectacle de toute beauté : « Vous avez lu sans doute qu'en Chine il y a une fête fameuse appelée la fête des Lanternes ; c'est le quinzième de la première lune qu'elle se célèbre : il n'y a point de si misérable Chinois qui, ce jour-là, n'allume quelque lanterne. On en fait et on en vend de toutes sortes de figures, de grandeurs et de prix. Ce jour-là toute la Chine est illuminée, mais nulle part l'illumination n'est si belle que chez l'empereur, et surtout dans la maison dont je vous fais la description. Il n'y a point de chambre, de salle, de galerie où il n'y ait plusieurs lanternes suspendues au plancher. Il y en a sur tous les canaux, sur tous les bassins, en façon de petites barques que les eaux amènent et ramènent. Il y en a sur les montagnes, sur les ponts et presque à tous les arbres. Elles sont toutes d'un ouvrage fin, délicat ; en figures de poissons, d'oiseaux, d'animaux, de vases, de fruits, de fleurs, de barques, et de toute grosseur. Il y en a de soie, de corne, de verre, de nacre et de toutes matières. Il y en a de peintes, de brodées, de tout prix. J'en ai vu qui n'avaient pas été faites pour mille écus. Je ne finirais pas si je voulais vous en marquer toutes les formes, les matières et les ornements. C'est en cela, et dans la grande variété que les Chinois donnent à leurs bâtiments, que j'admire la fécondité de leur esprit ; je serais tenté de croire que nous sommes pauvres et stériles en comparaison. » (Lettre du 1er novembre 1743 dans les *Lettres édifiantes et curieuses de Chine*).

La fête des morts (*qingming jie,* littéralement « fête de la pure lumière ») est une fête solaire qui a lieu le 5 avril. **C'est le jour où les familles se rendent sur les tombes de leurs proches,** les nettoient et font quelques offrandes aux morts, notamment en brûlant des feuilles de papier symbolisant l'argent que pourront dépenser les ancêtres dans l'au-delà.

La fête des bateaux-dragons (*duanwu jie,* 5e jour du 5e mois) : **on commémore la mort du poète de l'Antiquité Qu Yuan** (vers 343-290 av. J.-C.) qui se jeta dans une rivière pour avoir perdu la faveur de son souverain. On organise des régates et on consomme des *zongzi*, galette de riz glutineux enveloppé dans une feuille de bambou ou de roseau.

La **fête des fantômes** (*guijie, zhongyuan jie*), qui a lieu le 15ᵉ jour du 7ᵉ mois (14ᵉ jour dans le sud), est une fête de la religion populaire liée à la croyance que ce jour-là, les portes de l'enfer sont ouvertes et que les démons qui ne reçoivent pas de culte sont libérés. Les populations dressent un peu partout des autels couverts de victuailles afin de nourrir ces divinités affamées et ainsi se les concilier.

La fête de la mi-automne (*zhongqiu jie*, 15ᵉ jour du 8ᵉ mois) a lieu le jour où la lune est la plus pleine de toute l'année. On y admire la lune en compagnie de sa famille et de ses amis ; **c'est la fête des retrouvailles**, appelée d'ailleurs populairement fête de la réunion (*tuanyuan jie*). On y consomme des « gâteaux de lune » (*yuebing*) de forme ronde, symbolisant la rotondité de la lune.

LES RITES DE PASSAGE

Naissance : plusieurs rites et cérémonies marquent les premiers temps de la vie d'un nouveau-né. Le troisième jour après la naissance, l'enfant est baigné, et l'on sacrifie un coq aux ancêtres. Il ne sortira plus de sa chambre pendant un mois, de même que sa mère. La fin du premier mois est ainsi une étape importante, marquée par une cérémonie appelée le « mois révolu » (*manyue*) : l'enfant, comme sa mère, peuvent désormais sortir de leur chambre. À cette occasion, on fait porter au bébé différents objets propitiatoires : collier de sapèque (pour attirer la richesse), collier pourvu d'un cadenas en métal (pour « accrocher » le bébé à la vie), bracelet de jade, divers talismans, etc. Lorsque l'enfant atteint l'âge de un an a lieu la « saisie à la ronde » (*zhuazhou*) : on dispose devant lui différents objets, et celui qu'il saisit est censé révéler son avenir. Par exemple, s'il choisit un livre ou un pinceau, c'est qu'il deviendra un lettré, s'il prend un boulier, c'est qu'il sera commerçant.

Le **passage à l'âge adulte** est marqué, pour les garçons, par une cérémonie appelée la « prise du bonnet viril » (*guanli*) : les cheveux des jeunes hommes sont réunis et retenus ensemble dans le bonnet (*guan*) de l'adulte, d'où le nom de cette cérémonie qui a lieu à l'âge de vingt ans – avant que la natte ne soit imposée (cf. « La conquête de la Chine par les Mandchous », chap. I). L'équivalent pour les jeunes filles est la « cérémonie de l'épingle » (*jili*) qui se déroule lorsqu'elles atteignent quinze ans. Elles reçoivent à cette occasion une ou plusieurs épingles à cheveux destinées à retenir leur chignon. Ces rites marquent l'âge de nubilité.

Le mariage n'est pas dans la Chine traditionnelle une question d'amour et d'affinité. **C'est avant tout l'union de deux familles à travers deux de ses descendants.** L'une des règles impérieuses à respecter (sous peine de nullité du mariage) est que les deux époux ne portent pas le même nom de famille (*xing*, cf. « Le nom », chap. X). Les parents des deux jeunes à marier font appel le plus souvent à des intermédiaires, les entremetteuses, chargées de

Cortège nuptial

trouver le meilleur parti pour l'un et l'autre côté. Une fois le choix effectué, une date de cérémonie nuptiale est fixée ; elle doit correspondre dans le calendrier à un jour faste pour ce type d'événement. Ont lieu ensuite divers banquets et rites, comme le transport du trousseau de la jeune fille dans la maison de son futur mari – ce sont en effet les épouses qui viennent vivre chez les époux (cf. « La famille », chap. X) – lors desquels les jeunes gens ne sont pas vraiment impliqués : de fait, dans la plupart des cas, ils ne se voient pour la première fois que lors du mariage proprement dit. Ce jour-là, un cortège porte le marié en palanquin depuis son domicile jusqu'à la demeure de sa future épouse. Arrivé chez ses beaux-parents, il reçoit quelques cadeaux, puis le cortège repart, augmenté du palanquin de la jeune mariée. De retour dans la famille du garçon, les deux procèdent à différentes prosternations, notamment face aux parents, qui, en quelque sorte, leur donnent leur bénédiction. Ce rite nuptial symbolise l'acquisition de l'épouse par son mari, qui est allé l'extraire de sa famille et l'a ramenée dans son propre clan.

Au cours de sa vie, le mari peut accueillir sous son toit d'autres femmes, des **concubines ou épouses secondaires**, dont le statut est inférieur à celui de l'épouse principale. Il n'y a pas de véritable mariage pour ces concubines, elles sont simplement intégrées à la maisonnée.

La répudiation de l'épouse par le mari existe (l'inverse est quasi impossible), et le *Code des Qing* (cf. « La justice », chap. III) distingue sept cas pour lesquels l'époux peut renvoyer sa femme : 1. la stérilité ; 2. l'adultère ; 3. le mépris envers les beaux-parents ; 4. la propension à la médisance ; 5. le penchant au vol ; 6. la jalousie ; 7. la maladie.

Les examens mandarinaux sont, dans la vie d'un jeune homme issu d'une bonne famille, l'une des étapes les plus importantes et éprouvantes (cf. « Le recrutement et la carrière des fonctionnaires », chap. III). Comme il n'y a pas de limite d'âge, certains consacrent leur vie entière à passer et repasser les examens, dans l'espoir d'obtenir le rang éminent et hautement convoité que confère tel ou tel titre académique. L'homme de lettres Pu Songling (1640-1715), célèbre pour ses contes fantastiques (cf. « La littérature », chap. VII), écrivit un passage célèbre en annexe de l'un d'entre eux, qui n'est pas sans rappeler les conditions psychologiques d'un candidat à un examen ou à un concours de notre temps : « Les bacheliers pénétrant dans l'enclos du concours évoquent sept comparaisons. À leur entrée, pieds nus, panier à la main, ils ont l'air de mendiants. Au moment de l'appel, lorsque les officiers les rudoient et les gardes les invectivent, ils ressemblent à des prisonniers malmenés. Quand ils gagnent leur cellule, chacun le cou tendu hors de son trou, les pieds dépassant de l'enfilade des entrées, ils rappellent des abeilles transies à la fin de l'automne. À leur sortie, la session terminée, abrutis au point de ne plus reconnaître les couleurs du ciel et de la terre, on dirait des oiseaux malades que l'on sort de leur cage. Dans l'attente des résultats, ils sursautent au moindre bruissement de feuilles. Leur imagination s'égare dans les rêves les plus fous. Songent-ils à la réussite ? En un instant s'élèvent les tours et terrasses de la gloire. Reviennent-ils à l'éventualité d'un échec ? Ils ont la sensation de se décomposer jusqu'aux os en un clin d'œil. En ces circonstances, rester assis leur paraît aussi pénible que marcher. Ils ressemblent à des singes tenus en laisse. Lorsque les cavaliers volants proclament les résultats, alors que lui n'y figure pas, le bachelier, livide, s'effondre. On le dirait mortellement atteint. Il ressemble à la mouche empoisonnée, qui se laisse tomber, insensible à tout. Sous le choc de la déception, à l'abattement préliminaire succède la fureur qui s'en prend à l'arbitraire des examinateurs qui manquent de discernement. Déchaîné contre l'inutilité des études, il fait flamber tout ce qu'il trouve sur sa table, piétine ce qui n'a brûlé qu'à moitié, jette aux égouts ce qu'il n'a pu réduire en poussière. Cheveux au vent, le voilà qui gagne un monastère. Tourné vers le mur de méditation, il se promet de chasser à coups de hallebarde qui se hasarderait à lui montrer ses compositions. Le jour du malheur s'éloignant, sa colère s'apaise et le besoin d'exercer son art recommence à le titiller. Le voilà maintenant qui ressemble à un pigeon qui a cassé ses œufs : il ne lui reste plus qu'à transporter des brindilles pour se construire un nouveau nid et se remettre à couver. » (Pu Songling, *Chroniques de l'étrange*, trad. André Lévy, vol. II, p. 1380-1382.)

L'ultime étape dans la vie d'un homme est son **décès**. L'homme sur le point de mourir est installé sur un lit particulier, le *shuichuang* (littéralement « lit d'eau »), qui servira ensuite à la toilette funéraire. Une fois qu'il a expiré, on l'habille de vêtements de deuil, des tissus simples, sans fourrure, selon les règles confucéennes en vigueur. Le corps est ensuite mis en bière et installé dans une salle de cérémonie pour y être exposé pendant trois à sept jours. Le décor est constitué de banderoles et de lanternes blanches (couleur du deuil en Chine) sur lesquelles a été peint le caractère *dian* 奠, qui est le nom de cette **cérémonie funèbre**. La famille et les proches, habillés de blanc, viennent ensuite rendre leur dernier hommage au défunt. Une procession est alors organisée pour porter le cercueil jusqu'à **la tombe, dont**

l'emplacement a été soigneusement sélectionné pour ses vertus géomantiques (le *fengshui*, cf. « L'architecture », chap. VIII). Le défunt est désormais un ancêtre, la tablette et éventuellement le portrait qui le représentent prennent place dans le temple ou sur l'autel consacré aux ancêtres de la famille (cf. « Le culte des ancêtres », chap. VI).

Tombe du lettré Jiang Shiquan (1725-1785)

時

VI

RITES, CULTES ET RELIGIONS

Dans la Chine prémoderne, la **séparation entre le politique et le religieux n'existe pas**. L'empereur tire sa légitimité d'une divinité, le Ciel (cf. « L'empereur », chap. III), à laquelle il voue un culte et à qui il doit rendre des comptes à l'occasion de certains sacrifices officiels. En outre, comme l'ensemble de la population chinoise, il pratique un culte dédié aux mânes de ses ancêtres et sacrifie, au nom de ses sujets et pour le bien de l'empire, à certaines divinités. **Le souverain est donc, à de multiples points de vue, le grand pontife de l'État, le *pontifex maximus*,** rappelant quelque peu le rôle des empereurs romains.

Hormis l'islam et le christianisme, il n'y a pas traditionnellement en Chine de religion fondée sur un livre révélé, ni de dieu exclusif ou unique : il y est **habituel de vouer un culte à de nombreuses divinités**, selon le calendrier, la région où l'on se trouve et ses penchants propres. **Les trois courants religieux qui imprègnent la société chinoise – le confucianisme, le bouddhisme et le taoïsme – ne connaissent pas de barrières étanches**, et il n'est pas rare de trouver au sein d'un même clan, comme c'est le cas dans celui du roman *Le Rêve dans le pavillon rouge*, des religieux taoïstes, des moines ou des nonnes bouddhistes et des fonctionnaires de l'empire, lesquels sont en quelque sorte les représentants les plus éminents de la doctrine confucéenne. La porosité entre ces « trois enseignements » (*sanjiao*), comme on les appelle communément en Chine, ne se limite pas aux pratiquants, mais également aux divinités auxquelles est rendu un culte. Le **taoïsme, très syncrétique** et difficilement distinguable de la **religion coutumière**, comprend en effet dans son panthéon des divinités issues des deux autres doctrines, comme Confucius et Guanyin ; on y trouve également des formes taoïstes de divinités bouddhiques, comme Doumu, la mère du Boisseau, semblable à Marici.

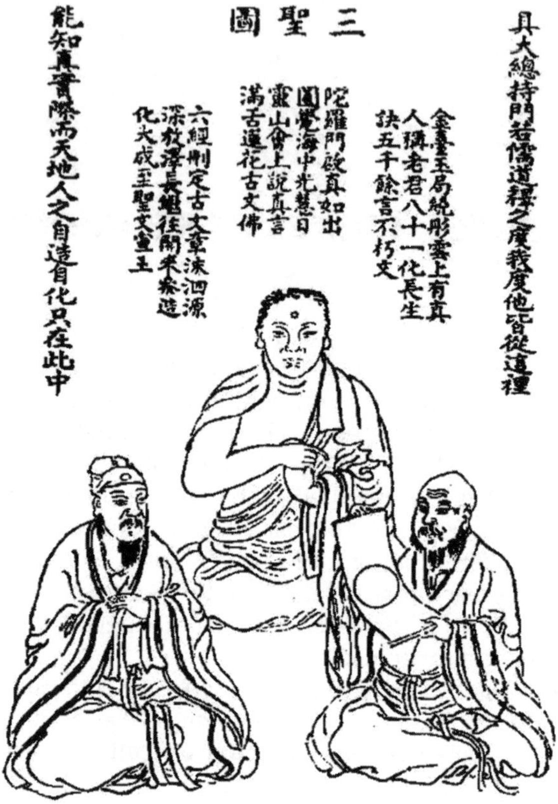

Les Trois Saints (sansheng).
Bouddha (au centre), Confucius (à gauche) et Laozi (à droite).
Image tirée d'un ouvrage taoïste des Ming

LE CULTE DES ANCÊTRES

Le culte des ancêtres est certainement l'un des traits saillants du monde chinois dans le domaine religieux. C'est une tradition très ancienne qui, sous les Qing, est l'une des pratiques religieuses les plus courantes. Ce culte se fonde sur l'idée qu'après la mort, **il reste quelque chose du défunt dans le monde des vivants,** une partie de ses souffles vitaux, qui demande à être nourrie sous la forme d'offrandes de nourriture ; les défunts en effet protègent les vivants, ou, au contraire, lorsqu'il sont « mal nourris », peuvent créer des nuisances, provoquer des maladies et autres pestilences, ou même venir rejoindre le cortège des nombreux fantômes et démons qui hantent les vivants ; il est donc également essentiel de trouver un emplacement adéquat à la tombe d'un défunt (cf. « L'architecture », chap. VIII).

Chaque famille possède dans son habitation un autel, ou, pour les plus fortunées d'entre elles, un petit temple (*zongmiao*), où sont réunis les **tablettes funéraires** (*lingpai*) et parfois les portraits peints des ancêtres de la famille. Les tablettes sont de petits rectangles de bois sur lesquels sont inscrits les noms et qualités des ancêtres en question. Par exemple, la tablette du malheureux personnage de Qin Keqing du roman *Le Rêve dans le pavillon rouge* porte l'inscription « Siège de l'esprit de la Dame Jia, née Qin, par décret impérial investie du titre de cinquième rang » (*gaoshou Jia men Qin shi yiren zhi lingwei*).

Tablette funéraire

Tablettes funéraires

Autel
pour le culte des ancêtres

Tout au long de l'année, à chaque événement important, notamment lors du nouvel an, le chef de famille accomplit un **culte qui consiste à brûler de l'encens et à placer sur l'autel des victuailles** afin de nourrir les mânes des ancêtres. Lors de la fête des morts (*qingming jie*, cf. « Les grandes fêtes », chap. V), le culte s'accomplit sur les tombes des défunts.

L'empereur célèbre ce culte très important dans le temple des Ancêtres impériaux (Taimiao, cf. « La Cité interdite », chap. II). Le culte des ancêtres de sa dynastie n'est pas seulement un culte privé : étant lui-même le père et la mère du peuple, il engage l'avenir de l'empire dans son ensemble.

LES RITES ET SACRIFICES OFFICIELS

Une part importante des activités de l'empereur, des hauts dignitaires de la cour et des fonctionnaires locaux **consiste en l'accomplissement de sacrifices d'État** (*guojia zhusi*). Au nombre de 78, ils sont répartis en trois classes selon leur importance : l'empereur participe aux cultes des deux premières (ou y délègue un mandataire), ceux de la troisième classe sont accomplis par des fonctionnaires au nom du souverain.

Ces sacrifices se déroulent dans des temples, des autels et des sanctuaires situés le plus souvent hors les murs de la Cité interdite, parfois en banlieue de la capitale. La première classe regroupe par exemple les sacrifices au Ciel, à la terre, au territoire, au dieu des céréales, aux empereurs et impératrices défunts de la dynastie. La deuxième classe regroupe les sacrifices au soleil, à la lune, aux bons souverains des dynasties passées, à Confucius, ainsi que le traditionnel rite du premier labour. Les cultes de troisième classe concernent le dieu du feu, les génies tutélaires des villes, les dragons, les médecins et les hommes illustres.

Aux sacrifices chinois, **les souverains mandchous ajoutent un culte chamanique** de leur propre tradition célébré en l'honneur du Ciel et des divinités qu'ils vénéraient avant la création de leur dynastie : bouddhas, bodhisattvas, dieu du cheval, le dieu de la guerre Guandi, et leurs ancêtres. Ces cultes étaient célébrés dans un autel mandchou (*tangzi*) situé au sud-est de la Cité interdite.

Le rite du premier labour. Le premier jour de l'année, l'empereur se rend au temple de l'Agriculture. Dans le sanctuaire, il accomplit un sacrifice en l'honneur de l'inventeur de l'agriculture, destiné à apporter la prospérité au pays et de bonnes récoltes pour l'année. Ensuite, il se rend dans un champ rituel où, à l'aide d'une charrue, il trace un ou deux sillons. Douze dignitaires, symbolisant les douze mois lunaires, l'imitent. Puis le souverain sème quelques grains des cinq types de céréales traditionnelles (*wugu*) : blé, riz, millet, sorgho et fève. L'impératrice, quant à elle, sacrifie à la déesse de la sériciculture, avant d'aller cueillir les premières feuilles de mûrier de l'année. Par ce rite, les souverains ouvrent officiellement l'année agricole.

Sacrifice au soleil. À l'équinoxe de printemps, le souverain se rend sur l'autel du Soleil (*ritan*), dans la banlieue est de la capitale, où, au lever du soleil, il accomplit un suovetaurile (sacrifice d'un porc, d'un taureau et d'un mouton).

Sacrifice à la terre. Au solstice d'été a lieu le sacrifice à la terre sur l'autel de la Terre (*ditan*), situé au nord de la capitale. Le souverain offre au dieu de la terre la chair d'un taureau jaune, une pièce de soie et une coupe de vin, qui sont inhumées. Ces éléments symbolisent ce que la terre fournit à l'homme grâce à l'agriculture : les plantes et les animaux.

Timbre moderne représentant l'autel de la Terre

Sacrifice à la lune. Il a lieu à l'équinoxe d'automne, sur l'autel de la Lune (*yuetan*), situé à l'opposé de l'autel du Soleil, à l'ouest de la capitale.

Sacrifice au Ciel. C'est le plus prestigieux des sacrifices ; le souverain y est accompagné par plus de sept mille personnes. Le rite a lieu au solstice d'hiver, sur l'autel du Ciel (*yuanqiu*) dans le temple du Ciel (*tiantan*), situé au sud de la capitale. L'empereur dresse en quelque sorte le bilan de l'activité impériale de l'année écoulée ; il rend ses comptes au Ciel, la divinité qui lui a donné mandat sur le monde. Un mois plus tard, il accomplit la seconde partie du rite et demande cette fois au Ciel de lui renouveler sa confiance.

Timbre moderne représentant l'autel du Ciel

*Salle de la prière pour les bonnes moissons (*Qinian dian*). L'un des bâtiments du temple du Ciel*

Le sacrifice au Ciel raconté par un jésuite

Le premier des trois jours qui précèdent le sacrifice, l'empereur va, le matin, se rendre dans le tchay-kong (*zhaigong*, littéralement le « palais de l'abstinence », l'un des bâtiments de la Cité interdite), et n'en sort que le troisième jour, pour se rendre au lieu du sacrifice. Pendant ces trois jours, les ministres vont à leur ordinaire, le matin, rendre compte à Sa Majesté des affaires d'État, et, pendant le reste du jour, on lui porte aussi les placets et les mémoires qui lui doivent être présentés. Le troisième jour, l'empereur, après avoir fait avec ses ministres les affaires de l'État, vers les neuf heures du matin, sort du tchay-kong en triomphe, dans une chaise de parade destinée à ces sortes de cérémonies et posée sur un grand nombre de porteurs habillés de damas rouge à fleurs d'or, avec des bonnets de cérémonie ; ils marchent tous d'un pas très grave et très lent. Une infinité de gens habillés comme eux les précèdent et tiennent en main différents trophées ornés de banderoles, de houppes et de nœuds de soie de diverses couleurs. Précèdent aussi plusieurs chœurs de musique, chantant continuellement et jouant de différents instruments, jusqu'à ce que l'empereur soit entré dans l'enclos du temple où il y a un palais où il doit passer la nuit pour se rendre, de grand matin, au temple où se fait le sacrifice avant le lever du soleil. Le sacrifice fini, Sa Majesté s'en retourne dans le même ordre qu'elle était venue.

Lettre du père Benoist, 4 novembre 1773
(*Lettres édifiantes et curieuses*)

LE CONFUCIANISME : FONDEMENT DE L'ÉTAT ET DE LA SOCIÉTÉ

Ce que l'on appelle communément le confucianisme est désigné en chinois sous le nom de rujiao, littéralement « enseignement des lettrés ». Ce sont les missionnaires jésuites qui ont mis en avant dans cette doctrine la figure de Confucius, et qui ont donné à ce dernier son nom latin. Pour les Chinois, il est Kongzi, maître Kong.

Confucius vécut au VIe-Ve siècle avant notre ère, à une époque troublée sur le plan politique. Le roi des Zhou, la grande puissance politique de la Chine d'alors, n'était plus le suzerain suprême de ses vassaux, qui tendaient à devenir de véritables chefs locaux indépendants. Les guerres commençaient de faire rage, et la situation géopolitique était très instable. Confucius alla sa vie durant de principauté en principauté à la recherche d'un feudataire qui aurait pris en compte ses conseils, mais il n'en trouva aucun. **La tradition qui s'est constituée après sa mort en fit un véritable « roi sans couronne »** (*suwang*), digne d'être souverain par ses vertus, mais dépourvu de tout pouvoir réel.

L'enseignement de Confucius portait essentiellement sur deux thèmes étroitement liés : l'éthique individuelle et la philosophie politique. Selon lui, si le monde ne fonctionnait plus comme auparavant, c'est que les hommes ne respectaient plus les **rites**, les **préséances**, les **hiérarchies**, la **piété filiale** (*xiao*), et surtout ne faisaient plus montre de **bienveillance** (*ren*) les uns envers les autres. En d'autres termes, le monde s'écroulait parce que les hommes devenaient trop individualistes. Il fallait **restaurer les usages du passé afin de retisser les liens sociaux.**

Confucius ne se présentait pas comme le concepteur d'une doctrine nouvelle, mais comme le simple transmetteur d'une tradition en voie de déclin. Il transmit effectivement cet enseignement à de nombreux disciples, qui, de génération en génération, l'enrichirent et le modifièrent, lui adjoignant d'autres éléments, comme la cosmologie corrélative (cf. « La santé et la médecine », chap. X). Cet enseignement des lettrés, que l'on opposait, entre autres, à celui des légistes – doctrine officielle sous la première dynastie impériale des Qin – fut formalisé sous la dynastie des Han et devint la doctrine impériale officielle. Au cours des nombreux siècles qui suivirent, elle fut affinée et modifiée, chaque époque ajoutant sa pierre à l'édifice. L'une des grandes étapes eut lieu notamment sous la dynastie des Song, avec le philosophe **Zhu Xi** (1130-1200), qui **donna une nouvelle impulsion au confucianisme. C'est ce courant qui reçut en Occident le nom de néoconfucianisme.**

L'orthodoxie confucéenne est fondée sur des ouvrages canoniques appelés les Classiques (*jing*), dont le nombre fut fixé à treize sous la dynastie des Song. Ces ouvrages constituent non seulement la base de l'enseignement (cf. « L'éducation », chap. X et « Le recrutement et la carrière des fonctionnaires », chap. III), mais aussi le fondement de l'éthique familiale, politique et sociale en Chine. L'ensemble du corpus présente des textes de nature très variée, comparables aux livres qui composent la Bible : on y trouve un ouvrage de divination, un dictionnaire, un recueil de poésie, des annales historiques, des instructions sur les cérémonies officielles, des recueils de dialogues et d'anecdotes philosophiques. Malgré cette apparente hétérogénéité, la plupart de ces textes tourne autour d'une notion capitale aux yeux des lettrés chinois :

les relations humaines. Comment se comporter avec les autres ? Comment trouver sa place dans la société ? Comment devenir un homme de bien ? Comment agir en tant que souverain éclairé ? Telles sont les questions que se posent les lettrés, dont les réponses se trouvent, selon eux, dans les Classiques. Néanmoins, contrairement à la Bible, ces ouvrages n'évoquent que très peu l'au-delà, les dieux et les autres thèmes métaphysiques. Tout au contraire, les Classiques ont un contenu pragmatique et plutôt terre à terre. Ils ne sont pas le lieu où une divinité parle aux hommes, mais on y rencontre tout de même de nombreux passages sur les sacrifices religieux et les comportements rituels. Par ailleurs, le corpus canonique confucéen n'est pas conçu comme un ensemble clos et immuable, ce qui explique son évolution au cours des siècles pour atteindre le nombre de treize ouvrages sous les Song. Un ouvrage est en effet promu au rang de Classique lorsque son contenu est jugé assez important pour être véritablement intégré à l'orthodoxie confucéenne. Cette canonisation confirme bien souvent un état de fait. Ainsi, c'est seulement sous les Song que les *Entretiens* de Confucius, ouvrage d'une extrême importance dans la doctrine officielle, sont définitivement intégrés au corpus.

Les Treize Classiques confucéens

1. *Classique des mutations* (*Yijing,* aussi transcrit *Yi-king*)

Ouvrage de divination : c'est un recueil d'oracles concernant des hexagrammes obtenus en superposant six lignes, certaines continues (—), d'autres discontinues (– –). Il y a en tout 64 possibilités ($64 = 2^6$), d'où la présence de 64 hexagrammes portant chacun un nom. Les oracles qui leur sont associés sont particulièrement mystérieux et hermétiques, et prêtent ainsi à de nombreuses interprétations.

2. *Classique des documents* (*Shujing* ou *Shangshu*)

Il consiste en un recueil de décrets, d'édits, de discours et de divers documents officiels qui remonteraient selon la tradition aux trois premières dynasties (Xia, Shang, Zhou), considérées comme l'âge d'or de la civilisation chinoise.

3. *Classique de la poésie* (*Shijing*)

Anthologie de poèmes. D'après la tradition, c'est Confucius lui-même qui aurait sélectionné 305 poèmes au sein d'un corpus initial de quelque trois mille textes. Le recueil comporte des pièces sans doute composées entre 1000 et 600 av. J.-C.

4. *Rites des Zhou* (*Zhouli*)

5. *Cérémonial* (*Yili*)

6. *Notes sur les rites* (*Liji*)

Ce sont les trois Classiques des rites. Les *Rites des Zhou* sont une description des rouages administratifs et du système des fonctionnaires sous cette dynastie. Le *Cérémonial* décrit de manière très précise les cérémonies rituelles des dignitaires des Zhou. Les *Notes sur les rites* traitent, comme l'ouvrage précédent, des rites et rituels anciens, mais elles n'ont pas de structure aussi formelle. Les chapitres sont très variés et ne présentent pas toujours de lien direct avec des cérémonies officielles, mais ils font état des usages et des coutumes de l'Antiquité.

7. *Printemps et Automnes* avec le *Commentaire de Zuo* (*Chunqiu Zuozhuan*)

8. *Commentaire de Gongyang* (*Gongyang zhuan*)

9. *Commentaire de Guliang* (*Guliang zhuan*)

Les *Printemps et Automnes* sont des annales historiques du royaume antique de Lu, patrie de Confucius, des années 722 à 484 av. J.-C. La tradition raconte que ce texte fut rédigé par le maître lui-même. L'expression « printemps et automne » signifie année, et par extension annales. Le *Commentaire de Zuo* est attribué à Zuo Qiuming, un contemporain de Confucius. Ce texte explique et complète les annales, essentiellement de manière narrative. Le deuxième commentaire, celui de Gongyang, illustre les valeurs du confucianisme de l'époque et est perçu comme l'aboutissement d'un enseignement inauguré par Zixia, disciple de Confucius. Le dernier commentaire, celui de Guliang, propose une lecture morale et politique des annales.

10. *Entretiens* de Confucius (*Lunyu*)

Ils sont attribués aux disciples de Confucius qui fixèrent par écrit l'enseignement du maître. L'ouvrage comporte vingt courts chapitres et consiste en une série de conversations et d'aphorismes.

11. *Classique de la piété filiale* (*Xiaojing*)

Œuvre très brève, elle illustre, sous la forme de dialogues entre Confucius et son disciple Zengzi, les vertus de la piété filiale.

12. *Erya*

L'un des premiers dictionnaires de caractères chinois.

13. *Mencius* (*Mengzi*)

Compilation de textes faisant état de la pensée de Mencius (Mengzi) (372-289 av. J.-C.), deuxième grande figure du confucianisme ancien. C'est un recueil de dialogues entre le penseur et ses disciples, des politiciens de l'époque ou d'autres philosophes. Le *Mencius* est considéré comme un modèle sur le plan du style littéraire.

Le noyau le plus ancien et le plus éminent des Treize Classiques est constitué par les Cinq Classiques (*wujing*) : *Classique des mutations, Classique des documents, Classique de la poésie, Notes sur les rites* et *Printemps et Automnes*. Ce noyau ne comporte pas d'œuvre proprement philosophique, mais des documents sur l'histoire, la société, la divination et la religion (les rites). Parmi les Treize Classiques, quatre textes sont eux aussi particulièrement importants car ils sont au cœur de l'enseignement néoconfucéen défini par Zhu Xi ; ce sont également les quatre premiers textes étudiés par les adolescents après les manuels d'apprentissage de caractères (cf. « L'éducation », chap. X). **Cet ensemble, appelé les Quatre Livres (*sishu*), regroupe la *Grande Étude* (*Daxue*), *l'Invariable Milieu* (*Zhongyong*), les *Entretiens* de Confucius et le *Mencius*.** Les deux premiers textes sont des chapitres issus des *Notes sur les rites*.

Les traductions des Classiques confucéens par les missionnaires

Les missionnaires jésuites furent les premiers à s'intéresser au corpus confucéen, non seulement parce qu'ils souhaitaient comprendre la culture chinoise afin de mieux convertir l'élite lettrée, mais aussi parce qu'ils pensaient trouver dans les ouvrages de l'Antiquité chinoise une manifestation de la religion naturelle, une théologie ancienne (*prisca theologia*), donnée par Dieu au début de l'humanité et transmise par une série de prophètes comme Platon ou, dans le cas chinois, Confucius.

L'Europe connut la philosophie chinoise en grande partie par l'intermédiaire d'un ouvrage en latin, le *Confucius Sinarum Philosophus* (*Confucius, philosophe de la Chine*) préparé par plusieurs jésuites réunis autour de l'Italien Prospero Intorcetta (1626-1696) et publié en 1687 à Paris. Outre des traductions des *Entretiens*, de la *Grande Étude* et de l'*Invariable Milieu*, ce vaste ouvrage contient des tables chronologiques, une biographie de Confucius et une longue présentation de la pensée chinoise. Il fut très rapidement diffusé dans toute l'Europe et influença des penseurs comme Pierre Bayle, Voltaire, Leibniz ou Malebranche.

Au XIXe siècle et au début du XXe siècle (donc à la fin des Qing), le jésuite **Séraphin Couvreur** (1835-1919), traduisit en français et en latin la quasi-totalité des Treize Classiques. Pour certains ouvrages (les *Printemps et Automnes*, les *Notes sur les rites*, le *Cérémonial*, le *Classique des documents*), il s'agit encore de nos jours de la seule traduction disponible en français. L'Écossais et missionnaire protestant **James Legge** (1815-1897) fut l'équivalent britannique de Couvreur. Il passa près de trente ans dans la colonie de Hong Kong et, de 1841 jusqu'à sa mort, il traduisit les classiques chinois ainsi que de nombreux textes taoïstes.

Les traductions abondamment annotées de Legge et de Couvreur, bien que discutables sur certains points, demeurent des monuments d'érudition.

LE BOUDDHISME

Le bouddhisme est une religion qui prend forme en Inde suite à la prédication de Gautama Śâkyamuni (env. 560-480 av. J.-C.). Élevé dans la cour luxueuse d'un royaume au pied de l'Himalaya, ce prince, ému par la souffrance endurée par les hommes, décide d'abandonner son statut et ses richesses et accède, après de longues méditations, à l'illumination (*bodhi*), un terme à l'origine de son surnom : Bouddha (« l'éveillé »). Il passe le reste de sa vie à diffuser son message et son expérience afin d'aider les autres à atteindre cette illumination et à sortir du cycle des renaissances. En effet, d'après la doctrine bouddhique, lorsque l'adepte atteint l'illumination, il parvient à percevoir la vraie nature du monde qui nous entoure, qui n'est qu'illusion ; ses sens ne le trahissant plus, il sort du cycle des réincarnations successives.

Le fondement du bouddhisme réside dans les quatre vérités exposées par le Bouddha lors de sa prédication : tout est souffrance ; cette souffrance a une origine ; elle peut être éliminée et un chemin mène à son éradication. **L'objectif ultime est la cessation de la souffrance, son « extinction »** (***nirvâna*** en sanskrit).

La pratique bouddhique est au départ réservée à ceux qui choisissent d'embrasser l'état monastique, puisque c'est par le renoncement au monde et la méditation intensive que l'on atteint l'illumination. De plus, cette forme de bouddhisme promeut l'illumination pour soi, un salut de type individuel. En réaction à cette vision restreinte du message se constitue, au IIIe siècle av. J.-C., un courant appelé le Grand Véhicule (qui s'oppose ainsi au Petit Véhicule des origines), mettant l'accent sur l'aide que l'adepte doit apporter aux autres, dans le monde sensible, une fois qu'il a accédé à l'illumination ; il devient alors un **bodhisattva** (« être d'éveil »). Le Grand Véhicule est promis à un destin exceptionnel, puisqu'il se répand bien au-delà des limites de l'Inde (Chine, Japon, Corée, Vietnam). Le bouddhisme du Petit Véhicule s'implante quant à lui surtout en Asie du Sud et du Sud-Est (Ceylan, Birmanie, Cambodge, Laos, Thaïlande). Un troisième véhicule (le Véhicule du diamant), le **bouddhisme tantrique**, naît par la suite. Dérivé du Grand Véhicule, son enseignement est constitué par des pratiques de type *yoga*. **Cette forme du bouddhisme s'implante chez les Tibétains et les Mongols.**

En Chine, les premières traces du bouddhisme datent du Ier siècle de notre ère, mais la religion ne connaît un essor décisif qu'entre le IIIe et le VIe siècle, où l'on assiste à une véritable adaptation de cette religion au contexte chinois : de nombreux textes indiens sont alors traduits, et les communautés bouddhiques connaissent de plus en plus d'adeptes. La pensée bouddhique pénètre également les milieux lettrés. La Chine connaît par la suite quelques grandes proscriptions du bouddhisme (notamment aux VIe et IXe siècles), mais elles ne sont jamais très longues et ne mettent pas en péril l'essor et le maintien de cette religion en Chine.

Le bouddhisme est en quelque sorte à la Chine ce que le christianisme est à l'Occident : bien que venu de l'étranger (cela ne fut jamais oublié ni dissimulé), il est si présent et si important dans ses manifestations intellectuelles, sociales et culturelles qu'il est une composante essentielle de la société, d'autant que, sous les Qing, les **souverains mandchous, en particulier Yongzheng et Qianlong, en sont de fervents adeptes.** Le pouvoir mandchou ordonne en effet la construction de nombreux temples et monastères des deux grands courants du bouddhisme d'alors : le bouddhisme tibétain (appelé communément le « lamaïsme », un lama étant un dignitaire monastique) et le bouddhisme Chan (un terme chinois que l'on connaît dans sa prononciation japonaise, Zen).

Durant le règne de l'empereur Kangxi, un recensement indique qu'il existe environ 80 000 temples et monastères et près de 120 000 moines et nonnes dans l'ensemble du pays. Si ces nombres semblent importants, comparés aux époques antérieures, ils révèlent néanmoins une certaine désaffection pour l'état monacal. De plus, sous les Qing (mais avant également), nombre de moines le deviennent surtout pour échapper à la misère, et ne respectent guère les règles en vigueur, notamment celle du célibat (cela explique la très mauvaise image des moines diffusée par la littérature populaire des Ming et des Qing). Plusieurs fois pendant la dynastie Qing, les souverains publient des édits pour rappeler à l'ordre les communautés. Un âge minimum d'entrée dans les ordres est par exemple réaffirmé (seize ans pour les garçons, quatorze pour les filles), et, dès la fondation de la dynastie, on interdit aux moines de vivre au sein du peuple (ils doivent résider dans des monastères).

L'un des traits saillants des Qing concernant le bouddhisme est le **soutien accordé par les empereurs mandchous au bouddhisme tibétain**. Les Mandchous connaissaient déjà ce courant avant la conquête de la Chine en 1644 grâce à leurs liens avec les Mongols : le bouddhisme tibétain était pour eux relativement proche du chamanisme qu'ils pratiquaient. Une fois sur le trône impérial chinois, les Mandchous comprirent par ailleurs que le patronage de cette forme de bouddhisme pouvait les aider à s'assurer l'allégeance des Mongols, ce qui n'excluait pas, bien entendu, une foi sincère et véritable.

Ce soutien se manifeste aux XVIIe et XVIIIe siècles par de **nombreux contacts entre le pouvoir mandchou et le haut clergé bouddhique** : le 5e dalaï-lama et le panchen-lama, chefs de l'église tibétaine, sont invités à Pékin dès 1652. L'empereur Kangxi, quant à lui, accomplit de nombreux pèlerinages au Wutaishan (province du Shanxi), lieu sacré pour le lamaïsme. Yongzheng fait par ailleurs imprimer le canon bouddhique tibétain en 1724, et Qianlong le fait traduire en mandchou (le projet est achevé en 1790).

C'est également par la fondation de temples et de monastères que le patronage impérial est particulièrement manifeste. Chengde, la capitale d'été des souverains mandchous, se couvre de lamaseries tout au long du XVIIIe siècle (cf. « Les résidences impériales d'été », chap. II), et Yongzheng fait transformer à Pékin son ancien palais princier en sanctuaire : celui-ci devient le temple des Lamas (Yonghe gong), continuellement enrichi sous le règne suivant. Au temps de sa splendeur, sous Qianlong, ce temple abrite jusqu'à 300 lamas tibétains, mongols et mandchous.

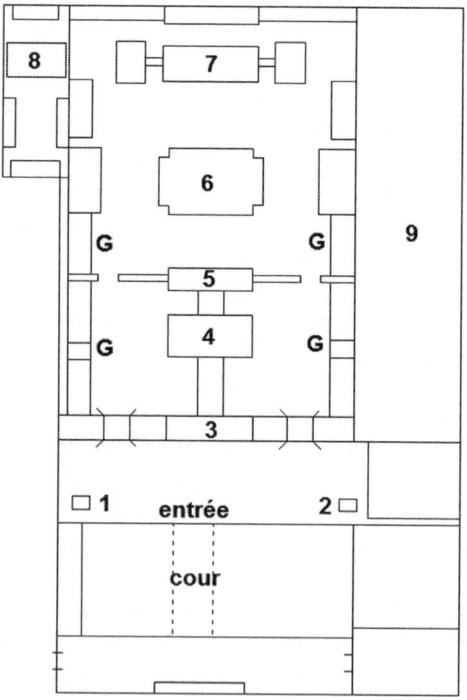

Plan actuel du temple des Lamas

1. Tour du tambour

2. Tour de la cloche

3. Salle des rois célestes (Tianwang dian)

4. Salle de l'éternelle harmonie (Yonghe gong)

5. Salle de l'éternelle protection (Yongyou dian)

6. Salle de la roue de la loi (Falun dian)

7. Pavillon des dix mille bonheurs (Wanfu ge)

8. Salle des bodhisattvas

9. Bibliothèque

G. Galerie d'art tantrique

L'empereur **Qianlong** se révèle particulièrement dévot : l'immense **tombeau** (54 m de long, 372 m^2) qu'il se fait construire de 1743 à 1752 sur le site de l'actuelle ville de Zunhua (à 120 km à l'est de Pékin) est décoré sur ses murs et ses plafonds de nombreuses sculptures et de bas-reliefs bouddhiques, et ils sont entièrement **couverts d'inscriptions liturgiques en tibétain**.

LE TAOÏSME ET LA RELIGION COUTUMIÈRE

Le taoïsme est une religion complexe, mêlant la révélation de textes divins par des médiums à des pratiques ancestrales profondément ancrées dans la société chinoise, comme le culte du dieu du Sol. Le taoïsme religieux – que l'on distingue du taoïsme antique dit philosophique, fondé sur des textes tels que le *Livre de la voie et de sa vertu* (*Daodejing*), le *Zhuangzi* et le *Liezi* – naît autour du IIe siècle de notre ère à la faveur de mouvements millénaristes. Différents mouvements religieux, dont celui des Maîtres célestes (*Tianshi dao*), s'organisent alors autour de maîtres charismatiques, et une véritable église taoïste prend progressivement forme, avec un clergé, des prêtres, des paroisses, des monastères et un corpus de textes sacrés, le principal étant le *Livre de la voie et de sa vertu*. Certains taoïstes sont exemptés du port de la natte et portent un chignon caractéristique.

Le **taoïsme religieux prône la culture intérieure et se présente comme une voie vers l'immortalité**. Les maîtres taoïstes (*daoshi*) sont des intermédiaires entre les hommes et les dieux et peuvent intercéder auprès de ces derniers. Pour cela, **ils accomplissent divers rites d'exorcisme**, des **cérémonies propitiatoires**, des **divinations**, et composent des **talismans** de protection contre les démons. Il existe de plus des liens étroits entre les pratiques taoïstes et celles du chamanisme, notamment dans les rites de guérison de maladies et de possession par des esprits malins.

Talisman taoïste

L'organisation du culte taoïste et ses relations avec le pouvoir impérial des Qing sont décrites de la manière suivante par le sinologue Vincent Goossaert : « L'administration taoïste (de même que l'administration bouddhique, organisée de manière exactement parallèle) était calquée sur l'administration impériale : dans chaque district et préfecture, un taoïste nommé par l'administration impériale servait de relais entre le clergé et l'État ; il n'était pas payé pour cela, mais jouissait d'un prestige certain, coopérant avec les fonctionnaires civils et les élites locales pour l'organisation des grands rituels publics et la gestion de la vie religieuse locale. L'administration taoïste centrale, Daolusi, était basée à Pékin, avec huit taoïstes, tous ayant un rang dans l'administration impériale. Il y avait aussi des fonctionnaires taoïstes (*daoguan*) à chaque niveau de la géographie administrative : un *daoji* dans chaque préfecture, un *daozheng* dans chaque sous-préfecture et un *daohui* dans chaque district. Ces derniers ne disposaient pas d'un rang dans l'administration impériale et n'étaient pas payés ; ils n'avaient pas non plus de bureau à leur disposition et devaient remplir leurs fonctions dans le temple où ils vivaient. Les lois de l'empire Qing prévoyaient que lorsqu'une place de fonctionnaire taoïste était vacante, le magistrat local devait nommer un taoïste compétent. Mais, en réalité, cette charge était très souvent liée à celle de la direction d'un temple central. » (Vincent Goossaert, « Bureaucratie, taxation et justice », p. 1003.)

L'un des hauts-lieux du taoïsme dans la Chine du Nord est le temple des Nuages blancs (Baiyun guan) à Pékin, fondé au VIIIe siècle.

Dans la **religion coutumière**, on trouve des dieux **taoïstes**, des dieux **bouddhiques**, des dieux **confucéens**, et même des dieux tirés de la **littérature** ; le **panthéon est ainsi très important et surtout ouvert** : il est composé de nombreux dieux locaux (comme les dieux du Sol), de personnages historiques divinisés, et de dieux cosmologiques, comme les soixante signes cycliques du calendrier (cf. « Le calendrier », chap. V) représentés sous forme de divinités à qui, par exemple, est consacrée une salle dans le temple des Nuages blancs ; il y a également le Taiyi, une divinité importante, les Sanqing, « Trois Purs », qui sont des hypostases de trois sphères éthérées de la cosmologie taoïste. Cette religion n'a pas véritablement de prêtre, mais les divinités sont toutes rattachées à un temple, lui-même dépendant d'un temple plus important ; il existe ainsi toute une organisation sociale et religieuse autour du temple, avec, par exemple, le chef du brûle-parfum, choisi tous les trois ans, en général un homme riche ou influent du village. Cependant, les gens du peuple, lorsqu'ils ont besoin de techniciens pour certains rites particuliers, demandent à des prêtres taoïstes

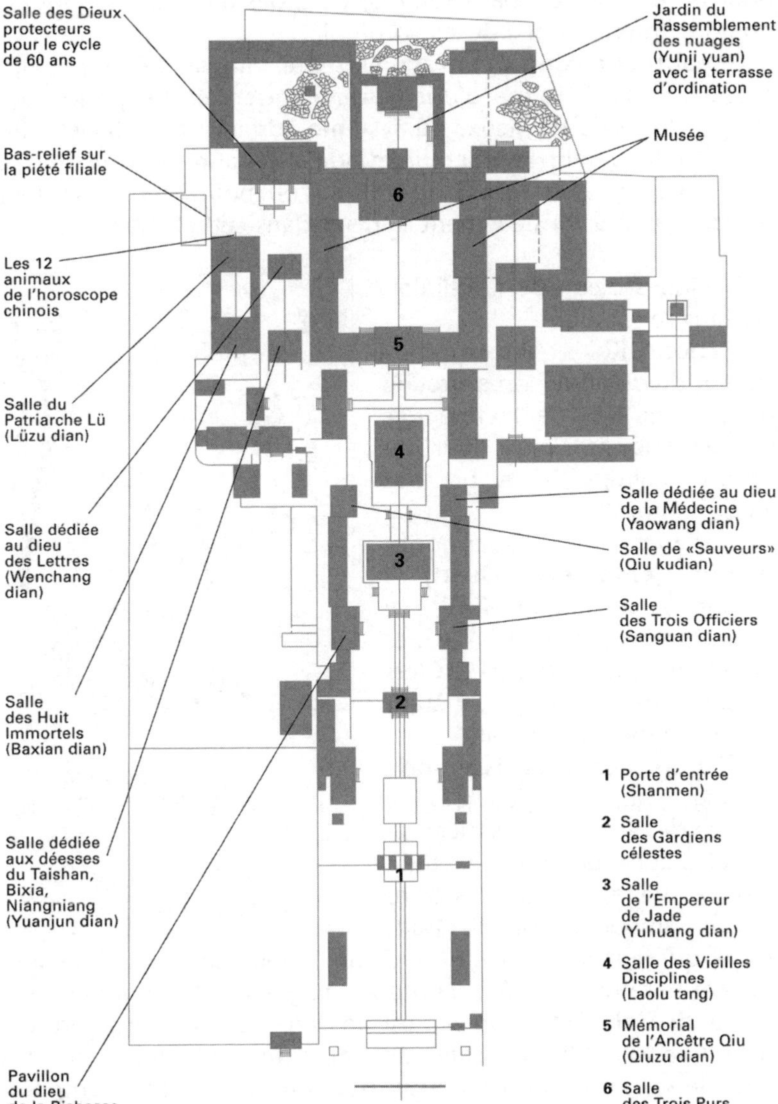

Plan du temple des Nuages blancs (état actuel)

© Hachette Livre, Hachette Tourisme, Guide Bleu Chine de Pékin à Hong Kong, *2010, p. 296.*

(pour les exorcismes, par exemple) ou à des moines bouddhistes (pour les enterrements) de les accomplir.

Le **panthéon coutumier** est représenté, dans la littérature et les légendes, sous la forme d'une **bureaucratie céleste,** projection, dans le domaine religieux, du système administratif officiel : un empereur souverain (l'empereur de Jade, Yudi) administre le monde des dieux grâce à des fonctionnaires plus ou moins gradés. A priori, tout dieu a donc virtuellement sa place dans cette hiérarchie.

Quelques dieux de la religion coutumière :

– **Zhong Kui** : c'est un pourfendeur de démons ; on accroche son portrait lors de la fête des bateaux-dragons (le 5e jour du 5e mois lunaire, cf. « Les grandes fêtes », chap. V).

– **Guan Yu, Guangong, Guandi (empereur Guan)** : personnage historique divinisé. Il fut un grand général à la fin des Han et vécut de 160 à 219. C'est un dieu martial que vénèrent particulièrement les soldats.

Le dieu Zhong Kui, pourfendeur des démons

– Le **bouvier et la tisserande** (*niulang zhinü*) : il s'agit à l'origine du nom de deux étoiles situées de part et d'autre de la Voie lactée : Altaïr et Véga. Ils sont associés à deux amoureux bannis dans le Ciel qui, chaque année, la nuit du 7e jour du 7e mois lunaire, peuvent se retrouver grâce à un pont magique formé par des pies.

– Le **dieu du Sol** (*tudigong*) est un génie tutélaire local, protecteur d'une ville, d'un quartier, etc. Son autel est le plus souvent à même le sol, la plupart du temps, pour un village, près d'un point d'eau.

– **Guanyin** : déesse de la miséricorde qui « voit » (sens de *guan*) les appels au secours (*yin* signifie « son ») des gens ; c'est à l'origine l'Avalokiteśvara du panthéon bouddhique indien.

– Le **dieu des Lettres** (*wenchang*) est particulièrement vénéré par les lettrés dont il est le protecteur et qu'il aide dans leur carrière officielle.

Les Huit Immortels (illustration moderne)

– Les **Huit Immortels** (*baxian*) : ce sont huit taoïstes plus ou moins légendaires qui ont obtenu l'immortalité. Ils sont très souvent représentés dans la littérature, la statuaire et l'iconographie religieuse. Chacun des immortels est identifiable grâce à un ou plusieurs attributs spécifiques ; les deux premiers de la liste sont considérés comme les chefs du groupe :

1. Lü Dongbin 呂洞賓 : porte un sabre en bandoulière.
2. Han Zhongli 漢鐘離 : est revêtu d'un grand manteau et est pourvu d'un éventail.
3. Zhang Guolao 張果老 : est monté sur un âne.
4. Lan Caihe 藍采和 : chanteur (ou chanteuse) vêtu comme un mendiant, un pied nu, une flûte à la main.
5. Han Xiangzi 韓湘子 : représenté avec des pivoines et un panier de fleurs.
6. Cao Guojiu 曹國舅 : coiffé d'un bonnet officiel et tenant dans les mains la tablette du fonctionnaire.
7. He Xiangu 何仙姑 (l'immortelle He) : associée à la fleur de lotus.
8. Li Tieguai 李鉄拐 (Li à la canne de fer) : appuyé sur une béquille en métal.

La querelle des rites chinois

Les missionnaires jésuites qui s'installèrent en Chine à partir du XVIe siècle, héritiers du mouvement humaniste, pensaient que les Chinois, comme d'autres peuples païens, avaient reçu dans leur passé une révélation divine, et que leur culture en conservait des traces. Ils cherchèrent ainsi à adapter le message chrétien à la civilisation chinoise, et firent leur possible pour se présenter comme des savants, comme des lettrés parmi les lettrés. Particulièrement ouverts, ils considéraient que les rites chinois, tels le culte des ancêtres ou les rites célébrés en l'honneur de Confucius, étaient des cérémonies civiles sans signification religieuse, et que les convertis pouvaient donc continuer à accomplir ces rites tout en se disant chrétiens. Cependant, les Dominicains et les Franciscains, concurrents de la Compagnie de Jésus sur le plan apostolique, en jugeaient autrement : les rites chinois étaient pour eux totalement incompatibles avec le message christique. La papauté d'alors hésita entre les deux courants, puis trancha en faveur du mouvement le plus strict, et interdit à plusieurs reprises (bulles *Ex illa die* en 1715 et *Ex quo singulari* en 1744) les rites chinois. L'affaire empira d'année en année et la Compagnie de Jésus fut purement et simplement dissoute par le pape Clément XIV en 1773 ; elle ne fut rétablie par Pie VII qu'en 1814.

禮

VII

LA VIE INTELLECTUELLE

Le XVIIIe siècle est l'un des âges d'or que connut la Chine dans le domaine intellectuel, peut-être même le dernier de la période impériale. Cet apogée culturel fut possible non seulement en raison d'une conjoncture économique et sociale particulièrement propice (cf. « L'économie », chap. III), mais aussi parce que les souverains favorisèrent activement l'essor des lettres et des arts. **L'époque est marquée par deux phénomènes décisifs** : les **travaux académiques officiels** et les **procès littéraires**, deux phénomènes concomitants et apparemment contradictoires qui s'expliquent parce que le pouvoir impérial cherchait autant à enrayer toute forme de contestation et de critique de la part des lettrés chinois qu'à se poser comme un défenseur, un continuateur et un conservateur de la culture chinoise. Il s'agissait également de se rallier les lettrés en leur confiant des tâches valorisantes, c'est-à-dire des travaux où ils pourraient manifester toute l'étendue de leur érudition.

La Chine des Qing est un ensemble extrêmement vaste composé de nombreuses populations aux langues, aux cultures et aux coutumes différentes (principalement les Chinois, les Mandchous, les Mongols, les Tibétains et les Ouïghours, cf. « L'empire Qing », chap. II et « La démographie », chap. IV). C'est pourquoi la production intellectuelle de cette époque (notamment en termes littéraires) reflète une telle variété, à des degrés divers selon les populations. Les textes en chinois représentent toutefois la plus grande part de la production écrite du XVIIIe siècle, et c'est cet ensemble qui est actuellement le mieux connu et le plus étudié.

Un lettré chinois est généralement un intellectuel polyvalent, **un polymathe et un polygraphe** : il n'y a pas à proprement parler de poète, d'historien ou de philosophe qui aurait fait de ces disciplines sa profession. Si des lettrés se sont illustrés par certains écrits ou genres particuliers, la majorité d'entre eux ont manifesté des intérêts très larges et publié toutes sortes d'ouvrages. Zhao Yi (1727-1814), par exemple, est souvent cité pour ses travaux philologiques et historiques, mais il est aussi en son temps considéré comme un éminent poète. Autre figure de polygraphe, Ji Yun (1724-1805), un homme à l'érudition encyclopédique, qui occupe les plus hautes fonctions à la cour de Qianlong, lequel lui confie la direction de la *Collection complète en quatre magasins* (voir plus bas). L'œuvre de Ji Yun est à la mesure de ses vastes connaissances et embrasse tout autant la littérature, l'histoire, la philosophie, la politique que l'économie, la géographie ou les sciences naturelles. Pour lui, toutes les occasions furent bonnes pour s'enrichir intellectuellement : impliqué indirectement dans une affaire de corruption, il fut envoyé en exil à Urumqi dans le Turkestan (autant dire au bout du monde), mais il mit à profit ces deux années pour amasser quantité de matériaux sur la géographie et les sciences naturelles de la région. Rappelé à la cour par l'empereur, il peaufina même sur le chemin du retour un ensemble de cent soixante poèmes qu'il intitula *Poèmes divers d'Urumqi*.

L'intelligentsia chinoise put à l'occasion donner naissance à des esthètes parfaits, quittant tout pour aller au bout de leur passion, comme l'hédoniste Yuan Mei (1716-1797). Promis à une brillante carrière officielle (il est docteur à vingt-trois ans), il démissionne de son poste de préfet au bout de dix ans de service et se fait aménager près de Nankin un immense jardin, le Jardin à ma guise (Suiyuan), qui devient par la suite un haut lieu de rencontre entre lettrés. Il y vit de son pinceau, imprimant lui-même ses ouvrages qui lui assurent de beaux revenus. Il y meurt octogénaire et heureux.

LA LANGUE ET L'ÉCRITURE CHINOISES

L'une des caractéristiques du chinois est que son **écriture n'a pas été créée pour transcrire des sons**. Cette écriture tire son origine lointaine de signes inscrits sur des objets en bronze, en pierre ou sur des supports de divination tels que des carapaces de tortue et des omoplates de bœuf, afin de garder la trace de questions adressées aux divinités et des réponses qu'elles auraient envoyées. Les devins brûlaient en effet ces supports et interprétaient les craquelures obtenues. On ne sait pas comment se prononçaient ces signes, mais les spécialistes sont parvenus peu à peu à en percer le sens et à déchiffrer les phrases simples composant ce qu'on appelle communément les « textes sur carapace et sur os » (*jiagu wen*).

L'écriture chinoise a peu à peu évolué au cours des siècles et varié selon les régions, elle s'est complexifiée et enrichie, puis, avec l'unification territoriale opérée sous les dynasties Qin et Han, elle a été unifiée et normalisée. Même si différents styles d'écriture ont toujours existé, à partir des Han jusqu'à l'époque contemporaine, l'écriture chinoise n'a pas connu d'innovation majeure : **ce sont peu ou prou les mêmes caractères qui servent de support écrit à la langue depuis environ deux mille ans.**

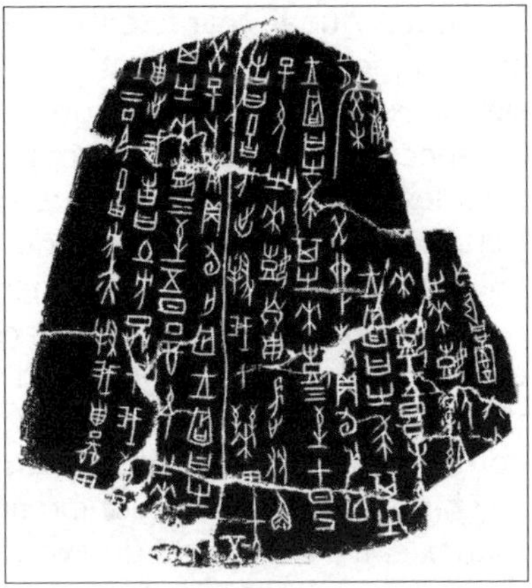

Estampage d'une inscription sur omoplate de bœuf (environ XIIIe siècle av. J.-C.)

Évolution de l'écriture chinoise

1 : graphie archaïque sur carapace et os

2 : graphie dite « Grande sigillaire » (dazhuan, utilisée sur des vases en bronze sous les Zhou)

3 : graphie dite « Petite sigillaire » (xiaozhuan, se généralise sous les Qin)

4 : graphie des scribes (lishu, à partir des Qin et des Han)

5 : graphie régulière (kaishu, à partir de la fin des Han postérieurs, jusqu'à nos jours)

Les caractères les plus simples de l'écriture chinoise proviennent de représentations graphiques archaïques directes, ce sont des pictogrammes : par exemple, le caractère de la pluie figure l'eau qui tombe du ciel, celui de la lune représente un quartier de celle-ci, celui de la montagne représente trois pics côte à côte. Graduellement, ces éléments ont été associés entre eux pour former des caractères plus complexes.

Le fait que les caractères entretiennent des rapports moins fixes avec la façon dont ils sont prononcés que dans les écritures alphabétiques dissimule l'évolution de la langue telle qu'elle était parlée : les spécialistes ont pu déterminer comment se prononçaient à peu près les caractères à l'époque des Tang (618-907), mais pour les périodes antérieures, ce sont des reconstructions plus conjecturales. En outre, du fait de l'importance accordée par l'élite instruite à des textes canoniques – comme les classiques confucéens de l'Antiquité, devenus des modèles sur le plan de la syntaxe et du vocabulaire – les **structures syntaxiques de la langue écrite** (*wenyan*, qu'on appelle communément le **chinois classique**) **se sont « fossilisées » très tôt**. Le chinois classique est donc marqué par une grande stabilité grammaticale. Il a bien entendu évolué au cours des siècles, tant du point de vue du vocabulaire (en particulier grâce à la formation de mots composés de deux, trois caractères, ou plus) que de la syntaxe, mais dans une ampleur bien moindre que les langues européennes. Ainsi, une personne ayant appris le chinois classique peut-il comprendre plus ou moins finement selon la richesse de son expérience textuelle aussi bien les *Entretiens* de Confucius (un texte fixé au plus tard aux IIIe et IIe siècles av. J.-C.) que des poèmes écrits sous les Tang ou des contes fantastiques de Pu Songling (1640-1715).

Très tôt, on écrit ainsi en Chine une langue qui ne correspond pas à la langue parlée, de la même manière que, pendant le Moyen Âge occidental, on écrit en latin les textes savants ou administratifs, et l'**on parle une langue vulgaire** comme le moyen français ou le moyen haut-allemand. Mais il existe une littérature en langue chinoise vulgaire, comme il y a les œuvres de Chrétien de Troyes en France ou de Dante en Italie. Ces écrits en langue chinoise vulgaire (le *baihua*, ou « langue parlée ») naissent vers le VIIIe siècle, et ne sont guère tenus en estime par les lettrés qui les dédaignent, ce qui ne les empêchent ni d'en lire, ni parfois d'en écrire. Cette littérature se développe au fil des siècles pour atteindre une véritable fièvre éditoriale sous les Ming, en raison notamment de la prolifération de libraires-éditeurs dans la Chine du Sud.

Au XVIIIe siècle coexistent ainsi **deux formes de langue écrite, le chinois classique et la langue vulgaire, mais la barrière entre les deux est loin d'être étanche** : les romans en langue vulgaire peuvent par exemple présenter de nombreux passages ou expressions venus de la langue classique (comme des poèmes), et inversement, là où l'on s'attendrait à lire de la langue savante, on peut trouver çà et là du chinois vulgaire : c'est le cas des apostilles apposées par l'empereur Qianlong sur certains mémoires envoyés par des fonctionnaires, commentaires écrits sous la forme d'un « c'est noté » (*zhidao le*), parfait exemple de formulation orale.

Si, sous ses deux formes écrites, le chinois est le même d'un bout à l'autre de l'empire, tel n'est pas le cas des idiomes parlés. De même qu'il existe actuellement en Chine de nombreux dialectes plus ou moins intercompréhensibles, de même apparurent très tôt divers parlers qui ne facilitaient pas les échanges oraux entre des personnes provenant de régions différentes. Le besoin se fit sentir d'établir l'un de ces parlers comme langue véhiculaire, ne serait-ce que pour les fonctionnaires qui, par leurs fonctions, pouvaient être affectés dans n'importe quelle province de l'empire (cf. « Le recrutement et la carrière des fonctionnaires », chap. III). À partir des Yuan, l'**idiome de référence est appelé le *guanhua*, le « parler des fonctionnaires »**, qui est en fait la langue utilisée dans la capitale, Pékin. On sait que l'empereur Yongzheng adopte en 1727 un édit interdisant aux jeunes lettrés de se présenter aux concours mandarinaux si leur connaissance du « parler des fonctionnaires » est jugée insuffisante. Il vise par cette décision deux provinces du sud, le Fujian et le Guangdong, où la maîtrise de cette langue est alors très médiocre.

Ce « parler des fonctionnaires » est, en simplifiant, la langue que nous connaissons sous le terme de « **mandarin** » (une appellation d'origine portugaise) ; elle a servi de fondement linguistique à la « **langue commune** » (*putonghua*), **actuelle langue officielle véhiculaire** de la République populaire de Chine (elle n'est d'ailleurs pas très éloignée du point de vue de la prononciation du « parler des fonctionnaires » du XVIIIe siècle). Voici quelques caractéristiques de la langue commune actuelle :

– c'est une langue isolante, car tous les mots sont invariables, et il n'y a aucune flexion. C'est la place des mots dans la phrase (la syntaxe) qui détermine leur fonction grammaticale, et parfois même leur nature, les catégories grammaticales (nom, verbe, adverbe…) étant relativement souples. Le chinois classique est tout à fait semblable de ce point de vue.

– c'est une langue tonale, car chaque syllabe possède un ton. Le chinois classique est également une langue tonale.

– un grand nombre de mots sont formés de deux syllabes ou plus. La langue classique ancienne est nettement plus monosyllabique ; c'est progressivement que des composés de deux ou trois caractères, ou plus, se sont lexicalisés.

Contrairement au latin et au grec ancien, on n'emploie pas en Chine de prononciation restituée pour lire les œuvres anciennes, notamment les poèmes : on utilise la prononciation de la langue commune. À Hong Kong, cependant, il est d'usage de les lire dans le dialecte cantonais.

La langue commune possède quatre tons, il y a ainsi par exemple quatre façons de prononcer la syllabe « ma » (par exemple : *mā* 媽 « maman », *má* 痲 « chanvre », *mǎ* 馬 « cheval », *mà* 罵 « injurier »), qui correspondent à des caractères et à des sens différents. Il existe par ailleurs beaucoup d'homophones parfaits (syllabe + ton) en chinois ; seuls le contexte et les autres syllabes du composé permettent de les identifier.

LE MANDCHOU

La langue d'origine des souverains Qing est fort différente du chinois : le **mandchou appartient au groupe linguistique altaïque**, il est un cousin des langues turques et du mongol, et comme ces dernières, c'est une langue agglutinante, c'est-à-dire qu'elle fonctionne par adjonction de suffixes. Lorsque les ancêtres des Mandchous, les Jurchens, régnaient en Chine du Nord (sous les Jin, 1115-1234), ils empruntèrent aux Khitans deux systèmes d'écriture dérivés des caractères chinois. Le temps passant, ces écritures tombèrent en désuétude et leur dernière inscription date de 1526. En 1599, le souverain mandchou Nurhaci décida d'adapter l'écriture mongole pour transcrire le mandchou (cf. « La conquête de la Chine par les Mandchous », chap. I). Cette écriture avait été empruntée par les Mongols aux Ouïghours. Elle est **verticale** (comme l'était le chinois avant l'époque contemporaine) mais **elle se lit de gauche à droite** – contrairement au chinois, écrit de droite à gauche.

Après l'avènement des Qing en Chine, le chinois sous ses formes parlée et écrite gagne progressivement en influence sur les Mandchous, si bien que dès le milieu du XVIIIe siècle, il devient leur langue dominante. L'empereur Qianlong, qui considère la langue comme l'élément crucial de l'identité mandchoue, publie un certain nombre d'édits visant à promouvoir l'usage de l'idiome de ses ancêtres dans son peuple. Il fait par exemple publier en 1771 une nouvelle édition d'un dictionnaire mandchou-chinois datant de 1708. La même année, il commissionne une équipe d'une centaine de traducteurs afin de réaliser un canon bouddhique en mandchou (les textes originaux étant en sanskrit et en pali). Il s'implique personnellement, n'hésitant pas à pointer les erreurs et à améliorer les traductions. Le projet aboutit dix-neuf ans plus

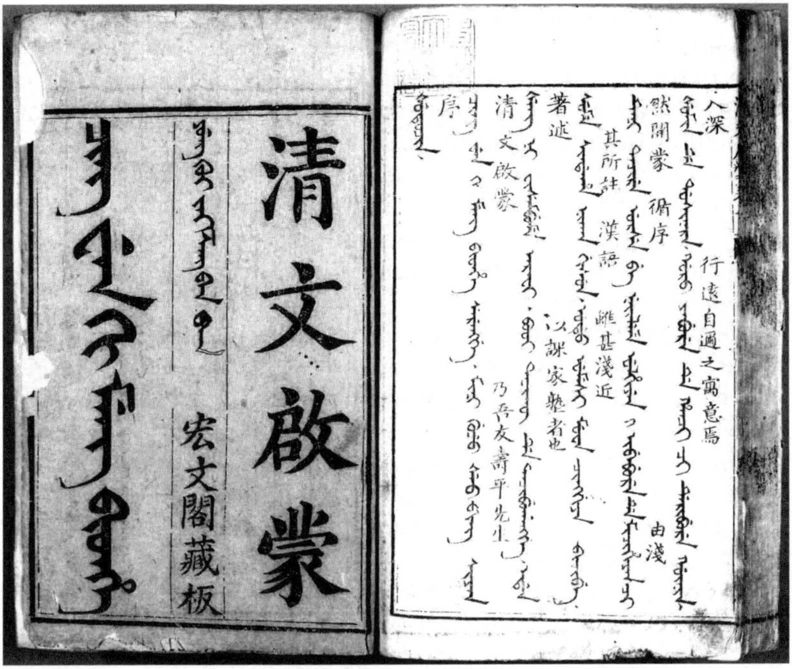

*Page de titre et début de la préface de l'*Introduction à la langue des Qing *(*Qingwen qimeng*, 1730), manuel de mandchou en chinois. Sur la page de gauche, la colonne de gauche est écrite en mandchou, celle de droite en chinois, la colonne centrale est mixte.*

tard avec l'impression de trois exemplaires du canon comprenant 108 volumes chacun.

Malheureusement, rien ne peut empêcher le déclin progressif du mandchou, en particulier après la chute de l'empire des Qing. Il n'y a actuellement quasiment plus de locuteurs de cette langue, qui ne survit qu'au travers d'une langue sœur, le xibo, parlée par une petite communauté au Xinjiang.

LE LIVRE

Au XVIIIe siècle, cela fait quelque mille ans que l'on imprime des livres en Chine, les premières impressions xylographiques étant datées du début du VIIIe siècle. C'est sous les Song que le nombre de livres imprimés augmente considérablement, à la faveur des progrès de l'instruction et de la généralisation du système des examens mandarinaux. Le **second âge d'or de l'imprimerie se situe pendant la seconde moitié des Ming** (vers 1500-1644), où l'on assiste à une intense dynamique éditoriale, notamment sous l'impulsion de libraires-éditeurs privés qui publient toutes sortes d'ouvrages. Ils répondent en partie à la demande d'un public urbain et bourgeois grand consommateur de littérature de fiction (romans, contes, théâtre...). La tendance se poursuit sous les Qing : près de la moitié des 250 000 titres chinois connus depuis les origines ont été publiés entre 1644 et 1911.

La **xylographie** (impression par planches gravées) a toujours été préférée dans la Chine prémoderne à la **typographie** (impression par caractères mobiles), bien que celle-ci soit présente dès le XIe siècle. La raison en est le très grand nombre de caractères à manipuler : l'imprimerie du palais impérial possédait par exemple une fonte comptant 200 000 caractères. Graver une planche de bois par page se révélait finalement plus rapide que de composer un texte caractère par caractère.

La forme matérielle du livre chinois a beaucoup évolué au cours des siècles, passant du rouleau en lattes de bois ou en soie (Antiquité), au rouleau en papier (à partir du IIIe-IVe siècle), puis au **fascicule broché** (à partir des Song) : les feuilles de papier sont imprimées sur une seule face, puis pliées et cousues aux extrémités libres du folio. Les différents fascicules constituant un ouvrage sont ensuite réunis dans un ou plusieurs **casiers** rigides.

Le classement traditionnel dans les bibliothèques répartit les ouvrages selon les **quatre branches** du savoir traditionnel : 1. les **Classiques** confucéens (*jing*) et les ouvrages qui en traitent ; 2. les ouvrages **historiques** (*shi*) ; 3. les ouvrages **philosophiques** (*zi*) ; 4. les **belles-lettres** (*ji*). Ces quatre grandes rubriques sont elles-mêmes subdivisées en de nombreuses catégories et sous-catégories.

Un fascicule

Un ouvrage en plusieurs fascicules avec ses casiers

LA LITTÉRATURE

La poésie

La poésie est considérée dans la tradition chinoise comme l'une des formes littéraires les plus évoluées et les plus prestigieuses. Elle est perçue, plus que tout autre genre, comme le moyen le plus éminent de manifester ses sentiments, ses intentions et ses états d'âme, et cela, depuis la plus haute Antiquité, comme en témoigne une phrase du *Classique des documents* (cf. « Le confucianisme : fondement de l'État et de la société », chap. VI) devenue proverbiale : « La poésie exprime l'aspiration » (*shi yan zhi*). **Dans la Chine prémoderne, la poésie est omniprésente**, aussi bien chez les classes instruites (qui produisent de la poésie) que chez les gens du peuple, ne serait-ce qu'au travers des sentences parallèles (*duilian*) qu'ils affichent de chaque côté des portes au nouvel an (cf. « Les grandes fêtes », chap. V). Tous les gens dotés d'un minimum d'éducation produisent des vers, dans des occasions fort diverses : banquet, rencontre, séparation d'avec un ami, célébration d'un site, d'un monument ou d'un objet, joute poétique...

La période des Qing ne voit pas d'apparition de nouvelle forme poétique, et les pièces composées se réfèrent à des genres anciens, remontant parfois à l'Antiquité. Sont employées sous les Qing trois grandes formes, répondant chacune à des contraintes prosodiques différentes : le **poème à l'ancienne** (*gushi*), le **poème régulier** (*lüshi*) et le **poème à chanter** (*ci*).

Comme son nom l'indique, le **poème à l'ancienne** est un genre antique (les premières pièces remontent aux Han), que l'on oppose au « style récent » (*jintishi*), autre désignation du poème régulier. Les vers comportent le plus souvent cinq ou sept syllabes

L'empereur Kangxi devant des rayonnages de livres

(c'est-à-dire cinq ou sept caractères) et la longueur du poème est libre. Le genre est rimé, mais les rimes peuvent varier au cours du poème.

Le **poème régulier**, né durant le haut Moyen Âge (IIIe-VIe siècle) puis formalisé sous les Tang (618-907), est quant à lui bien différent du précédent, car les contraintes sont plus nombreuses et très strictes. Le poème régulier type est le huitain ; c'est sur cette base que sont énoncées les règles. Toutefois, ce genre peut donner naissance à des quatrains (ce sont des huitains « coupés en deux », comme on le dit en chinois, *jueju*) et à des ballades plus ou moins longues, constituées d'une succession de distiques (*pailü*). Les trois contraintes caractéristiques de la poésie régulière sont la rime, le parallélisme et le contrepoint tonal. Comme le poème à l'ancienne, le poème régulier est constitué de vers de cinq ou sept syllabes, et ce sont les vers pairs qui portent la rime, unique pour un poème. Il est possible (mais non obligatoire) de commencer le poème par un vers portant la rime. Le poème est également marqué par des parallélismes sémantiques et grammaticaux au deuxième et au troisième distique : par exemple, à « lune » répondra « soleil », à « montagne », « rivière », au verbe « voler », « flotter », etc. Les distiques d'un quatrain peuvent être parallèles, mais il n'y a pas d'obligation. Enfin, le poème régulier joue sur l'alternance des tons portés par les mots, qui se répartissent dans deux grandes catégories : le ton plat (*ping*) et les tons fléchis (*ze*).

Le troisième genre poétique le plus pratiqué sous les Qing est le **poème à chanter**, une forme apparue en Chine durant la seconde moitié de la dynastie des Tang. À cette époque, en plus de la musique traditionnelle, sont appréciés des airs d'Asie centrale et des chansons populaires du sud. Mais la structure des poèmes à chanter du passé ne conviennent plus à ces musiques : il faut donc créer de nouveaux modèles prosodiques. Finalement, ce sont les mélodies qui déterminent la longueur des poèmes, celle des vers et les tons de chaque mot.

Il est à noter que les contraintes prosodiques qui régissent la composition des poèmes, en particulier les rimes et le contrepoint tonal, furent établies des siècles avant les Qing, à une époque où le chinois se prononçait différemment. Aussi, écrire un poème au XVIIIe siècle, c'est créer des vers qui peuvent ne plus rimer et opérer un contrepoint tonal qui ne s'entend pas tel qu'il devrait. C'est donc un exercice intellectuel un peu abstrait, souvent compliqué, qui requiert une grande érudition et beaucoup d'entraînement.

Trois poèmes des Qing

Voici un huitain heptasyllabique composé par Yuan Mei, célèbre hédoniste qui domina la scène littéraire durant la seconde moitié du XVIIIe siècle :

東風

東風又送好韶華
柳漸青青草漸芽
照水莫驚雙鬢雪
幾人能看四朝花
光陰一寸皆爲福
樂事三春未有涯
客到只從籬外聽
笑聲多處是吾家

Vent d'est

Le vent d'est apporte de nouveau les splendeurs printanières,
Les saules peu à peu verdissent, les plantes commencent à pousser.
À me regarder dans l'eau, pourquoi être effrayé par la neige sur mes deux tempes ?
Combien de gens ont pu contempler les fleurs de quatre règnes ?
Chaque instant du temps qui passe est instant de grâce,
Aux choses réjouissantes des trois mois de printemps, il n'y a pas de limite.
Les visiteurs qui viennent me voir n'ont qu'à écouter à travers les haies,
Là où retentissent des rires, c'est ma maison.

(trad. Cheng Wing fun et Hervé Collet)

*

Le quatrain pentasyllabique suivant fut composé par l'empereur Kangxi à l'occasion d'une fête des chrysanthèmes (cf. « Les grandes fêtes », chap. V) et calligraphié par le monarque lui-même :

不與繁花競
寒苞晚更香
數莖偏挺秀
嘉爾傲風霜

Vous ne rivalisez pas avec les autres fleurs,
Vos bourgeons d'hiver sont tardifs mais vos senteurs intenses.
Quelques-unes de vos tiges se courbent avec une élégance nonpareille,
Je vous honore vous qui bravez vent et givre.

(trad. de l'auteur)

*

Calligraphie par l'empereur Kangxi de son poème Vous ne rivalisez pas...

Sous les Qing, le poète qui s'est le plus illustré pour ses poèmes à chanter est Nalan Xingde (1655-1685), un prince mandchou au destin tragique, mort à l'âge de trente ans. Voici l'un d'entre eux :

菩薩蠻

朔風吹散三更雪
倩魂猶戀桃花月
夢好莫催醒
由他好處行
無端聽畫角
枕畔紅冰薄
塞馬一聲嘶
殘星拂大旗

Sur l'air « Les Barbares bodhisattvas »

Le vent du Nord disperse la neige de la troisième veille,
Alors que mon âme charmée ne peut se détacher de la lune sur les fleurs de pêcher.
Qu'on ne m'éveille pas ! Je fais un si beau rêve.
Il me conduit en des lieux merveilleux…
Mais voici que, sans crier gare, sonne le clairon peint.
Auprès de mon oreiller, une mince glace rosée…*
Les chevaux des frontières poussent un hennissement ;
Les dernières étoiles frôlent la grande bannière.

(trad. Odile Kaltenmark)

* Ce sont des larmes de sang.

La **production poétique sous les Qing est immense** ; on attribue par exemple 40 000 poèmes à l'empereur Qianlong, qui aurait écrit environ deux poèmes par jour pendant les soixante années de son règne, ce qui est une astreinte tout à fait crédible. Parmi tous les lettrés du XVIIIe siècle, quelques noms sont souvent cités comme les plus éminents de leur époque, par exemple, les « Trois grands de l'ouest du fleuve Bleu » (en raison de leur origine géographique, *jiangyou sandajia*) : Yuan Mei (1716-1797), Zhao Yi (1727-1814) et Jiang Shiquan (1725-1785), dont l'appellation fait pendant aux « Trois grands de l'est du fleuve Bleu » (*jiangzuo sandajia*) du début de la dynastie : Qian Qianyi (1582-1664), Wu Weiye (1609-1671) et Gong Dingzi (1615-1673). Citons également les noms de Yao Nai (1731-1815) et de Huang Jingren (1749-1783).

Si l'on produit beaucoup de poésie sous les Qing, **on s'intéresse aussi vivement à la poésie des époques passées**, et en particulier à celle des **Tang**, âge d'or de la poésie régulière. De nombreux lettrés créent des **anthologies**, la plus célèbre étant les *Trois cents poèmes* *des Tang* (*Tangshi sanbai shou*) que Sun Zhu (1711-1778) établit sur la base de recueils plus anciens comme le *Choix de dix mille quatrains des Tang* (*Tangren wanshou jueju xuan*) de Wang Shizhen (1634-1711) ou l'*Anthologie de poèmes des Tang* (*Tang shi biecai ji*) de Shen Deqian (1673-1769). Ce dernier est aussi connu pour son *Origine de la poésie ancienne* (*Gushi yuan*), un florilège de poèmes antérieurs aux Sui. Le recueil le plus vaste élaboré sous les Qing est celui commandité par l'empereur Kangxi et publié en 1705, la *Poésie complète des Tang* (*Quan Tangshi*). Cet immense ouvrage contient près de 50 000 poèmes des Tang composés par 2 300 poètes.

Hormis la mode des anthologies, **l'époque des Qing est aussi marquée par la publication de nombreux recueils de commentaires et de jugements sur la poésie du passé**, c'est le genre dit « **propos sur la poésie** » (*shihua*).

Les romans et les contes

Les dynasties Ming et Qing sont le bel âge du roman en langue vulgaire (*baihua xiaoshuo* ou *tongsu xiaoshuo*, cf. « La langue et l'écriture chinoises », chap. VII) et du conte. Au XVIIIe siècle, on continue à lire les grands romans des Ming comme les *Trois royaumes* (*Sanguo yanyi*), attribué à Luo Guanzhong (XIVe siècle), *Au bord de l'eau* (*Shuihu zhuan*) de Shi Nai'an (XIVe siècle), la *Pérégrination vers l'Ouest* (*Xiyouji*) de Wu Cheng'en (1504-1582) et, sous le manteau, le très érotique *Fleur en fiole d'or* (*Jinpingmei*), d'un facétieux et mystérieux auteur qui signa son texte sous le nom du « Maître de l'éclat-de-rire de Lanling » (*Lanling xiaoxiao sheng*) (le livre fut même traduit en mandchou). Ces romans sont baptisés par Feng Menglong (1574-1645) les « Quatre livres extraordinaires » (*sida qishu*), un qualificatif encore employé de nos jours. **Ces œuvres illustrent les grands genres maniés par les romanciers Ming et Qing : l'histoire, le roman de cape et d'épée, le roman fantastique ou religieux et l'étude de mœurs.** Au XVIIIe siècle se détachent nettement de la production courante deux œuvres éminentes : *Le Rêve dans le pavillon rouge* (*Hongloumeng*, cf. l'encadré) et les *Chroniques indiscrètes des mandarins* (*Rulin waishi*) de Wu Jingzi (1701-1754), un roman satirique constitué d'une suite d'histoires mettant en scène des fonctionnaires dans leur milieu.

Autre genre apprécié, le conte fantastique, représenté entre autres par les *Chroniques de l'étrange* (*Liaozhai zhiyi*) de Pu Songling. On y lit de nombreuses histoires d'amour entre de jeunes lettrés et de belles femmes surnaturelles (revenantes, femmes-renardes...). L'une de ces histoires a fourni au XXe siècle la matière des trois films de Hong Kong *Histoire de fantômes chinois*. Citons également *Ce dont le maître ne parlait pas* (*Zi bu yu*) de Yuan Mei, un recueil dont le titre est un clin d'œil à une sentence des *Entretiens* de Confucius (VII.21), selon laquelle « le maître ne parlait pas des prodiges, de la force brute, du désordre politique et des esprits ». Ces contes sont précisément des histoires de prodiges, de force brute, de désordre politique et d'esprits !

Le Rêve dans le pavillon rouge

Roman fleuve, roman monde, *Le Rêve dans le pavillon rouge* est sans conteste le plus grand chef-d'œuvre littéraire des Qing ; la place qu'il occupe encore aujourd'hui dans le panthéon des lettres en Chine est semblable à celle de la *Comédie humaine* ou de la *Recherche du temps perdu* dans notre pays.

Son auteur, Cao Xueqin (1715 ?-1763), est issu d'une grande famille chinoise qui eut, du moins jusqu'à sa chute, la faveur du pouvoir mandchou : son arrière-grand-père reçut la charge héréditaire d'Intendant des soieries impériales à Nankin, et son grand-père, le grand lettré Cao Yin (1659-1712), fut le compagnon d'études du futur empereur Kangxi. L'empereur lui confia même la publication de la *Poésie complète des Tang* (*Quan Tangshi*). La famille Cao hébergea par ailleurs le souverain lors de quatre de ses voyages dans le sud (cf. « Le règne de Kangxi (1662-1722) : la conciliation », chap. I). Mais en 1727, lorsque Yongzheng monta sur le trône, les Cao tombèrent dans une disgrâce dévastatrice : accusé de ne pas avoir équilibré ses comptes, le père de Cao Xueqin, Cao Fu (1706-1774), fut démis de ses fonctions et ses biens furent confisqués. La ruine des Cao fut terrible et soudaine. Cao Xueqin passa ainsi sa petite enfance dans le luxe d'une famille opulente, mais la termina dans la pauvreté et la maladie.

Il travailla une dizaine d'années à son roman, intitulé dans un premier temps *Les Mémoires d'un rocher* (*Shitou ji*), mais la mort l'emporta alors qu'il n'en avait écrit que les quatre-vingts premiers chapitres. L'ouvrage circula pendant environ quarante ans sous forme manuscrite avant d'être imprimé pour la première fois en 1791 par deux éditeurs (au sens anglais du terme), Cheng Weiyuan († 1818) et Gao E (1763-1815), augmenté de quarante chapitres que l'on attribue généralement au second.

Le roman décrit avec un luxe de détails concrets et de fines analyses psychologiques la vie fastueuse d'une famille de l'aristocratie, les Jia, de son apogée à son déclin. Fresque immense aux entrelacs narratifs fort nombreux (on compte quelque cinq cents personnages nettement individualisés), le roman est axé sur le personnage de Jia Baoyu, jeune garçon fantasque et attachant, autour duquel gravite une nuée de jeunes filles, de servantes et de soubrettes, dont sa cousine la mélancolique et phtisique Lin Daiyu, avec qui il entretient une relation d'amitié amoureuse au destin tragique.

Véritable compendium de la culture chinoise du XVIIIe siècle, *Le Rêve dans le pavillon rouge* a suscité et suscite encore un engouement nonpareil en Chine – une très belle adaptation en cinquante épisodes a d'ailleurs été diffusée en 2010 à la télévision chinoise. On a même formé un terme en chinois pour en désigner l'étude : la « rougeologie » (*hongxue*).

Les deux héros du Rêve dans le pavillon rouge *:*
le jeune garçon Jia Baoyu et la mélancolique Lin Daiyu

Les « Notes au fil du pinceau »

Les « Notes au fil du pinceau » (*biji*) sont des recueils de petits textes de nature extrêmement variée et souvent sans véritable classement : il peut s'agir par exemple de notes de lecture, de considérations savantes, de réflexions philosophiques, de courts récits de fiction, d'anecdotes historiques, de souvenirs... Le genre prend son essor sous les Tang et les Song et culmine par le nombre d'ouvrages sous les Ming et les Qing. L'un des premiers chefs-d'œuvre du genre sous cette dernière dynastie est le recueil intitulé *Notes sur le savoir acquis jour après jour* (*Rizhilu*) de Gu Yanwu (1613-1682) qui contient environ mille entrées dans les domaines de la philosophie, du gouvernement, du système des examens mandarinaux, des coutumes populaires, de l'astronomie et de la géographie. L'auteur aurait rassemblé dans ce livre trente ans de notes d'études et de voyages.

Trois grands philologues-historiens ont aussi livré à la postérité des titres particulièrement fameux, à mi-chemin entre les notes au fil du pinceau et le livre d'histoire ; il s'agit de trois recueils de notes historiques et philologiques sur les histoires officielles compilées avant les Qing : les *Notes sur les vingt-deux histoires* (*Nian'er shi zhaji*) de Zhao Yi (1727-1814), l'*Étude critique des dix-sept histoires* (*Shiqi shi shangque*) de Wang Mingsheng (1722-1797) et l'*Examen des différences des vingt-deux histoires* (*Nian'er shi kaoyi*) de Qian Daxin (1728-1804). L'esprit méthodique et critique de ces trois auteurs n'est pas sans rappeler celui des grands historiens occidentaux du siècle suivant.

Dans le domaine littéraire, l'un des recueils les plus connus est celui de Ji Yun (1724-1805), les *Notes de la chaumière des observations subtiles* (*Yuewei caotang biji*), un ensemble d'environ mille deux cents notes d'érudition, de faits divers, de mirabilia ou de récits commentés. Un tiers des anecdotes sont des événements vécus par l'auteur.

Deux récits
des *Notes de la chaumière des observations subtiles* de Ji Yun

Quand le grand préfet de Jingzhou, Ge Tongyuan, était en fonction à Suping, un de ses subordonnés, réveillé en pleine nuit, vit au clair de lune une jeune fille assise près de la table basse. Effaré, il voulut appeler son domestique, mais elle l'en empêcha d'un geste en disant :
– J'habite ici depuis bien longtemps, mais vous ne m'aviez jamais vue. Aujourd'hui, où par hasard nous n'avons pu nous éviter, pourquoi vous alarmer si vivement ?
Mais le scribe appela encore plus fort, et elle railla :
– Si je voulais réellement vous nuire, croyez-vous donc qu'un domestique pourrait vous sauver ?
Alors elle remit de l'ordre dans sa tenue et se leva : un léger courant d'air sembla secouer le papier de la fenêtre, à travers laquelle elle passa et disparut.

(Ji Yun, *Passe-temps d'un été à Luanyang*, traduit par Jacques Dars, p. 178)

*

Ge Xianzhou, ministre du Sanctuaire Taipu, m'a raconté qu'en l'an 13 de l'ère Qianlong (1748), sur un pont hors la porte ouest de Hejian, un homme mourut foudroyé ; mais il resta agenouillé bien droit, sans tomber à la renverse, tenant toujours à la main un sac de papier auquel le coup de foudre ne mit pas le feu. À l'examen, ce sac se révéla être plein d'arsenic, et personne n'y comprenait rien, quand survint son épouse, qu'on avait avertie et qui, l'œil sec à la vue du corps, lança :
– Je savais que tu finirais mal, dommage que ce ne soit pas arrivé plus tôt ! Il insultait outrageusement sa vieille mère, et hier, pris de mauvais dessein, il avait décidé d'aller acheter de l'arsenic pour l'empoisonner. J'ai eu beau l'exhorter toute la nuit en pleurant, il n'a rien voulu savoir.

(*Idem*, p. 298.)

LA PHILOLOGIE ET L'HISTOIRE

Les intérêts philosophiques des lettrés des Qing sont dans le prolongement direct de leurs prédécesseurs de la fin des Ming. Ceux-ci réagissent, par un retour au concret, aux élucubrations métaphysiques qui ont marqué les Song et le début des Ming. La conquête mandchoue ne fait que fortifier et stimuler cette tendance ; certains attribuent en effet le déclin des Ming au fait que son intelligentsia s'est détournée du réel et complue dans la spéculation. Le mot d'ordre des lettrés est dès lors de « chercher l'utilité pratique dans l'organisation du monde actuel » (*jingshi zhiyong*), ce qui suscite un **intense développement de sciences comme la philologie, la phonologie, les mathématiques, l'histoire, l'archéologie ou l'épigraphie**.

Une génération de lettrés, les Gu Yanwu (1613-1682), Huang Zongxi (1610-1695) ou Wang Fuzhi (1619-1692), s'illustre pendant la période de transition Ming-Qing par son non-conformisme et sa curiosité intellectuelle sans précédent, dont hériteront les grands intellectuels du siècle suivant (Zhao Yi, Qian Daxin, Dai Zhen ou encore Wang Mingsheng). L'esprit critique domine et les penseurs n'hésitent plus à mettre en doute des connaissances autrefois érigées en dogmes.

Le XVIIIe siècle est ainsi traversé par un courant intellectuel appelé la « vérification et la recherche des preuves » (*kaozheng xue*), surtout dans le domaine textuel. Nombreux sont les lettrés à se consacrer à l'étude des œuvres anciennes (classiques confucéens, ouvrages historiques, maîtres à penser de l'Antiquité) en tentant d'en comprendre le sens originel, dégagé des strates interprétatives accumulées au fil des siècles, ou d'en éliminer les passages douteux, tel le *Commentaire critique du sens des termes dans le Mencius* (*Mengzi ziyi shuzheng*) de Dai Zhen (1724-1777) ou l'*Analyse du Classique des documents en écriture ancienne* (*Guwen Shangshu kao*) de Hui Dong (1697-1758). On ne compte plus le nombre d'éditions critiques de textes anciens publiées sous les Qing.

Au XVIIIe siècle, **le genre historique/géographique est représenté par les monographies locales** (*difang zhi*), des ouvrages spécialisés sur une province, une région, une préfecture ou un lieu particulier. En général, de telles monographies sont compilées par les membres de l'élite intellectuelle locale et publiées sous le patronage des fonctionnaires alors en poste. C'est ainsi que Zhang Xuecheng (1738-1801), surtout connu pour des essais sur l'historiographie, dirige la conception ou participe à l'élaboration de plusieurs monographies locales (entre autres, sur la province du Hubei) selon les lieux où il s'installe ; n'ayant en effet aucun poste officiel, il doit toute sa vie se mettre sous la protection de divers fonctionnaires mécènes qui l'emploient dans ce genre historique où il excelle. Ce genre est aujourd'hui considéré par nombre d'historiens et d'ethnologues comme une source privilégiée sur cette époque et celle qui suit.

L'esprit de la philologie Qing

Extrait du *Commentaire critique du Classique des documents en écriture ancienne* (*Shangshu guwen shuzheng*) de Yan Ruoqu (1636-1704) :

Si quelqu'un me demande : « Dans votre étude sur le *Classique des documents*, vous ne vous fiez qu'aux sources Han en mettant en doute celles des Jin et des Tang : passe encore. Mais comment pouvez-vous ne vous fier qu'aux histoires et aux commentaires en mettant en doute les Classiques ? »
Je répondrais : « Quels Classiques ? Quelles histoires ? Quels commentaires ? Seule compte leur authenticité. Si les Classiques sont authentiques et faux les histoires et commentaires, il sera bien permis de prendre les Classiques pour rectifier les histoires et les commentaires. Alors pourquoi, à supposer que les histoires et commentaires soient authentiques et faux les Classiques, ne serait-il pas permis de prendre les histoires et commentaires pour rectifier les Classiques ? »

(cité dans Anne Cheng,
Histoire de la pensée chinoise, p. 561-562)

LES GRANDS TRAVAUX ACADÉMIQUES OFFICIELS

La première pierre de la série de travaux académiques commandités et encadrés par le pouvoir impérial des Qing est l'ordre donné dès 1645 par l'empereur Shunzhi à un comité éditorial de composer une **histoire officielle des Ming**, la dynastie que les Mandchous viennent à peine de mettre à bas. Le pouvoir Qing se place par là dans une continuité culturelle tout à fait chinoise, car il est habituel pour un régime nouvellement installé de faire rédiger par des lettrés l'histoire de la dynastie précédente, afin de montrer qu'une nouvelle ère est venue et que la dynastie déchue appartient bel et bien au passé et donc à l'Histoire. La compilation de cette histoire des Ming est retardée par les crises rencontrées par les Qing au début de leur installation, et l'ordre est réitéré par Kangxi en 1678. Des équipes se succèdent pendant environ cinquante ans et l'œuvre définitive est achevée et imprimée en 1739. Cette *Histoire des Ming* (*Mingshi*) est une œuvre très imposante par sa taille (elle contient 336 chapitres), même si elle n'atteint pas la longueur de l'*Histoire des Song* (*Songshi*, 496 chapitres, publiée en 1343, sous les Yuan), ni celle de l'*Ébauche de l'histoire des Qing* (*Qingshi gao*, 536 chapitres, publiée en 1929).

Deux dictionnaires officiels voient le jour au XVIIIe siècle, et sont autant d'œuvres encore considérées comme des références de nos jours : le *Dictionnaire de caractères Kangxi* (*Kangxi zidian*) et le *Palais des rimes du cabinet impérial* (*Peiwen yunfu*). Le premier fut commandité par l'empereur Kangxi en 1710 et achevé en 1716 par un petit groupe d'une vingtaine de lettrés. L'objectif de l'ouvrage est de recenser tous les caractères chinois ayant été utilisés, des origines jusqu'à la date de compilation, y compris les archaïsmes, les hapax et les variantes graphiques non significatives, lesquelles représentent 40 % des caractères mentionnés. L'ouvrage recense ainsi 47 035 caractères classés selon le principe des 214 clés inventé sous les Ming par Mei Yingzuo (*fl.* 1615) et il constitue le premier dictionnaire de cette ampleur en Chine. Le *Palais des rimes du cabinet impérial* est quant à lui un dictionnaire de composés (c'est-à-dire de groupes de deux ou trois caractères) classés par rimes, c'est-à-dire en fonction du dernier caractère du groupe. Il contient plus de 500 000 composés, et est à ce jour le plus important dictionnaire de ce genre par le nombre d'entrées.

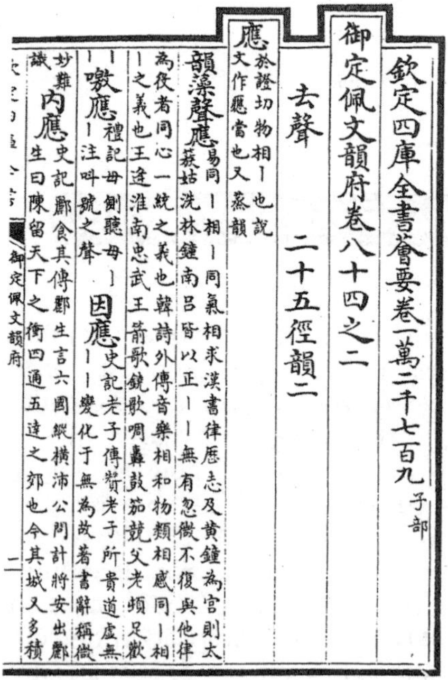
欽定四庫全書薈要卷一萬二千七百九 子部
御定佩文韻府卷八十四之二
去聲 二十五徑韻二
應 於證切物相丨也說文作應當也又蒸韻
韻藻 聲應 易同丨相丨同氣相求漢書律歷志及黃鐘為宮則太蔟姑洗林鐘南呂皆以正丨丨無有忽微不復與他律為役者同心一統之義也韓詩外傳音樂相和物類相感同丨相丨之義也王逵淮南忠武王箭歌鐃歌啁轟鼓笳競父老頻足歎
丨丨 嗷應 禮記毋側聽毋丨注叫號之聲 丨 因應 丨丨史記老子傳贊老子所貴道虛無變化于無為故著書辭稱微妙難識
內應 史記酈食其傳酈生言六國縱橫沛公問計將安出酈生曰陳留天下之衝四通五達之郊也今其城又多積
御定佩文韻府

Une page du Palais des rimes du cabinet impérial

Les souverains Qing se sont également rendus célèbres par leur patronage d'un certain nombre de collections d'ouvrages et d'encyclopédies. Cette seconde catégorie est représentée par la vaste ***Collection de livres et d'illustrations du passé et du présent*** (*Gujin tushu jicheng*), qui, malgré son titre, est une encyclopédie thématique. Elle s'étend sur 5 000 fascicules, contient 10 000 chapitres et s'organise autour de six grandes rubriques subdivisées en 32 catégories et 6 109 sous-catégories. L'initiative est lancée par Kangxi et l'ouvrage, dans la forme que nous lui connaissons (il y eut des étapes intermédiaires), n'est terminé que sous le règne de Yongzheng. Il est imprimé en 1728 et demeure la plus vaste encyclopédie qui ait été produite en Chine.

Qianlong ambitionne quant à lui de réunir en une seule série l'ensemble des ouvrages importants de la culture chinoise passée et présente. Il confie l'organisation de ce qui va devenir la ***Collection complète en quatre magasins*** (*Siku quanshu*) au **grand lettré Ji Yun qui coordonne pendant dix ans (1772-1782) une équipe de trois cents personnes.** Des milliers d'ouvrages sont recherchés partout dans l'empire, aussi bien dans les bibliothèques publiques que dans les fonds privés ; l'empereur profite de cette dynamique pour mener une grande inquisition littéraire (voir plus bas). C'est en tout près de 11 000 titres qui sont rassemblés. Une fois les textes réunis, les compilateurs font le tri entre les ouvrages dignes d'être conservés dans la collection (près de 3 700), ceux qui se révèlent moins intéressants, et ceux à mettre à l'index ou méritant d'être détruits. Quinze mille copistes sont alors employés à reproduire à la main les ouvrages de la collection en sept exemplaires (plus un exemplaire modèle), la reproduction mécanique de l'ensemble étant rendue impossible par la quantité de matériaux à copier. Sur les huit ensembles, trois ont survécu jusqu'à nos jours, les autres ayant été détruits lors de différents conflits au XIXe siècle. **Plusieurs sous-produits de la collection voient également le jour** :

– un catalogue avec notices sur les ouvrages et les auteurs retenus dans la collection : le *Catalogue abrégé de la Collection complète en quatre magasins* (*Siku quanshu jianming mulu*).

– une version abrégée de la collection, comportant les titres les plus importants : *L'Essentiel de la Collection complète en quatre magasins* (*Siku quanshu huiyao*).

– une mini-collection imprimée sur caractères mobiles, comportant les textes considérés comme rares et exceptionnels : *Collection imprimée de la Salle de la gloire militaire* (*Wuyingdian juzhen ban congshu*). La salle en question abritait l'imprimerie impériale.

– et enfin, un catalogue des titres rassemblés pour la compilation de la collection : le *Catalogue général avec notices de la Collection complète en quatre magasins* (*Siku quanshu zongmu tiyao*), qui est encore une référence de nos jours.

Les « quatre magasins » auxquels font référence la collection et les ouvrages qu'elle a suscités renvoient au classement bibliographique traditionnel (cf. « Le livre », chap. VII).

Nombre d'ouvrages dans les collections en quatre magasins

Genres	Collection complète	L'Essentiel de la Collection	Collection imprimée	Catalogue général
Classiques	805	173	31	1 335
Histoire	335	70	27	1 564
Philosophie	890	81	33	2 012
Belles lettres	1 229	139	43	2 177
Total des titres	3 259	463	134	7 088

(d'après K. Guy, *The Emperor's Four Treasuries*, p. 110)

L'INQUISITION LITTÉRAIRE

Dès leur arrivée au pouvoir, les Mandchous ont fait leur possible pour mettre en place des dispositifs politiques et militaires afin de s'assurer du contrôle de la Chine et des Chinois (cf. « L'histoire », chap. I). Dans le domaine intellectuel, s'ils ont cherché à obtenir le soutien des lettrés en leur accordant la même importance et la même place qu'ils avaient sous les Ming (rétablissement des examens mandarinaux en 1656, grands travaux académiques…), **ils ont dans le même temps exercé un contrôle sur les esprits et surtout sur**

les écrits, afin d'éviter leur renversement par des loyalistes Ming, et plus généralement, pour annihiler toute velléité de délégitimation de leur dynastie. Cette inquisition littéraire commence tôt, dès le début de leur règne, et gagne graduellement en importance jusqu'à son point culminant à la fin du règne de Qianlong.

Sous l'empereur Shunzhi, un groupe de lettrés du Zhejiang compile de manière privée une histoire des Ming qui contient des éléments hostiles aux Mandchous. Les coupables sont arrêtés et l'affaire se conclut sous le règne de Kangxi en 1663 : les responsables sont condamnés à mort, et c'est au total environ soixante-dix lettrés qui sont exécutés. Le règne de ce monarque se poursuit sans affaire vraiment importante jusqu'à celle, célèbre, de **Dai Mingshi** (1653-1713). Ce grand lettré est exécuté parce qu'il a exprimé, dans un recueil devenu célèbre, le *Recueil de la montagne du Sud* (*Nanshan ji*), sa nostalgie des Ming et surtout parce qu'il a utilisé les noms d'ère des Ming du Sud (cf. « La conquête de la Chine par les Mandchous », chap. I), délégitimant ainsi les Qing. Le règne de Yongzheng est quant à lui marqué par l'affaire de Zeng Jing (1679-1736). Cet homme, petit lettré professeur d'école, tente d'organiser une rébellion contre les Qing, proclamant que Yongzheng est illégitime et qu'il a gagné le trône en assassinant son père. Il s'inspire des idées antimandchoues du confucianiste Lü Liulang (1629-1683) et de rumeurs qu'il aurait entendues. Zeng Jing est arrêté alors qu'il essaye de rallier des fonctionnaires et des militaires à sa cause. Il n'est pas exécuté immédiatement ; dans un premier temps, en 1733, la dépouille de Lü Liulang est exhumée et dispersée et ses disciples sont punis. Yongzheng publie durant la même période un texte pour justifier son avènement. Zeng Jing n'est mis à mort qu'après l'intronisation de Qianlong, qui le condamne au supplice des cent couteaux et fait détruire tous les exemplaires du texte publié par son père, au motif que les affaires de la Maison impériale ne doivent pas être l'objet d'autant de publicité.

L'**inquisition littéraire culmine sous le règne de ce monarque, dans les années 1774-1789**, à l'occasion de la recherche des ouvrages pour la *Collection complète en quatre magasins*. **Cette chasse aux textes tendancieux aboutit en fin de compte à la destruction de 2 300 livres et à la mise à l'index de 10 000 autres.** Les auteurs des textes incriminés et leurs proches subissent les peines les plus graves : exécution, exil, travaux forcés, confiscation de biens… Les simples détenteurs de livres interdits sont également passibles de poursuites. Pendant presque vingt ans, l'empereur Qianlong fait rechercher dans tout l'empire les livres qu'il juge condamnables parce qu'ils sont irrespectueux envers les Qing, par exemple lorsqu'ils présentent des caractères tabous (proches par leur forme ou leur prononciation des noms d'ancêtres impériaux), ou encore lorsqu'ils dénigrent les populations non chinoises du passé. Les lettrés chinois font face comme ils le peuvent à cette pression en évitant soigneusement les thèmes ou les partis pris susceptibles de provoquer la colère des autorités mandchoues, ou en s'exprimant à mots couverts.

Lettres, récits et descriptions de la Chine par les Européens

Du XVIIe au XIXe siècle, en plus des travaux de traductions (voir l'encadré « Les traductions des classiques confucéens par les missionnaires », chap. VI), de nombreux missionnaires jésuites livrèrent leur vision et leur expérience de la Chine à leurs compatriotes occidentaux. Ces récits et ces lettres servirent par la suite de fondement à des ouvrages encyclopédiques plus vastes, les premiers travaux proprement sinologiques en Occident. Voici les principaux d'entre eux :

– Louis Lecomte (1655-1728), un mathématicien, fit partie de la première mission française envoyée en Chine. À son retour, il rédigea les *Nouveaux mémoires sur l'état présent de la Chine*, qui parurent à Paris en 1696.

– Les *Lettres de quelques missionnaires de la Compagnie de Jésus écrites de la Chine et des Indes orientales*, qui seront appelées plus tard, du fait de leur succès, les *Lettres édifiantes et curieuses*, sont un recueil de trente-quatre volumes parus entre 1702 et 1776. Ces textes, parfois très longs, sont des sortes de rapports que les missionnaires envoyèrent à divers interlocuteurs pour les informer à la fois sur les pays et sur leur activité missionnaire. On y trouve, entre autres, des lettres de Joseph-Marie Amiot (1718-1793), de Jean-Denis Attiret (1702-1768), de Michel Benoist (1715-1774), de Joseph de Mailla (1669-1748) ou encore de Joseph Prémare (1666-1736).

– La *Description géographique, historique, chronologique, politique et physique de la Chine et de la Tartarie chinoise* (publiée à Paris en 1735) est l'œuvre de Jean-Baptiste Du Halde (1674-1743). L'auteur ne connaissait pas le chinois et n'était jamais allé en Chine. Pour composer son ouvrage, il puisa parmi les écrits d'une trentaine de missionnaires qui se trouvaient sur place. La *Description* est ainsi une sorte de mosaïque d'écrits divers (lettres, traductions du chinois, mémoires...), et l'ouvrage sur la Chine qui eut le plus d'influence en Europe au XVIIIe siècle. Il est resté, jusqu'au milieu du siècle suivant, la principale source d'informations sur ce pays. La *Description* fut rédigée non seulement pour informer sur la Chine, mais aussi pour prouver le bien-fondé des positions des jésuites dans la querelle des rites (voir l'encadré « La querelle des rites chinois », chap. VI).

– La *Description générale de la Chine, ou Tableau de l'état actuel de cet empire* fut publiée par Jean-Baptiste Grosier (1743-1823) à Paris en 1785 et composée à partir de récits de missionnaires ; Grosier, comme Du Halde, ne s'était en effet jamais rendu en Chine.

VIII

LES ARTS

Ce que nous appelons « art » ne se rapporte pas tout à fait à la catégorie correspondante en Chine. **Les deux arts au sens chinois du terme sont** en effet **la peinture et la calligraphie**, les autres domaines (sculpture, architecture, entre autres) étant considérés soit comme de l'artisanat soit comme relevant de la sphère religieuse ou funéraire. Le XVIIIe siècle est une période prospère sur le plan de la production artistique, tant au niveau quantitatif que qualitatif. Soutenus par le pouvoir mandchou, en particulier l'empereur Qianlong, **les arts et l'artisanat atteignent des sommets de raffinement**. Faisant fond sur les traditions qu'ils héritent des Ming, les artistes et artisans des Qing combinent harmonieusement ce legs du passé à l'apport des nouveaux conquérants, notamment dans les textiles (cf. « Les costumes et les parures », chap. X). Si tous les domaines artistiques sont marqués par un intense dynamisme, c'est dans la porcelaine et le mobilier que les artistes Qing s'illustrent le plus.

LA PEINTURE ET LA CALLIGRAPHIE

Peinture et calligraphie sont en Chine les deux arts majeurs ; et parce qu'ils procèdent d'un même geste technique (utilisation du même instrument ; ce sont les arts du pinceau), ils sont extrêmement proches. **Plus que le talent de bien écrire, la calligraphie chinoise est un art à part entière : l'artiste cherche moins à écrire joliment qu'à exprimer des sentiments par des effets visuels.** Elle est par ailleurs marquée par une grande spontanéité dans le geste, à l'inverse, par exemple, des compositions en calligraphie arabe, travail d'orfèvre qui connaît plusieurs étapes et plusieurs couches.

Les peintures comme les calligraphies se présentent le plus souvent sous la forme de **rouleaux** (verticaux et horizontaux) et, dans une moindre mesure, d'**albums**. Le support est fait de papier ou, dans le cas d'œuvres particulièrement précieuses comme les peintures de cour, de soie ; les lés mesurent autour d'un mètre de long, mais peuvent atteindre le double, voire cinq ou dix mètres de long, en particulier lorsque des inscriptions sont ajoutées par des connaisseurs.

Dans le cas de la peinture, les dessins préparatoires, qui servent à esquisser la structure générale, sont d'abord tracés à l'encre claire ; puis sont appliquées différentes couches de lavis de couleur (quoiqu'une grande partie des peintures soit monochrome), réalisées avec des pigments tels que le blanc de plomb et de coquillage, le rouge de cinabre, le vert de malachite, le bleu d'azurite, l'indigo (provenant de Canton) ou encore le jaune gomme-gutte. Une fois la peinture réalisée, le support pictural est doublé d'une feuille de papier puis monté en rouleau. Celui-ci peut être soit suspendu soit conservé enroulé, parfois dans un coffret. Les œuvres de collection les plus précieuses ne sont alors déroulées que pour le temps d'une contemplation, dans le cadre d'un studio ou dans un jardin, entre connaisseurs et amateurs éclairés. Les rouleaux de moindre qualité (les peintures de décoration, par exemple) peuvent également être conservés dans des coffrets et suspendus selon les saisons, les fêtes ou les événements de la maisonnée.

L'autre type de présentation matérielle des peintures est l'album, dont les feuilles sont pliées en accordéon. C'est un support pratique qui rend plus aisée la consultation que les rouleaux. On peut de plus facilement mêler peinture et calligraphie d'une page à l'autre.

Il existe aussi le format en éventail, de forme circulaire jusque sous les Song, puis pliant ; il se prête lui aussi aisément à l'association de peinture sur une face et de calligraphie sur l'autre.

Dans le cas de la peinture lettrée, le paysage constitue le thème favori et il est ainsi le plus répandu. Viennent ensuite des sujets plus intimistes comme le bambou, le prunier, le pin, souvent associés à des roches aux formes nouées.

Les autres **grands sujets de prédilection** en peinture, notamment dans la peinture académique de cour, sont les suivants :

– le portrait ;

– les sujets animaliers (Castiglione a, par exemple, peint pour Qianlong des chevaux et des chiens, animaux que l'empereur affectionnait) ;

– les fleurs et les oiseaux ;

– la peinture narrative, sous forme de rouleaux horizontaux que l'on déroule en suivant les scènes représentées.

La peinture se répartit sous les Qing en trois grandes catégories : les œuvres inscrites dans le **mouvement esthétique des siècles passés**, celles d'artistes suivant une voie plus **personnelle** (et même **excentrique** : ils se réfèrent aussi aux Anciens mais développent une voie originale, qui transcende la simple relecture du passé) et la **peinture officielle de cour**.

Le premier courant promeut l'étude et l'imitation des maîtres anciens, et se place dans le sillage du grand peintre et théoricien Ming, chantre de l'orthodoxie, Dong Qichang (1555-1636). Ce courant est représenté, entre autres, par un groupe désigné par l'appellation des « Quatre Wang » : Wang Shimin (1592-1680), Wang Jian (1598-1677), Wang Yuanqi (1642-1715) et Wang Hui (1632-1717).

Les **peintres « excentriques »** les plus illustres sont Shitao (1641-env. 1720), « vague de pierre » (son vrai nom étant Zhu Ruoji) et Zhu Da (1625-1705), aussi connu sous son nom de moine Bada shanren, « l'homme de la montagne aux huit perfections ». Le premier, descendant de la famille impériale des Ming, est moine. Particulièrement éclectique, son œuvre est marquée par des relectures de peintures des Anciens ; sa célébrité provient aussi de son ouvrage *Les Propos sur la peinture du moine Citrouille-amère* (*Kugua heshang hua yulu*), une réflexion philosophique sur l'acte de peindre, structurée autour du concept original de l'« Unique trait de pinceau » (*yi hua*). Il est le modèle des peintres audacieux du XVIIIe siècle, que la tradition a désignés par l'expression « Huit excentriques de Yangzhou » (*Yangzhou ba guai*) : Jin Nong (1687-1764), Zheng Xie (1693-1765), aussi connu sous le nom de Zheng Banqiao, Huang Shen (1687-1768), Li Shan (1686 ?-1756), Li Fangying (1696-1755), Wang Shishen (1686-1759), Luo Ping (1733-1799), Gao Xiang (1688-1753). Citons aussi, parmi les peintres excentriques, Gao Qipei (1660-1734), qui va jusqu'à délaisser le pinceau pour peindre avec ses doigts.

Au début des Qing est écrit par plusieurs auteurs sous la direction de Shen Xinyou un célèbre manuel de peinture consacré aux différents aspects théoriques et techniques du travail pictural : le *Précis de peinture du Jardin du grain de moutarde* (*Jiezi yuan huazhuan*), du nom d'un jardin de Lanxi, ville du Zhejiang où réside Shen Xinyou. Publié pour la première fois en 1679, cet ouvrage sera par la suite constamment complété et réédité.

Modèles de personnages et de paysages
du Précis de peinture du Jardin du grain de moutarde

Dès le règne de Kangxi existe dans la capitale, au sein d'un organe officiel, le Bureau des travaux du palais (*zaobanchu*), un atelier où sont affectés des peintres de la cour. En 1736, Qianlong réforme ce bureau, recrute de nouveaux peintres et exerce un contrôle accru sur leur production. **C'est une véritable académie de peinture qui se met alors en place**, avec une hiérarchie des peintres, un système de cooptation et un enseignement de maître à disciple. **Cette académie, qui produit les œuvres selon les commandes impériales, abrite non seulement des artistes chinois** – peu de Mandchous sont présents – **mais aussi des peintres venus d'Occident**, parmi lesquels le français Jean-Denis Attiret, le Tchèque Ignaz Sichelbart (1708-1780) et le célèbre peintre italien Giuseppe Castiglione, qui vit plus de cinquante ans à la cour de Pékin (cf. « Missionnaires jésuites et relations avec l'Occident », chap. I).

Les artistes de l'académie ont le rang de serviteurs de l'empereur et doivent respecter en tout point ses souhaits. Qianlong est particulièrement sûr de lui dans ses commandes et sait exactement ce qu'il veut. Dans une lettre de 1743, Attiret écrit à ce propos : « Nous faisons d'abord les dessins, il les voit, les fait changer, reformer comme bon lui semble. Que la correction soit bien ou mal, il faut passer par là sans oser rien dire. Ici, l'Empereur sait tout, ou du moins la flatterie le lui dit fort haut, et peut-être le croit-il : toujours agit-il comme s'il en était persuadé. » (Cité dans Michèle Pirazzoli-T'Serstevens, *Giuseppe Castiglione*, p. 82-83.)

Giuseppe Castiglione,
Paons, *détail.*
Le colophon,
de l'empereur Qianlong,
est daté de 1758

Yuan Mei refuse un portrait

Le peintre Luo Ping (1733-1799) fait parvenir à son ami Yuan Mei un portrait. Celui-ci le refuse, et s'explique dans une note humoristique :

« Luo Ping a peint un portrait de moi, du moins c'est ce qu'il dit, mais ma famille nie que c'est le cas, ces deux points de vue me semblent bien irréconciliables. Si je garde ce portrait dans ma maison, quelqu'un inévitablement le prendra pour un croquis du vieil homme qui aide à cuire le riz dans la cuisine, ou pour le colporteur qui passe à ma porte en vendant des boissons. On le déchirera et on le brûlera. Luo Ping, de son côté, affirme que ce portrait me ressemble. Si je le laisse chez lui, ce portrait attirera sûrement l'admiration de mes amis, dont les yeux ne pourront se détacher de la peinture. Elle sera honorée et gardée telle un trésor avec ses peintures de Fantômes et ses portraits de Jin Nong. C'est pourquoi, puisque le portrait est fait, je ne vais pas tenter de le garder mais je le renvoie à Luo Ping pour qu'il le garde pour moi, et pour que tous ceux qui me connaissent et qui connaissent Luo Ping puissent bien le regarder. »
« Écrit par jeu le 23e jour du 10e mois de l'an 45 de l'ère Qianlong (1781) »

(cité dans Anne Kerlan-Stephens, *Poèmes sans paroles*, p. 127)

L'ARCHITECTURE

L'architecture chinoise a pour caractéristique de se fonder, notamment pour le choix des sites, l'orientation des bâtiments ou le percement des ouvertures, sur des principes géomantiques appelés en chinois *fengshui*, littéralement « vent et eau ». Ce terme désigne l'art de déterminer les flux d'énergie et de savoir bâtir des édifices en les y insérant de manière propice sans les perturber. Les géomanciens, encore de nos jours, se servent d'une boussole spéciale où sont notées diverses informations les aidant à déterminer les flux et les directions fastes.

Ce qui attire l'œil en Chine, et notamment celui des missionnaires européens, est le **toit** : avec leurs **angles plus ou moins courbés et incurvés**, les toits sont typiques d'une architecture traditionnelle. Les palais, grand-salles et autres bâtiments publics,

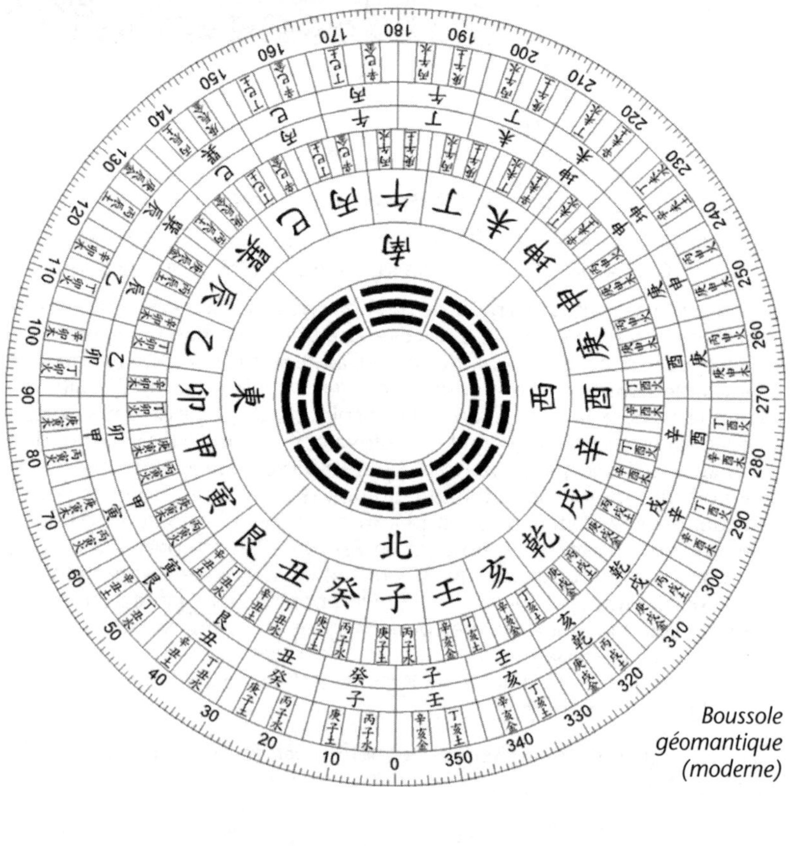

Boussole géomantique (moderne)

Forme typique d'un toit chinois

construits généralement en bois et aussi en briques, reposent sur des fondations en dur surélevées ; on y accède par des marches. Les bâtiments courants sont de plain-pied. La maison traditionnelle se compose d'une cour centrale autour de laquelle sont disposés plusieurs bâtiments (cf. « La maison », chap. X). **Les Qing se sont illustrés par leurs nombreuses constructions de palais, de temples et de jardins**, principalement dans la capitale, Pékin, mais aussi à Chengde, la capitale d'été (voir le chap. II, notamment la « Chronologie des principaux événements et monuments de Pékin et des résidences d'été »). L'empire étant prospère, les souverains, et particulièrement Qianlong, consacrent beaucoup d'argent à ces réalisations architecturales dont l'ornementation gagne en raffinement par rapport aux époques précédentes. **On n'hésite plus à utiliser en grande quantité des matériaux nobles et coûteux** tels que le bronze, l'or, le papier, la soie, le jade, la laque et la porcelaine.

Lorsqu'ils s'installent dans l'ancienne Cité impériale des Ming, les Mandchous modifient quelques noms de bâtiments, mais réutilisent l'essentiel de ce que leurs devanciers ont légué, avec parfois quelques changements dans l'usage.
Cependant, l'une des plus grandes réalisations est l'édification du Palais de la longévité tranquille (Ningshougong), un complexe palatial de plan rectangulaire qui occupe 4,74 hectares au nord-est la Cité. La construction commence sous Kangxi en 1698, et le palais est agrandi sous Qianlong en 1772 ; il lui sert ensuite de lieu de retraite lorsqu'il quitte

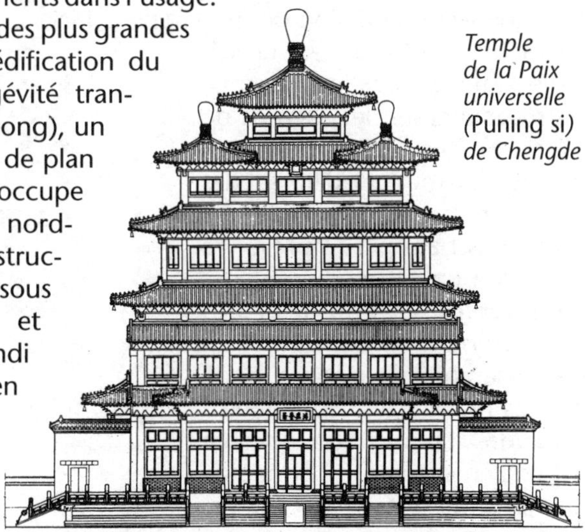
Temple de la Paix universelle (Puning si) de Chengde

le pouvoir en 1795. Cet empereur fait également édifier l'immense Jardin de la clarté parfaite, malheureusement détruit au XIXe siècle (cf. « Les résidences impériales d'été », chap. II).

Les souverains mandchous se font construire des mausolées qu'ils répartissent sur six sites, quatre étant antérieurs à la conquête de la Chine des Ming. Le joyau de cet ensemble est sans conteste le tombeau de Qianlong, dont les murs sont entièrement couverts d'inscriptions en tibétain (cf. « Le bouddhisme », chap. VI).

LA MUSIQUE

De manière générale, la musique chinoise au XVIIIe siècle se répartit en plusieurs grandes catégories :

– la musique officielle, sacrée, jouée lors des cérémonies et des rites d'État (cf. « Les rites et sacrifices officiels », chap. VI) ;

– les musiques liturgiques bouddhiques et taoïstes ;

– la musique ordinaire, qu'elle soit lettrée ou populaire.

La **musique des rituels officiels se fonde sur des principes harmoniques très anciens et très complexes** représentés matériellement par douze tubes sonores en bambou (*lü*) qui définissent les douze notes fondamentales. Contrairement à la musique occidentale de la même époque, où l'on cherche à construire une mélodie d'ensemble en coordonnant les différentes parties de l'orchestre, en Chine, la musique sacrée jouée lors des cérémonies officielles (telles que sacrifice au Ciel, à Confucius, etc.) privilégie le timbre des instruments, les résonances et les accords de vibration. Les formations qui jouent cette musique diffèrent des orchestres de musique ordinaire (voir plus bas) par la présence d'instruments spécifiques aux cérémonies, comme les carillons *bianzhong* ou *bianqing*, des ensembles de cloches ou de pierres musicales suspendues à un cadre. La musique officielle est également accompagnée de chants et de danses spécifiques.

Carillon bianzhong

Certains instruments couramment employés dans la **musique ordinaire** (par exemple, les orchestres de théâtre, cf. « Le théâtre », chap. IX) sont également présents dans les orchestres officiels ou dans les musiques liturgiques taoïstes. Les principaux sont les suivants :

– les cymbales ;

– les tambours ;

– la flûte traversière (en bambou, ou en jade pour les plus précieuses) ;

– le hautbois *suona*, dont le son évoque celui du biniou, quoique bien plus aigu. Son organe vibratoire est une langue de paille de riz ;

– les guitares à 4 cordes *pipa* et *yueqin* (littéralement « guitare-lune ») ;

– la vièle à deux cordes *huqin*. Les soies de l'archet sont manœuvrées entre les deux cordes, l'instrument se jouant verticalement ;

– l'orgue à bouche *sheng*.

Dans les rites bouddhiques, on psalmodie les soûtras en battant la mesure à l'aide d'un tambour à fente (*muyu*, littéralement « poisson de bois ») **ou d'une cloche en forme de bol** (*qing*).

L'instrument de prédilection des lettrés est la cithare *qin*. Instrument à cordes pincées très ancien (il est attesté dès l'Antiquité pré-impériale), il se compose d'une caisse sur laquelle ont été

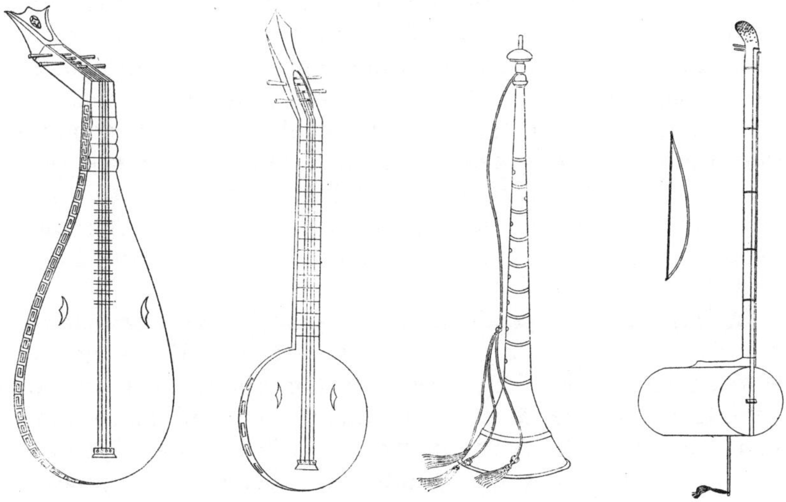

Instruments de musique
de gauche à droite : guitares pipa *et* yueqin, *hautbois* suona *et vièle* huqin.

Joueur de cithare qin

tendues sept cordes et mesure un peu plus d'un mètre. Un autre type de cithare, le *zheng*, est également très répandu, souvent joué par les femmes. Elle diffère du *qin* par le nombre de cordes (généralement 21) et par la présence d'un chevalet mobile qui les rend moins difficiles à pincer.

LES ARTS DÉCORATIFS

La porcelaine

Le territoire chinois possède en abondance deux substances particulièrement propices à la fabrication de céramiques : le lœss et le kaolin. Le premier est une roche sédimentaire que l'on trouve dans le nord-ouest, le plus grand dépôt au monde. Il sert à fabriquer des briques réfractaires et des fours. Le second est une argile dont les gisements se trouvent dans les sols granitiques du sud. Mélangé à une autre substance, le *petuntse* (du chinois *baidunzi*), une roche feldspathique mêlée à de la potasse, la pâte obtenue donne une céramique dure qui se vitrifie à haute température.

Au XVIIIe siècle, la production de la porcelaine est parfaitement maîtrisée parce qu'il s'agit d'une tradition très ancienne : depuis le VIe siècle, les artisans n'ont eu de cesse d'approfondir et d'améliorer cette technique, parfaitement aboutie dès le XIVe siècle. Les **motifs sont très variés, très ornementés** – on n'hésite pas à décorer les céramiques de scènes de peinture ou de poèmes calligraphiés – et les styles sont parfois calqués sur les modèles du passé, comme les monochromes céladon (des grès à couverte verte rappelant le jade) des Song ou les « **bleu et blanc** » (*qinghua*) des Ming. Les bronzes antiques sont aussi copiés en grès ou en porcelaine.

L'un des centres de production les plus importants est l'ensemble des manufactures impériales de Jingdezhen (au Jiangxi), un site immense qui emploie environ 100 000 ouvriers, travaillant à l'aide de 200 à 300 fours. C'est en quelque sorte au XVIIIe siècle la capitale mondiale de la céramique, car ces manufactures produisent beaucoup pour l'exportation, un commerce qui rapporte gros à l'État Qing en termes de droits de douanes. **Les XVIIe et XVIIIe siècles sont en effet en Europe une période de grand engouement pour ces « chinoiseries »**, d'autant que les Européens, jusqu'au milieu du XVIIIe siècle, ne savent pas précisément comment sont produites ces fines porcelaines.

Vase carré. Il présente une alternance de paysages et de poèmes composés par l'empereur Qianlong.

Description des manufactures de Jingdezhen par un jésuite

« Je ne puis me dispenser après cela mon révérend père, de vous faire ici la description de King-te-Tching (= Jingdezhen). Il ne lui manque qu'une enceinte de murailles pour avoir le nom de ville, et pour être comparé aux villes même de la Chine les plus vastes et plus peuplées. Ces endroits nommés *Tching* (= *zhen*) qui sont en petit nombre, mais qui sont d'un grand abord et d'un grand commerce, n'ont point coutume avoir d'enceinte, peut-être afin qu'on puisse les étendre et les agrandir à volonté ; peut-être aussi afin qu'il y ait plus de facilité à embarquer et débarquer les marchandises.

On compte à King-te-Tching dix-huit mille familles. Il y a de gros marchands dont le logement occupe un vaste espace, et contient une multitude prodigieuse d'ouvriers ; aussi dit-on communément qu'il y a plus d'un million d'âmes, qu'il s'y consomme chaque jour plus de dix mille charges de riz, et plus de mille cochons. Au reste, King-te-Tching a une grande lieue de longueur, sur le bord d'une belle rivière. Ce n'est point un tas de maisons, comme on pourrait se l'imaginer : les rues sont tirées au cordeau, elles se coupent et se croisent à certaines distances ; tout le terrain y est occupé ; les maisons n'y sont même que trop serrées, et les rues trop étroites : en les traversant, on croit être au milieu d'une foire : de tous côtés on entend les cris des portefaix qui se font faire passage. [...] Cependant, nonobstant la cherté des vivres, King-te-Tching est l'asile d'une infinité de pauvres familles qui n'ont point de quoi subsister dans les villes des environs : on y trouve de l'emploi pour jeunes gens et les personnes les moins robustes. Il n'y a pas même jusqu'aux aveugles et aux estropiés qui n'y gagnent leur vie à broyer les couleurs. »

Lettre du père d'Entrecolles, 1er septembre 1712
(*Lettres édifiantes et curieuses*)

Les laques, le jade

La laque, connue en Chine depuis le Néolithique, est une résine obtenue en incisant l'écorce du laquier ou arbre à laque (*rhus vernicefera*), laquelle a pour propriété de durcir au contact de l'air. Cette résine, **appliquée en plusieurs couches** (couramment plusieurs dizaines) sur des supports légers comme de la vannerie, du bois mince ou du tissu, **permet la réalisation de coffrets, de vaisselle ou de petites sculptures finement ciselées**. Cette technique limite considérablement l'usage de pigment, aussi les laques sont-ils dans leur majorité de couleur noire ou rouge.

Ce qui est appelé **jade** dans la tradition chinoise recouvre en fait divers types de roches dont le point commun est d'être cristallines, dures et surtout plaisantes à l'œil : jadéite et néphrite (le véritable jade des minéralogistes), agate, turquoise et quartz. On taille dans le jade des **talismans**, des **pendentifs**, des **sceaux**, de **petites sculptures** ou des **décors** entrant dans la composition de pièces plus grandes. **Le jade, utilisé dès le Néolithique, occupe dans la civilisation chinoise la place que tiennent l'or et les pierres précieuses en Occident.** Il possède en effet des qualités physiques (pureté, dureté, translucidité, inaltérabilité) qui ont été mises en relation avec des qualités morales humaines (rectitude, pureté, courage, sagesse). Sa valeur symbolique est très forte ; le jade évoque le prestige, la dignité, la longévité, et même l'immortalité (car il est imputrescible).

Le mobilier

La **dynastie des Qing est particulièrement réputée pour ses meubles.** Tout en se plaçant dans la tradition chinoise – utilisation de bois tels que le bois de rose (*huanghuali*), le santal rouge (*zitan*), le phoebe zhennan (*nanmu*), le bois rouge (*hongmu*) ; emploi du tenon et de la mortaise plutôt que des clous, des vis et de la colle – le

Meubles Qing

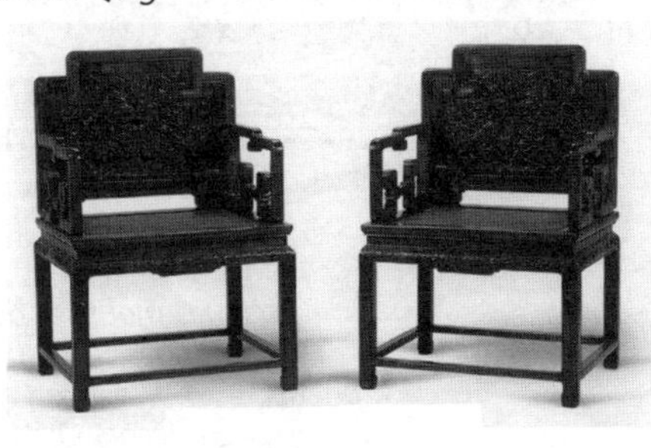

mobilier Qing se distingue graduellement de celui des Ming. Si le XVIIe siècle se place dans la continuation de cette dynastie, avec un goût pour la simplicité et la symétrie, **le mobilier gagne peu à peu en décor et en ornement** : rebords additionnels, peintures, laque, gravures et marqueterie. Les motifs chargés, les cloisonnés ou les incrustations d'ivoire remplacent le dépouillement qui prévalait auparavant pour mettre en valeur le bois lui-même. Le mobilier occidental exerce de son côté une influence, notamment sur les formes, les décors, et les tiroirs, qui n'existaient pas avant la découverte des meubles européens.

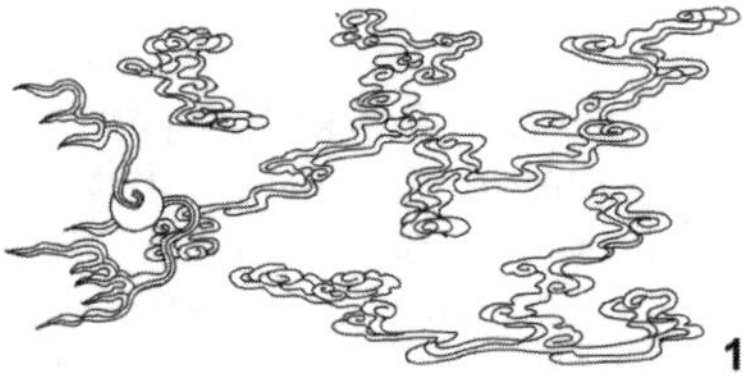
1

2

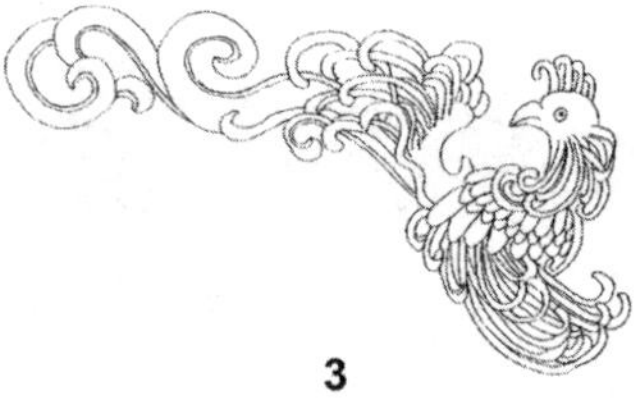
3

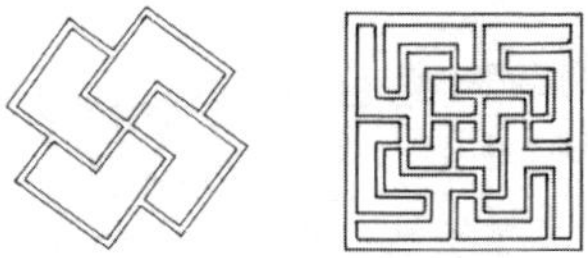
4

5

Quelques motifs et décors courants
1. nuages – 2. fleur de lotus
3. phénix – 4. svastika (symbole bouddhique)
5. décors Qing typiques

LE GOÛT DU MONDE DE L'ÉCRIT

La civilisation chinoise a depuis l'Antiquité valorisé l'écriture, le texte et ce qui s'y rapporte, comme la calligraphie et la peinture, élaborées en Chine au moyen du même outil, le pinceau. Ce goût ne se limite pas aux œuvres produites, tant s'en faut : **les lettrés chinois vouent une véritable passion aux objets qui rappellent l'acte même de l'écriture**. C'est ainsi que l'on parle des « **quatre trésors du studio du lettré** » (*wenfang sibao*) que sont le papier, le pinceau, l'encre (qui se présente sous forme de bâtonnet solide) et la pierre à encre (l'ustensile servant à diluer celle-ci), auxquels on pourrait ajouter d'autres objets tels que le repose-pinceaux, le repose-poignet ou encore le pot à pinceaux. Ces différents ustensiles ont été des supports très courants en artisanat d'art et également des objets de collection.

La description de la chambre de Jia Tanchun, l'une des héroïnes du roman *Le Rêve dans le pavillon rouge* (voir chap. VII), est très révélatrice de l'environnement quotidien des lettrés (hommes, mais aussi femmes dans le cas présent) dans leur studio. Ils aiment à s'entourer de meubles luxueux et d'objets décoratifs en variant les couleurs, les formes, les matières, et même les senteurs : « Au centre était placée une haute, longue et étroite table à écrire en bois de rose à dessus de marbre de Dali, sur laquelle s'amoncelaient des modèles de calligraphie de différents styles, dus à d'illustres artistes. S'y trouvaient aussi plusieurs dizaines de précieuses pierres à délaver l'encre, et toute une forêt de pinceaux fichés dans des tubes à pinceaux de tous genres. D'un autre côté s'épanouissaient des chrysanthèmes dits "à boule de cristal", dans un vase issu des fours de Ruzhou de la dimension d'un boisseau. Au milieu du mur de l'ouest, une grande peinture de Mi Xiangyang [Mi Fu, peintre des Song], *Pluie dans la brume*, était encadrée d'une paire de sentences symétriques tracées de la main de Yan Lugong [Yan Zhenqing, calligraphe des Tang] : "Sous les brumes et les vapeurs, me voilà oisif jusqu'aux os / Par-delà sources et rochers je mène une vie de sauvage." Sur la table était exposé un antique chaudron tripode de bronze. Un meuble de santal pourpre soutenait, à gauche, un vaste plat de porcelaine issu des grands fours nationaux, empli de plusieurs dizaines de "mains de Bouddha" [sorte de citron odorant] d'un jaune tendre et des plus mignonnes ; à droite était suspendue, à la traverse d'un cadre de bois laqué d'outremer, une plaque de jade sonore en forme de poisson dit "aux yeux jumelés" [métaphore pour la sole], avec son maillet, pendant aussi à la traverse. » (Cao Xueqin, *Le Rêve dans le pavillon rouge*, chap. XL.)

Portrait de Qianlong vêtu à l'antique, attribué à Giuseppe Castiglione

LES COLLECTIONS D'ART

La plus riche et la plus importante des collections d'art fut naturellement celle des souverains. Comme l'explique Michèle Pirazzoli-T'Serstevens, « **les empereurs Qing héritèrent de la collection de la dynastie Ming qu'ils avaient renversée, mais ils l'agrandirent considérablement et l'on peut dire que le règne de Qianlong constitue l'aboutissement et le point d'orgue de la collection impériale en Chine**. Outre l'héritage Ming, les empereurs mandchous ont enrichi leur collection à travers des dons reçus, les confiscations qu'ils opéraient, les achats, enfin les œuvres qu'ils commandaient, tous modes d'acquisition parfaitement traditionnels dans la culture impériale chinoise. […] **Qianlong domina son époque**, non pas tant, ou pas seulement, par un discernement exceptionnel que par son activisme et le contrôle qu'il exerçait à tous les niveaux, […] [il] avait une vision grandiose de ce que devait être sa collection. Il la voulait monumentale et elle le fut. » (Michèle Pirazzoli-T'Serstevens, « La collection impériale sous Yongzheng et Qianlong », dans *Autour des collections d'art en Chine au XVIIIe siècle*, p. 5.)

Le goût de l'antique au XVIIIe siècle se manifeste non seulement dans les collections d'œuvres réunies par les souverains et plus généralement par les riches lettrés (ces collections concernent principalement les **bronzes archaïques**, les **jades antiques**, les **sceaux**, les **pinceaux**, les **peintures**, les **estampages** ou les **calligraphies**), mais aussi dans le phénomène de la **copie**, de l'**imitation** et du **réemploi** de certains matériaux anciens (jades, bronzes, céramiques). Des briques portant des inscriptions anciennes sont par exemple retaillées en pierres à encre, d'autres sont gravées. Le lettré Ji Yun fut, par exemple, un grand amateur de ce type d'objet, et lorsqu'il se procurait une pierre, il composait une inscription qu'il faisait immanquablement graver dessus ; son studio s'appelait d'ailleurs le Studio aux quatre-vingt-dix-neuf pierres à encre (*jiushijiu yan zhai*).

藝

IX

LES LOISIRS

La journée de l'homme du peuple au XVIIIe siècle est fort chargée et consacrée principalement au travail ; de plus, contrairement à l'Occident, **il n'y a pas en Chine de repos hebdomadaire**. On cesse de travailler lors de certaines fêtes (en particulier celles du nouvel an, cf. « Les grandes fêtes », chap. V), qui, bien que nombreuses, ne permettent pas de jouir de « vacances » au sens moderne du terme. **Pour la majorité des hommes des Qing, les loisirs sont donc réduits à la portion congrue**, ce qui n'exclut pas bien entendu des moments de détente, de délassement ou de réunion avec les amis et la famille.

Les fonctionnaires, en revanche, sont très souvent en déplacement, ce qui leur ménage des instants de repos forcé où ils peuvent se livrer à leurs passe-temps favoris. Par ailleurs, **l'année est rythmée par de nombreuses fêtes**, qui sont autant d'occasions de banqueter ou d'aller au théâtre, deux activités réservées à ceux qui en ont les moyens. Pour **les plus riches**, on peut compter parmi les loisirs l'art des jardins : certains lettrés **investissent de très grosses sommes dans l'aménagement de leurs demeures**, qui comprennent le plus souvent **un vaste jardin** avec des étangs, des kiosques et divers passages couverts faisant la jonction entre les différentes parties de la propriété.

LE THÉÂTRE

La forme d'art et de sociabilité que l'on appelle **théâtre ou opéra correspond en Chine à un spectacle mêlant théâtre parlé, chant, et parfois danse et acrobatie** ; en ce sens, le théâtre chinois se rapproche quelque peu du *singspiel* allemand ou de l'opéra-comique à la française, qui combinent tous deux chants (airs, duos, trios…) et passages parlés. Du point de vue du texte récité ou chanté, le théâtre chinois est également un genre littéraire très prisé.

Les rôles du théâtre chinois ressortissent tous à des stéréotypes figés, un peu à la manière des personnages de la commedia dell'arte, et sont identifiés par des costumes ou des maquillages spécifiques : s'y trouvent représentés des personnages masculins (*sheng*), des personnages féminins (*dan*), des « visages peints » (*jing*) et des clowns (*chou*), quatre rôles types fondamentaux, eux-mêmes subdivisés. Graduellement, ce sont les garçons qui assurent les rôles féminins (les actrices sont en effet proscrites par les souverains mandchous car associées à des prostituées), et l'on assiste au XVIIIe siècle à une véritable fièvre pour ces jeunes hommes souvent androgynes dont s'entichent certains amateurs de la bonne société. Cette vogue donne lieu à un roman au XIXe siècle, le *Miroir pour apprécier les fleurs* (*Pinhua baojian*) de Chen Sen.

Le théâtre chinois présente de multiples variétés (notamment des formes locales ou régionales), tant au niveau de la musique que du chant ; **l'un des genres les plus prisés au XVIIIe siècle, plus particulièrement par l'élite, est le *kunqu***, une forme qui naît dans le sud près de la ville de **Suzhou** sous la dynastie des Yuan. L'opéra de Pékin, la forme la plus célèbre de nos jours, est une synthèse de traditions du nord et n'apparaît qu'au XIXe siècle.

Les **livrets** élaborés sous les Ming et les Qing sont, comparativement à ceux des Yuan (apogée du théâtre chinois), plus **raffinés**, plus **lettrés**, et de ce fait **davantage allusifs** et écrits dans une langue plus soutenue et fleurie. Quelques grandes œuvres des Yuan et des Ming sont toujours représentées ou lues, comme *L'Histoire du luth* (*Pipa ji*) de Gao Ming (env. 1305-1359), *Le Pavillon de l'ouest* (*Xixiang ji*) de Wang Shifu (env. 1260-1336), et *Le Pavillon aux pivoines* (*Mudan ting*), œuvre fleuve écrite sous les Ming par Tang Xianzu (1550-1616). Sous les Qing, les deux pièces les plus éminentes sont *Le Palais de la longévité* (*Changsheng dian*) de Hong Sheng (1645-1704) et *L'Éventail aux fleurs de pêcher* (*Taohua shan*) de Kong Shangren (1648-1718), auxquelles doivent être ajoutées les œuvres d'autres grands dramaturges de la dynastie, comme Zhang Jian (env. 1681-1771), le poète Jiang Shiquan (1725-1785), ou encore Yang Chaoguan (1710-1788), auteur de pièces courtes en un acte.

Les troupes de théâtre sont diverses, certaines sont des entreprises commerciales et itinérantes, jouant dans différentes villes moyennant finance. Elles sont relativement importantes et comptent dans leurs rangs des acteurs-chanteurs, des membres de l'orchestre et le personnel technique. Certaines de ces troupes, très petites (de quatre à huit personnes), travaillent sur des « bateaux de plaisir » (les *huafang*, littéralement les « bateaux peints »), notamment le long du Grand Canal (cf. « Transports et voies de communication », chap. II). Il existe également des troupes privées entretenues par de grandes familles qui les emploient pour leur propre plaisir. Ces ensembles comptent en général entre dix et vingt personnes.

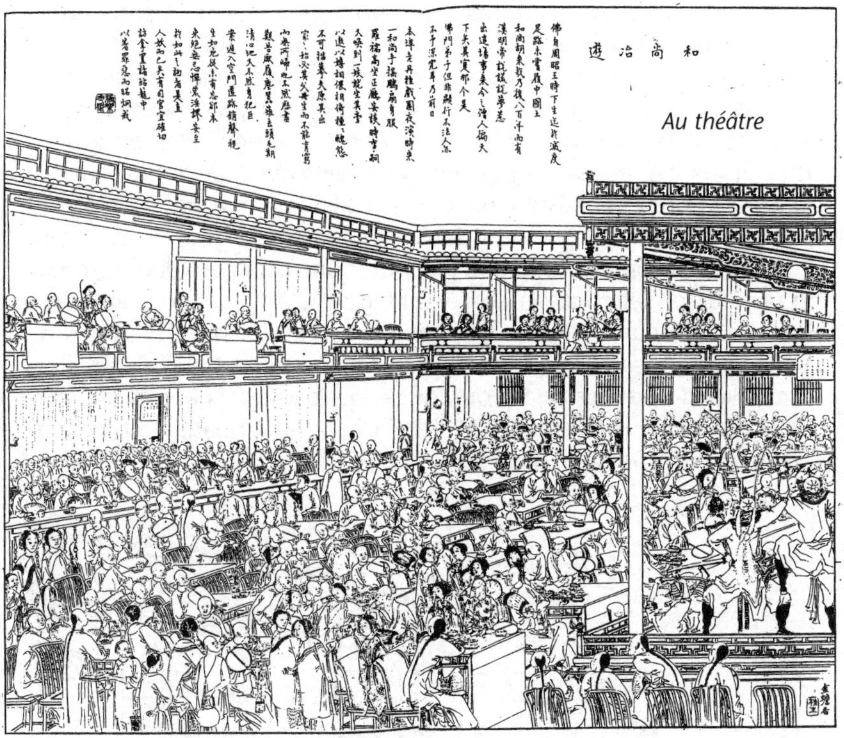

Au théâtre

LES BANQUETS ET LA GASTRONOMIE

Prendre un repas est en Chine une fête de tous les instants. **On ne mange presque jamais seul**, et se réunir avec la famille, les amis ou les collègues est un rituel des plus ordinaires. Dans les maisons, la **notion de salle à manger n'existe pas**, le repas peut être servi dans diverses pièces non nécessairement prévues à cet effet : dans les appartements privés, dans les salons de réception ou au-dehors, dans le jardin, selon les circonstances et le lieu où l'on souhaite demeurer.

On oppose dans le repas chinois l'accompagnement (riz, pâtes à base de blé ou *mantou*, pains cuits à la vapeur) **et les plats proprement dits**, viande, poisson ou légumes. Les proportions de l'un et de l'autre varient selon les moyens : le repas simple des hommes du commun sera principalement constitué de riz ou de pâtes, avec quelques légumes et plus rarement de la viande, le tout accompagné d'un bouillon. **Dans les repas ordinaires, tous les plats sont posés sur la table au même moment**, mais le grand lettré Yuan Mei, qui composa un célèbre ouvrage de cuisine, recommande de servir les plats en fonction de leur saveur et de leur consistance : « La façon de servir les plats consiste à présenter, d'abord, les mets salés, ensuite les mets doux. Les mets secs passent avant ceux avec sauce ou bouillon. Dans le monde, il existe cinq goûts : salé, sucré, acide, piquant et amer. On ne devra point les dominer tous par le goût amer. Il faut calculer et comprendre quand les invités ont bien garni leur estomac et que ce dernier commence à être fatigué. C'est alors qu'il faut servir des mets piquants pour le stimuler. Si l'on craint que les invités ne boivent trop de vin et que leur estomac n'en soit fatigué, il faut alors employer des sauces acides ou douces qui peuvent, dans ce cas, être des stimulants. » (Cité dans William Chan Tat Chuan, *À la table de l'empereur de Chine*, p. 61.)

Dans une auberge

La gastronomie chinoise, extrêmement riche du fait de l'immensité du territoire, **s'organise autour d'une opposition traditionnelle entre la culture du blé et des pâtes (à base de farine de blé) au nord, et celle du riz au sud**. Bien entendu, cette dichotomie n'a rien d'un cloisonnement étanche : on consomme quand même du riz au nord et des pâtes au sud.

Le thé, connu en Chine depuis le début de l'ère chrétienne, est en quelque sorte la boisson nationale. Sa place dans la culture chinoise rappelle celle du vin en Occident. Bu tout au long de la journée, et parfois accompagné de fruits et de cucurbitacées, le thé est en outre un élément important de sociabilité. **Offrir le thé à un invité est en effet une règle de politesse implicite et systématique**. Il se consomme généralement dans un service trois pièces qui comprend une tasse, une sous-tasse et un couvercle – ce dernier étant employé non seulement pour conserver le breuvage au chaud, mais également pour repousser les feuilles de thé avant de boire. L'infusion est opérée dans une théière, parfois richement décorée, et il est d'usage de jeter la première eau car elle est considérée par les amateurs comme trop amère. Les **types de thés sont extrêmement nombreux** et, tout comme les vins, leur qualité varie selon les pieds de théier, les qualités de sol, les climats, les méthodes de séchage et de fermentation. C'est au sud, et notamment au Fujian, que l'on produit les meilleurs thés. Les plus courants sont les **thés verts** (peu fermentés), les **thés noirs parfumés** aux fleurs telles que le jasmin, l'orchidée ou la rose, et le **thé pu'er**, un thé noir originaire du Yunnan. Certaines plantations étaient réservées à l'empereur. Ce fut par exemple le cas du **thé de Longjing**, près de la ville de Hangzhou (Zhejiang), que l'empereur Qianlong découvrit lors de l'un de ses voyages dans le sud. Il aima tant ce thé vert qu'il ordonna que l'on réserve à son usage une parcelle de dix-huit pieds.

Les alcools, consommés dans un cadre plus festif, **sont presque exclusivement confectionnés à partir de céréales**, la plus courante étant le riz, suivie par le millet, l'orge et le sorgho, qui donnent des boissons plus fortes.

À titre d'exemple, voici le menu du repas de la mi-journée présenté à l'empereur Qianlong le 16 janvier 1769 : nids d'hirondelle braisés au canard ; choux blancs pochés à l'huile ; potage de poulet gras au fromage de soja ; canard sauvage croustillant à la crème ; boulette de viande, jambonneau de porc émincé et tripes de porc fumées ; épinards sautés aux crevettes séchées ; poulet gras et chevreuil cuits à la vapeur ; petits pains farcis à la viande de porc ; petits pains vapeur « œil d'éléphant » ; petites pâtisseries d'offrande ; légumes salés ; légumes saumurés ; riz rond (source : William Chan Tat Chuan, *À la table de l'empereur de Chine*, p. 88). Le souverain, célèbre pour sa frugalité, ne mangeait pas tout et se contentait de goûter ici et là les plats.

Un banquet impérial vu par un jésuite

« Ce sont de ces repas magnifiques où un Européen meurt ici de faim. La manière dont il est obligé d'être assis à terre sur un feutre et les jambes croisées est gênante ; le vin qu'on donne n'est pas de son goût, la plupart des mets ne le sont pas non plus. Il faut qu'il prenne bien ses mesures pour n'avoir besoin ni de cracher, ni de tousser, ni de se moucher. Toutes les fois que l'empereur dit un mot qui fasse connaître qu'il veut faire plaisir, il faut se mettre à genoux et battre de la tête contre terre. Il faut faire la même chose toutes les fois qu'on lui sert à boire. D'ailleurs un Européen est bien aise de voir les cérémonies qui s'observent quand on sert Sa Majesté. Tout se fait avec un ordre et une majesté qui inspirent le respect. À ces sortes de cérémonies, on voit bien que c'est un grand maître qu'on sert. Rien de plus propre et de plus magnifique que les plats et les bassins, et on dirait d'abord que c'est plutôt une idole à qui on va sacrifier qu'un prince à qui on donne à manger. »

Lettre d'Antoine Gaubil (1722-1759), 8 octobre 1727 (citée dans Muriel Détrie, Ninette Boothroyd, *Le Voyage en Chine*, p. 219).

Un banquet officiel

LES VOYAGES ET LES EXCURSIONS

L'**élite de la société**, en particulier les fonctionnaires – mais aussi tous ceux qui en ont les moyens –, **aime se déplacer**, notamment pour rendre visite à des amis ou à de la famille. Pour les fonctionnaires, qui sont régulièrement mutés (cf. « Le recrutement et la carrière des fonctionnaires », chap. III), les occasions sont nombreuses ; ils profitent souvent de ces déplacements pour découvrir les sites célèbres des lieux où ils doivent se rendre : montagnes, temples, lieux remarquables pour leurs paysages, villes célèbres, etc. **Ces pérégrinations font souvent l'objet de poèmes commémoratifs ou de poèmes de paysages** (*shanshui shi*) que les lettrés composent afin de consigner leurs impressions (cf. « La littérature », chap. VII). En voici un, intitulé *Le Mékong* (*Lancangjiang*), écrit par Zhao Yi alors qu'il était en poste dans le sud-ouest :

絕壁積鐵黑,
路作之字折.
下有百丈洪,
怒噴雪花熱.

Les précipices s'empilent et sont noirs comme le fer,
Les sentiers se brisent et forment des lacets.
En bas, les rapides, à cent toises de fond,
Crachent avec furie leur écume neigeuse.

(trad. de l'auteur)

Parmi les voyages célèbres figurent ceux qu'entreprend le grand poète Yuan Mei à la fin de sa vie. En 1781, à plus de soixante ans, il quitte son célèbre Jardin à ma guise (voir plus bas, « L'art des jardins ») de Nankin avec son jeune ami Liu Zhipeng et visite pendant plusieurs mois divers sites du Zhejiang, parmi lesquels le mont Tiantai et les monts Yandang, deux hauts lieux du bouddhisme. Lorsqu'il revient chez lui, encore émerveillé par ce qu'il a vu mais heureux de rentrer après ce long périple, il écrit le poème suivant, intitulé *Le 27e jour du 1er mois j'ai quitté la maison, le 27e jour du 5e mois je suis de retour* :

為訪名山別故山,
還山諸事喜平安.
到門細數養成竹,
入戶喜逢初放蘭.
過眼雲巒魂尚繞,
扶身笻杖露初乾.
挑燈急寫新詩稿,
多少風人要索看.

Pour aller visiter des montagnes célèbres, j'ai pris congé de ma vieille montagne
De retour à la maison, je me réjouis que toutes les choses soient en ordre
En arrivant au portail, j'évalue attentivement combien ont grandi les bambous
En pénétrant dans ma chambre, je suis heureux de voir que les orchidées ont éclos
Mes yeux ont parcouru nuages et pics, mon âme y vagabonde encore
Sur la canne en bambou qui a soutenu mon corps, la rosée a à peine séché
J'allume la lampe et me hâte de recopier mes nouveaux poèmes
Nombreux seront les gens curieux qui me réclameront de les lire.

(trad. Cheng Wing fun et Hervé Collet)

L'ART DES JARDINS

L'art des jardins est non seulement un passe-temps pour les lettrés, mais aussi l'une des manifestations de la pensée esthétique chinoise. L'idée de jardin en Chine est très différente des conceptions qui sous-tendent le jardin classique à la française de la même époque : **il ne s'agit pas tant d'ordonner et de dresser la nature que de la reproduire en miniature**, même s'il s'agit d'une création tout autant artificielle. L'un des éléments qui distinguent les deux traditions est que le jardin à la chinoise n'est ni plan ni géométrie ; il se fonde notamment sur des différences de hauteurs et de niveaux (d'où l'importance des rochers et des multiples constructions) et sur la sinuosité des sentiers et des ruisseaux ondulants. Le jardin se doit avant tout de restituer un paysage naturel, ce qui s'exprime en chinois par le terme *shanshui*, littéralement « montagne et eau » : les monts y sont donc figurés par des rochers ou des rocailles placés sur des élévations de terre, et les eaux par des étangs, des lacs, des ruisseaux et des canaux. Le jardin chinois, outre ses « monts et

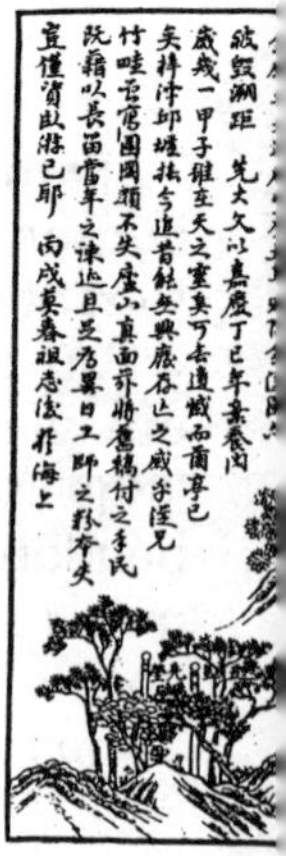

Pivoines

ses eaux », est pourvu d'édifices qui sont autant de lieux de délassement et de sociabilité, et dont chacun permet d'observer le parc sous un angle différent : kiosques, pavillons, terrasses, embarcadères, ponts, passages couverts. Le dernier élément constitutif du jardin chinois est l'ensemble de la végétation présente, qui doit donner une impression de richesse et de variété dans les couleurs et dans les formes. Outre les arbres – sophoras, pommiers, abricotiers, pêchers, appréciés pour leurs couleurs au printemps, saules, essences à feuillage persistant comme les bambous et les pins –, les jardins sont plantés de nombreuses espèces de fleurs ou d'arbustes, principalement des pivoines, des chrysanthèmes (car ils fleurissent en automne) et des lotus (qui se développent dans les plans d'eau).

L'art des jardins connaît son apogée sous la dynastie des Ming, et les plus réputés d'entre eux se trouvent dans le sud, dans les villes de Suzhou et de Hangzhou. Sous les Qing, la tradition se maintient et **l'un des jardins les plus célèbres est celui que Yuan Mei se fait construire près de Nankin. Il l'appelle le « Jardin à ma guise** » (Suiyuan) et y vit près de cinquante ans. Avec plus de six

Plan du Jardin à ma guise de Yuan Mei

hectares, le jardin – ou plutôt le domaine – est immense. Il est doté entre autres d'une vaste bibliothèque, d'une ferme avec des animaux, d'un potager et même d'une rizière ; Yuan Mei peut ainsi y vivre en complète autarcie. Cependant, il ouvre quelques parties de son jardin aux visiteurs, et le site devient presque un lieu touristique.

Un pavillon de jardin

Le jardin chinois selon un missionnaire jésuite

« Tous ces jardins sont entrecoupés de différents canaux serpentant entre des montagnes factices, dans quelques endroits passant par-dessus des roches et y formant des cascades, quelquefois s'accumulant dans des vallons et y formant des pièces d'eau qui prennent le nom de lac ou de mer, suivant leurs différentes grandeurs. Les bords irréguliers de ces canaux et de ces pièces d'eau sont revêtus de parapets ; mais, bien différents des nôtres formés avec des pierres travaillées avec art, et qui font disparaître le naturel, ces parapets sont formés de pierres qui paraissent brutes, solidement posées sur pilotis. Si l'ouvrier emploie quelquefois beaucoup de temps à les travailler, ce n'est que pour en augmenter les inégalités et leur donner une forme encore plus champêtre.

Sur les bords des canaux, ces pierres, dans différents endroits, sont tellement situées, qu'elles forment des escaliers très commodes pour pouvoir entrer dans les barques sur lesquelles on souhaite se promener. Sur les montagnes on a poli ces pierres en forme de roches quelquefois à perte de vue ; d'autres fois, malgré la solidité avec laquelle elles sont posées, elles paraissent menacer de tomber et d'écraser ceux qui s'en approchent. D'autres fois elles forment des grottes qui, serpentant par-dessous des montagnes, vous conduisent à des palais délicieux. Dans les entre-deux des rochers, tant sur le bord des eaux que sur les montagnes, on a ménagé des cavités qui paraissent naturelles. De ces cavités sortent ici de grands arbres, dans quelques autres endroits des arbrisseaux, qui, dans la saison, sont couverts de différentes fleurs. Dans d'autres, on voit différentes espèces de plantes et de fleurs qu'on a soin de renouveler suivant les saisons. »

(*Lettres édifiantes et curieuses*, Lettre du Père Benoist à M. Papillon d'Autroche, 1767)

LES JEUX

Si, dans l'Occident classique, le « jeu des rois et le roi des jeux » est celui des échecs, cette place est assumée en Chine par le jeu de go, que l'Europe a découvert par l'entremise du Japon. « Go » est la lecture japonaise du caractère chinois *qi* 棋 (ou de sa variante 碁) qui signifie la pièce d'un jeu de plateau. **Le nom complet du jeu est en chinois *weiqi*, littéralement le « jeu de l'encerclement »**. Ce jeu très ancien remonte sans doute à l'époque des premiers empires Qin et Han. C'est l'un des passe-temps de prédilection des lettrés et l'une des composantes des quatre arts traditionnels (*siyi*) de l'homme ou de la femme cultivée : cithare, jeu de go, calligraphie et peinture (*qin qi shu hua*). Le principe du jeu est d'une extrême simplicité, ce qui fait sa beauté et sa richesse : sur un plateau comportant 361 intersections (19 lignes et 19 colonnes, avec des variantes à 13 x 13 ou 9 x 9), chacun des deux joueurs dépose à tour de rôle une pièce sur l'une d'entre elles ; l'un joue blanc, l'autre noir. La capture s'effectue en entourant la pièce ou le groupe de pièces adverses. L'objectif est de contrôler le plus grand nombre d'intersections. Ainsi, contrairement aux échecs, la valeur des pièces ne dépend pas de leur nature (elles sont toutes identiques), mais de la place stratégique qu'elles occupent sur le plateau.

Le jeu d'échecs (*xiangqi*, littéralement le « jeu de l'éléphant ») joué en Chine **est un cousin de celui qui est pratiqué en Occident** : les deux dérivent d'un même ancêtre probablement indien et se ressemblent sur de nombreux points. Cependant, quelques traits fondamentaux distinguent la variante chinoise :

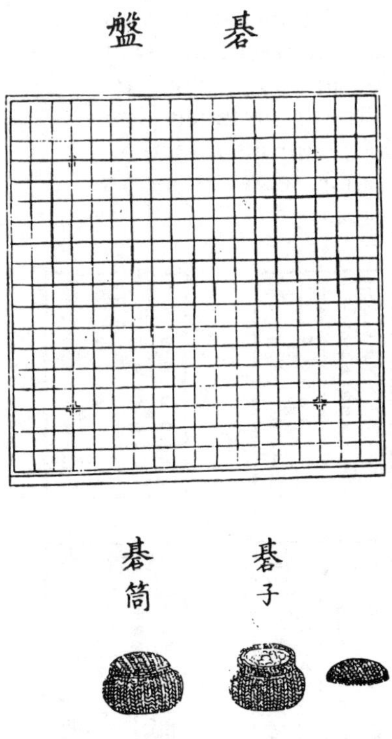

Plateau et pièces de go dans leur bol

– on ne joue pas sur les cases de l'échiquier, mais sur les intersections, au nombre de 90 (10 lignes x 9 colonnes).

– les deux camps (rouges au sud et noirs au nord) sont séparés par une rivière entre les 5e et 6e rangées, infranchissable pour certaines pièces.

– dans chaque camp se trouve un palais de neuf intersections qui abrite l'équivalent du roi : un commandant pour les rouges et un général pour les noirs, qui ne peuvent sortir de leur enclos. Il n'y a pas en effet de souverain dans le jeu d'échecs chinois : le Fils du Ciel ne saurait être représenté dans un jeu !

– les pièces ne sont pas figuratives : ce sont de simples disques de bois sur lesquels ont été peints les caractères chinois représentant les pièces.

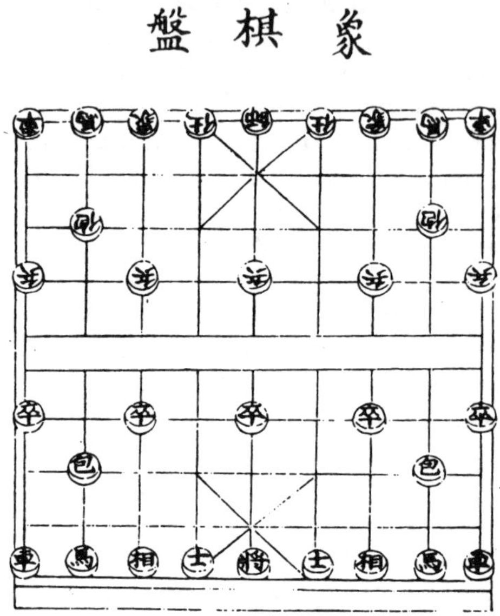

Position de départ du jeu d'échecs

Lors des banquets amicaux ou des repas de famille, de nombreux **jeux de sociabilité** peuvent intervenir ; parfois, il s'agit de jeux à gage où le perdant doit boire de l'alcool. Ces jeux peuvent être des **devinettes**, des **joutes poétiques** (avec rimes, sujet et versification imposés) ou encore des parties de **dominos**.

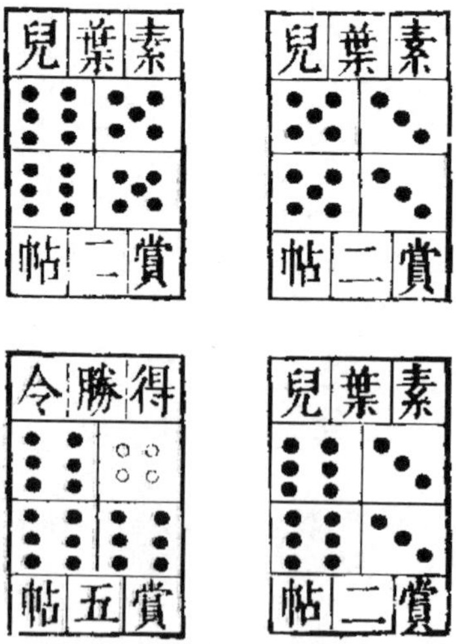

Dominos

LES COURTISANES

Comme partout ailleurs, l'une des activités pratiquées par les hommes est la fréquentation des maisons de plaisir et des prostituées. Si la plupart d'entre elles n'offrent qu'une prestation sexuelle, d'autres en revanche **rappellent les geishas japonaises et fournissent d'abord et avant tout leur compagnie et leurs talents artistiques**. Les courtisanes de luxe sont en effet des artistes – ce que d'ailleurs signifie le mot geisha, du chinois *yizhe* : **elles sont à la fois musiciennes** (leur instrument de prédilection est la guitare *pipa*, cf. « La musique », chap. VIII), **conteuses de ballades, poétesses, joueuses de go** et dames de compagnie raffinées. Elles sont ainsi d'abord louées pour leur art, leur conversation et leur charme. Dans les yeux des lettrés, les courtisanes de haut rang sont des femmes de talent qui ont malheureusement perdu leur vertu. Dans le discours officiel, elles sont donc mésestimées et jouissent d'un statut social inférieur, ce qui n'empêche nullement les lettrés de recourir à leurs services.

Certaines officient dans des maisons de plaisir, d'autres, notamment dans les régions du sud, sur des bateaux amarrés près de berges ou de ponts et désignés par le terme de « **bateaux peints** » (*huafang*) en raison de leur décoration. D'autres encore reçoivent dans leur **propre appartement**, au décor raffiné et à l'ambiance féminine. Dans une société où les sexes sont relativement séparés, le simple fait pour un homme d'entrer dans un appartement féminin lui procure déjà une expérience sensuelle qui frôle parfois le frisson de l'interdit. L'expérience peut cependant être décevante. Le lettré Yuan Mei, qui affectionnait les courtisanes de sa région, Nankin, raconte qu'il fut fort déçu en voyant les entraîneuses des bateaux de plaisir de Canton : « J'avais depuis longtemps entendu parler de la beauté de ces perles du Guangdong. Lorsque je suis allé à Canton, amis et proches m'ont emmené boire sur les bateaux de plaisir, mais je n'y ai vu absolument aucune beauté ! C'est bien pour cela qu'on dit que ces filles "crachent le feu avec leurs lèvres, laissent traîner leurs savates, sont inabordables et aussi attirantes que des spectres". On raconte que celles des bateaux de Chaozhou sont superbes, mais j'ai du mal à le croire. » (*Suiyuan shihua* [*Propos sur la poésie du Jardin à ma guise*], chap. XVI, entrée 63).

Une courtisane joueuse de guitare pipa

Les courtisanes sont en général très jeunes, elles ont moins de vingt ans, et d'après la loi, elles ne peuvent devenir l'épouse principale d'un homme. Elles peuvent en revanche devenir l'une de ses concubines (cf. « La famille », chap. X).

Yuan Mei nous raconte une anecdote très savoureuse à propos d'une courtisane officiant sur des bateaux dans son recueil *Propos sur la poésie du Jardin à ma guise* (*chap.* VIII, entrée 46) : « Je canotais à Hengtang, où se trouvait une courtisane nommée Ruixian. Préservant sa dignité, elle me fit la conversation à travers les fenêtres et refusa d'entrer dans ma cabine ou de me servir à boire. Elle avait beaucoup de connaissances en littérature. Certains clients lui offrirent de fortes sommes (pour la faire entrer dans leur cabine), mais toujours elle s'y refusa. Au bout d'un moment, la lune s'éleva, et Ruixian me tendit un éventail pour que j'y note un de mes poèmes. Par jeu, j'écrivis ceci :

橫塘宵泛酒如淮,
十里桃花四面開.
只恨錦帆竿上月,
夜深不肯下艙來.

Je canote de nuit à Hengtang, mon vin comme la rivière Huai,
Des deux côtés et sur dix lieues, les pêchers sont en fleur.
Hélas, la lune, au sommet de mes voiles de brocard,
Refuse de venir dans ma cabine en cette nuit si avancée.

Ruixian sourit puis entra dans ma cabine. »

Dans une maison de courtisanes

遊

X

LA VIE PRIVÉE

Le Chinois d'époque Qing ne vit guère autrement que son prédécesseur des Ming. Hormis le costume, qui a subi une évolution, et le port de la natte, qui n'existait pas auparavant (les hommes portaient alors des chignons), **l'homme du XVIIIe siècle vit selon les mêmes structures sociales et le même quotidien qu'au cours des siècles précédents. La famille, pilier de la société dans son ensemble, est marquée par une hiérarchie et une inégalité homme-femme** dont la rigidité dépend de la catégorie sociale ; globalement, les hommes ont la préséance sur les femmes, les vieux sur les jeunes, les aînés sur les cadets. **La polygamie (en fait polygynie) existe, mais reste l'apanage de l'élite de la société**, c'est-à-dire de certains hommes qui ont les moyens d'entretenir une épouse principale et une ou plusieurs épouses secondaires (concubines). Si le mariage est une institution publique – il symbolise moins l'union de deux individus que celle de deux familles – **le cadre familial privé est quant à lui beaucoup plus discret, voire secret**. Dans les groupes familiaux de l'élite, les femmes sont confinées dans des quartiers réservés et ont relativement peu de contact avec le monde extérieur. Cette distinction entre l'intérieur (*nei*) et l'extérieur (*wai*), dupliquée au sein même de l'appareil d'État dans la Cité interdite (cf. « Pékin, capitale d'empire », chap. II), imprègne toute la société et conduit à une relative séparation des sexes (sauf dans les milieux populaires) : **les hommes et les femmes ne se côtoient que lors d'occasions bien spécifiques,** comme certaines fêtes ou réunions familiales.

LE NOM

La famille chinoise est patrilinéaire : c'est le nom de famille du père, **le patronyme (*xing*), qui se transmet aux enfants**. Ce nom de famille est le plus souvent constitué d'un seul caractère (une syllabe : par exemple Zhang, Lin, Li, trois noms extrêmement courants), deux pour un certain nombre de patronymes plus rares (Sima, Ouyang). **Ce nom précède systématiquement le prénom**.

Hormis ce nom de famille, les Chinois possèdent différents prénoms, surnoms ou pseudonymes qu'ils reçoivent, prennent et utilisent à des âges et dans des situations différentes. Il y a tout d'abord le **prénom personnel** (*ming*, en un ou deux caractères), que les parents leur donnent à la naissance et qu'ils conservent toute leur vie. Ensuite, à leur majorité (vingt ans pour les garçons et quinze pour les filles), les enfants de bonne famille se choisissent un **prénom social** (*zi*, également en un ou deux caractères) : c'est le prénom qu'ils utiliseront le plus, le prénom personnel étant réservé à un usage beaucoup plus restreint (parents, amis proches). Au long de leur vie, les lettrés prennent et reçoivent également différents **surnoms** (*hao*, de longueur variable). Certains hommes, après leur mort, héritent du pouvoir impérial d'un nom posthume (*shi*), censé résumer, en un ou deux caractères, la ou les grandes qualités qu'ils ont manifestées de leur vivant.

Même s'il est d'usage de ne pas les traduire, toutes ces appellations ont un sens en chinois et sont justement choisies pour cela. Le grand lettré Ji Yun avait par exemple pour prénom personnel Yun 昀 (« Lumière du soleil »), pour prénom social Xiaolan 曉嵐 (« Brume aurorale »), pour surnoms Chunfan 春帆 (« Voile de printemps »), Shiyun 石雲 (« Nuage-rocher »), Guanyi daoren 觀弈道人 (« Taoïste contemplant le jeu de go »), et pour nom posthume Wenda 文達 (« Lettré et accompli »).

Les souverains des Qing, d'origine mandchoue, relèvent d'un autre système linguistique concernant les noms, mais l'on retrouve malgré cela quelques points communs avec les noms chinois. Le clan impérial mandchou est celui des Aisin Gioro (en chinois Aixin Jueluo), en quelque sorte le nom de famille des empereurs. Ils possèdent un prénom personnel (Hongli pour l'empereur Qianlong, par exemple). Lorsqu'ils montent sur le trône, les souverains décident d'un nom d'ère qu'ils gardent jusqu'à la fin de leur règne (cf. « Le calendrier », chap. V). Ce nom d'ère, qui n'est pas celui d'une personne, a tendance à être employé comme un nom : on dira, par exemple, « l'empereur Qianlong » (*Qianlong huangdi*). Après leur mort, outre le **nom posthume** décidé par la cour, les **souverains** reçoivent un **nom de temple** (*miaohao*), porté sur la tablette qui les représente dans le Temple des ancêtres impériaux. Qianlong a ainsi pour nom posthume Chun (« Pur ») et pour nom de temple Gaozong (« Grand ancêtre »).

Dans les échanges sociaux, même entre proches, **il est très courant que les personnes ne s'appellent pas par leur prénom, mais par leur titre officiel** (par exemple, le censeur Wang, *wang yushi*) ou par **leur place dans la famille** (Seconde sœur, *erjie*, Neuvième oncle, *jiushu*) : la grand-mère du roman *Le Rêve dans le pavillon rouge* (cf. « La littérature », chap. VII) est très souvent appelée Vénérable aïeule (*lao zuzong*), un terme très valorisant et respectueux dans le contexte de la famille chinoise.

LA FAMILLE

La famille est véritablement le cœur de la société chinoise, c'est même la cellule de base du monde Qing dans son ensemble. Le plus souvent, **la famille n'est pas nucléaire** : en plus du père, de la mère et des enfants, vivent au sein de la maison les parents du père, éventuellement ceux de la mère si ceux-ci n'ont pas de fils. Peuvent également s'y trouver, selon les cas et les ressources, d'autres branches alliées. L'immense groupe familial représenté dans le roman *Le Rêve dans le pavillon rouge*, bien qu'imaginaire, est représentatif de ces vastes familles de la très haute aristocratie. Deux branches d'un grand clan, les Jia, vivent ensemble dans deux vastes domaines mitoyens, auxquels s'ajoutent des femmes issues de plusieurs autres familles, principalement les Shi, les Xue et les Wang. En comptant tout le personnel, ce sont quelque cinq cents personnes qui cohabitent. Ce cas est bien entendu limité, **les familles ordinaires ne comptant qu'une dizaine de membres**.

Dans la société chinoise traditionnelle, la **polygynie est possible**. **L'homme marié, s'il en a les moyens financiers** (ce qui de fait restreint la polygamie à l'élite de la société), **peut, en plus de son épouse (*qi*), avoir auprès de lui une ou plusieurs concubines**, qui sont en réalité des **épouses secondaires** (*qie*). **Elles ont, au sein de la famille, un statut inférieur à celui de l'épouse principale,** et se trouvent sous l'autorité théorique de cette dernière. Si une concubine parvient à s'attirer les faveurs du mari, elle peut néanmoins profiter de cette préférence et prendre le pas sur les autres concubines, voire sur l'épouse en titre. Ces rivalités entre femmes peuvent, dans le cas des familles impériales, avoir d'importantes conséquences qui dépassent le simple cadre de la vie privée. En effet, si l'empereur, en mesure de posséder plusieurs dizaines de concubines, s'entiche particulièrement de l'une d'entre elles, la famille de cette dernière peut voir son statut social s'améliorer considérablement et tirer d'importants bénéfices financiers de la faveur impériale.

Lorsqu'une nouvelle famille est fondée grâce à un mariage (cf. « Les rites de passage », chap. V), c'est **l'épouse qui vient rejoindre le clan du mari**. Elle quitte donc sa propre famille et est intégrée dans un nouveau milieu où elle se retrouve non seulement sous la dépendance de son mari, mais aussi sous le regard de sa belle-mère. Dans un tel contexte, il est impératif pour un couple d'avoir au moins un fils, non seulement pour perpétuer le nom et la lignée, mais aussi pour avoir un enfant avec qui vivre et sur qui compter à l'âge de la vieillesse.

LES FEMMES

Sous les Qing, l'idéologie dominante – le néoconfucianisme, développé sous les Song et enrichi au fil des siècles suivants – place **les femmes dans une position de stricte infériorité par rapport aux hommes** : elles sont coupées de leurs familles lors du mariage (car elles deviennent membres de celle de leur mari) ; elles ne peuvent demander le divorce que dans de très rares cas (alors que les maris peuvent répudier leurs épouses, notamment pour bavardage excessif, cf. « Les rites de passage », chap. V) ; elle sont, dans les grandes familles, confinées dans des appartements et ne peuvent sortir comme elles l'entendent ; certaines d'entre elles (dans les familles chinoises) subissent la coutume des pieds bandés (voir plus bas « Les costumes et les parures »), etc. Ce système profondément inégalitaire est résumé par la formule générale « **les trois sujétions et les quatre vertus** » (*sancong side*). Les trois sujétions stipulent que les femmes sont des mineures à vie : elles doivent obéir à leur père avant leur mariage, à leur mari après et à leur fils aîné lorsqu'elles sont veuves. Parallèlement, elles sont tenues de se montrer vertueuses dans quatre domaines : dans leur conduite, dans leurs propos, dans leur apparence et dans leurs travaux.

Cependant, ces principes généraux sont **atténués en fonction de l'âge et du rang** que les femmes occupent dans le clan familial, et **varient selon les familles**, certaines étant très strictes sur la séparation des sexes, d'autres beaucoup moins. Âgées, elles peuvent par exemple jouir d'un grand pouvoir sur la maisonnée, tel celui dont dispose la Grand-mère Jia dans le roman *Le Rêve dans le pavillon rouge*. De manière générale, **plus les familles occupent une position élevée dans la hiérarchie sociale, plus elles doivent se soumettre aux règles** et à l'étiquette néoconfucéenne ; ainsi, les femmes des grandes familles sont bien moins libres de leurs mouvements au quotidien que les femmes du peuple.

Si le mariage n'est pas une affaire d'amour – jeunes hommes comme jeunes femmes ne choisissent pas en général leur conjoint (cf. « Les rites de passage », chap. V) –, certains couples peuvent cependant trouver le bonheur conjugal, comme en témoigne ce récit autobiographique de Shen Fu (1763-1825), dans lequel il évoque son épouse bien-aimée, Yun, qu'il considère comme une égale : « Les goûts et les habitudes de Yun étaient si semblables aux miens, qu'il suffisait quelquefois d'un regard, d'un mouvement de sourcil, d'un geste, pour qu'elle devinât ma pensée et prévînt mes désirs. Je lui dis un jour : "Quel dommage que vous soyez une femme et ne puissiez sortir librement ; si vous étiez un homme, nous pourrions faire des voyages ensemble, visiter les sites et les monuments célèbres et courir à l'aventure à travers le monde ! Ce serait merveilleux ! — Mais ce n'est pas impossible, répondit Yun. Quand je serai vieille, nous ne pourrons peut-être plus pousser jusqu'aux Cinq Monts, mais à tout le moins, dans les alentours, nous pourrons visiter Huqiu et Lingyan, descendre jusqu'au lac de l'Ouest, et puis remonter jusqu'à Pingshan... — Mais à cet âge nous ne serons plus en état de nous déplacer si facilement, répondit-je. — Bah, reprit Yun, ce que nous ne pouvons faire en cette vie, nous le ferons dans une autre. — Dans ce cas, fis-je, je suggère que pour notre prochaine réincarnation, vous fassiez le mari, tandis que moi, je serais votre épouse. — Pour apprécier tout le charme de la situation, encore faudrait-il que nous puissions nous souvenir alors de cette existence, répondit Yun." » (Shen Fu, *Six récits au fil inconstant des jours*, traduction de Pierre Ryckmans, p. 38-39.)

LA MAISON

La maison typique au temps des Qing, plus particulièrement dans les villes, **est nommée maison avec cour intérieure et quatre « ailes »** (*siheyuan*) : autour d'une cour centrale sont disposés plusieurs bâtiments de plain-pied. L'ensemble, qui forme un quadrilatère orienté nord-sud, est isolé de la rue – **ces petites traverses appelées *hutong* à Pékin** – car très peu de fenêtres donnent sur celle-ci, et l'entrée de la demeure est munie d'un mur écran qui empêche de voir à l'intérieur lorsque le portail est ouvert. Selon les moyens financiers de la famille, il peut y avoir plusieurs cours, et même des jardins attenants (cf. « L'art des jardins », chap. IX).

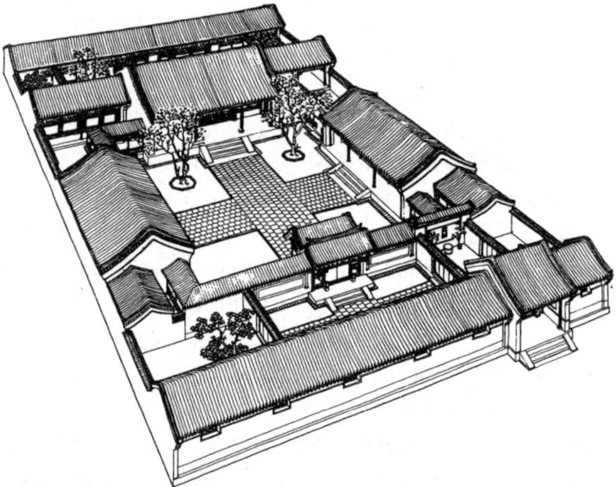

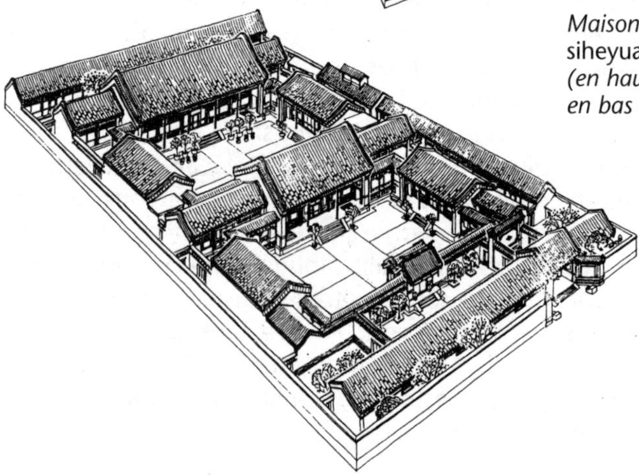

Maisons traditionnelles siheyuan *(en haut cour simple ; en bas cour double)*

Chaque bâtiment du *siheyuan* a sa fonction, et peut être divisé en plusieurs pièces par des cloisons en bois pleines ou ajourées. En général, le bâtiment opposé à la porte d'entrée est le principal, c'est celui où le chef de famille reçoit. On distingue en effet dans la maison des espaces publics, susceptibles d'accueillir des visiteurs, pour prendre le thé et bavarder ou banqueter, et des espaces privés, comme les appartements et les commodités.

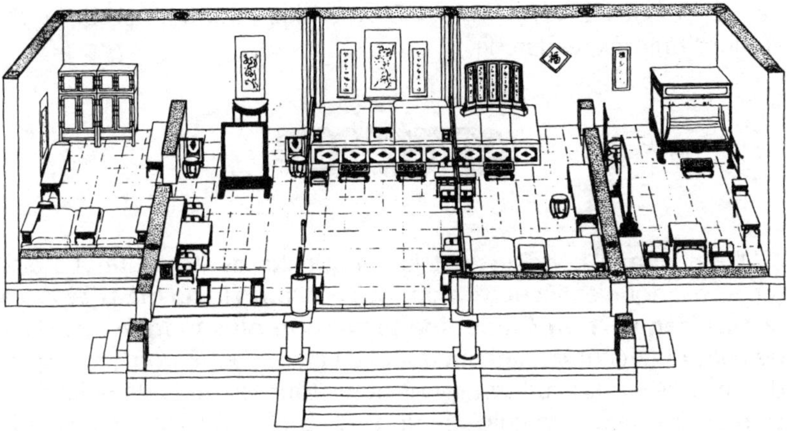

Aménagement intérieur d'un bâtiment de siheyuan

Vue de la pièce centrale de la figure précédente

Le mobilier des maisons Qing cossues est abondant et la décoration relativement chargée (cf. « Les arts décoratifs », chap. VIII). En plus des meubles de première nécessité (lits, tables et chaises), les maisons contiennent de nombreuses bibliothèques, étagères, tables basses, tabourets où prennent place divers bibelots et objets décoratifs. Les murs sont quant à eux souvent décorés de rouleaux de peinture et de calligraphie. Un élément de mobilier important au nord du pays est le *kang*, une banquette-lit qui a la particularité d'être reliée à un poêle, ce qui permet de la chauffer par le dessous durant l'hiver. Ce mobilier traditionnel Qing est aujourd'hui très recherché.

L'ÉDUCATION

Étant donné la richesse et la complexité de l'écriture chinoise (cf. « La langue et l'écriture chinoises », chap. VII), **la maîtrise de la lecture requiert en Chine une formation plus longue** que dans les cultures à écriture alphabétique. En effet, si en Europe, quelques dizaines de signes suffisent pour noter tous les mots de la langue, ce n'est pas le cas en chinois : un texte bref et relativement simple comme les *Entretiens* de Confucius contient 1 400 caractères différents, et **il faut en connaître 2 000 au minimum** pour débuter des études dignes de ce nom.

Enfant apprenant la lecture et l'écriture

L'apprentissage de la lecture commence très tôt et **avant l'âge de huit ans, les enfants doivent connaître par cœur** (à l'écrit comme à l'oral) **des textes pédagogiques** comme les *Cent noms de famille* (*Baijiaxing*), le *Texte en mille mots* (*Qianziwen*), tous deux composés sous la dynastie des Song, ainsi que le *Classique en trois caractères* (*Sanzijing*), qui date des Yuan. **Vient ensuite l'apprentissage des textes canoniques confucéens** : les Quatre livres (*sishu*, qui doivent être sus à l'âge de douze ans environ) puis les Cinq classiques (*wujing*, vers quinze ou seize ans). Ces ouvrages sont le fondement des épreuves des différents niveaux de concours mandarinaux (cf. « Le recrutement et la carrière des fonctionnaires », chap. III). Hormis la connaissance de ces textes, les jeunes hommes étudient également divers ouvrages historiques et s'entraînent à composer des poèmes et des dissertations appelées « essais en huit parties » (*baguwen*), deux compétences requises pour les examens.

L'apprentissage des textes confucéens est non seulement une façon de cultiver les enfants ou les adolescents, mais également une manière de leur **inculquer un certain nombre de valeurs morales** comme le sens de la hiérarchie ou le respect des aînés, qui sont les fondements de l'éthique confucéenne. C'est **un savoir-vivre, un ensemble de bonnes manières** (savoir saluer, prendre congé, s'adresser aux aînés, etc.) **qui est ainsi transmis** et mis en application au sein de la famille ou dans les relations avec le professeur. Si les enfants de bonne famille peuvent bénéficier de **précepteurs** à domicile, souvent des lettrés recalés aux examens mandarinaux, les autres fréquentent des **académies privées** (*shuyuan*). Ces institutions – il y en a plus de 4 000 sous les Qing – ont pour objectif essentiel de préparer les jeunes gens aux concours mandarinaux.

Outre ces compétences livresques, **les gens de bonne famille, garçons comme filles, se doivent de maîtriser les quatre arts libéraux traditionnels** : cithare *qin*, jeu de go, calligraphie et peinture (*qin qi shu hua*).

École de village

Les **filles des milieux aisés reçoivent** elles aussi, selon les cas, une **bonne éducation**, quoique moins orientée vers les examens mandarinaux, auxquels elles ne peuvent pas participer. Les jeunes filles qui peuplent le roman *Le Rêve dans le pavillon rouge* sont toutes très cultivées : elles savent bien entendu lire et écrire, connaissent les grands classiques de la littérature et certaines d'entre elles – telles les deux héroïnes Lin Daiyu et Xue Baochai – sont même d'excellentes poétesses.

LA SANTÉ ET LA MÉDECINE

La médecine chinoise est l'une des manifestations d'un « outillage mental » spécifique à la Chine, la **cosmologie corrélative**. À la base de ce système de pensée se trouvent les **Cinq agents/éléments** (*wuxing*) (Eau, Feu, Bois, Métal, Terre), qui **agissent et influent sur le cosmos et sur les activités humaines**. Le macrocosme, c'est-à-dire la nature, le monde qui nous entoure, est mis en corrélation avec le monde humain, le corps humain, les activités humaines et en particulier les affaires politiques. De vastes tableaux de correspondances (du type : à l'agent feu correspond la saison estivale, la direction sud, la couleur rouge, etc.) ont progressivement été élaborés et parallèlement s'est développée l'idée que les éléments de ces tableaux réagissaient dynamiquement les uns par rapport aux autres.

Correspondances dans le système corrélatif chinois					
Élément	Bois	Feu	Terre	Métal	Eau
Saison	Printemps	Été	Intersaisons	Automne	Hiver
Saveur	Acide	Amer	Doux	Piquant	Salé
Sens	Vue	Parole	Goût	Olfaction	Audition
Viscères	Foie	Cœur	Rate	Poumon	Reins

Chacun des éléments d'une même colonne interagit avec les autres. C'est le principe de la résonance ou de l'écho (*ganying*). Marcel Granet a trouvé une formule particulièrement heureuse pour décrire ce phénomène : « La conviction que le Tout et chacune des totalités qui le composent ont une nature cyclique et se résolvent en alternance domine si bien la pensée que l'idée de succession est toujours primée par celle d'interdépendance. » (Marcel Granet, *La Pensée chinoise*, p. 330.)

La médecine chinoise est fondée sur ces principes, et joue, afin de guérir le corps et l'esprit – tous deux liés dans cette vision holiste de l'humain –, sur les corrélations entre les substances médicinales et les organes (sous forme de décoctions, de poudres, d'emplâtres, etc.), et en suscitant l'effet de résonance par stimulation au moyen d'aiguilles : c'est l'acupuncture. Un problème à la rate sera par exemple soigné à l'aide d'un remède doux, car ce viscère est mis en corrélation avec cette saveur. Des maux de tête seront traités en poncturant non pas à l'endroit affecté, mais sur un point du pied.

Cette médecine très ancienne repose sur un vaste corpus d'herbiers et de recueils de recettes médicinales, comme le *Grand traité de matière médicale* (*Bencao gangmu*) du lettré des Ming Li Shizhen (1518-1593), œuvre complétée sous les Qing, et de traités spécialisés, par exemple sur le pouls, très important dans le diagnostic (voir l'encadré). Celui-ci se fonde également sur l'examen de la langue, du visage (le teint) et une grande importance est accordée à l'interrogatoire. La médecine chinoise connaît beaucoup d'écoles différentes, et les Qing sont marqués par un certain déclin dans l'emploi de l'acupuncture au profit de la médication ; l'empereur Daoguang (r. 1820-1850) la fait même interdire au palais impérial.

Un phénomène frappe beaucoup les missionnaires sous les Qing : **l'inoculation de la variole** aux enfants, qui débute probablement au XVIe siècle. La méthode consiste à prélever des croûtes de varioleux, à les réduire en poudre et à les insuffler dans le nez de la personne à traiter. La pratique – qui revient à une **forme de vaccination** – est quelque peu risquée, mais permet de réduire les épidémies.

La médecine chinoise accorde beaucoup d'importance à la prévention des maladies, notamment par l'alimentation, considérée comme décisive dans ce domaine. La nourriture, en lien avec les fondements de la pensée corrélative, induit des effets sur le corps, et les carences – pas seulement en termes médicaux modernes, mais aussi du point de vue chinois, comme des insuffisances de *yang* (principe masculin, chaleur), ou des excès de *yin* (principe féminin, froid) – peuvent être régulées par l'alimentation. Ainsi, le concept moderne d'« alicament » (aliment-médicament) est ancré dans la médecine chinoise depuis des siècles.

Pharmacie

Un diagnostic par le pouls

« Voici, répondit le médecin, ce que révèlent les pulsations de votre noble Dame : du côté gauche, à un pouce au-dessus du poignet, le pouls est enfoui et les battements sont précipités. Quatre pouces plus haut, à la passe médiane, le pouls est profondément tapi. Du côté droit, à un pouce au-dessus du poignet, le pouls est à peine sensible et les battements sont faibles. [...]

[Le pouls] est évanescent et les battements manquent d'énergie vitale à la passe médiane parce que l'énergie tellurique qui anime la rate est dominée par l'énergie végétale qui anime le foie. De ce que le cœur se vide de son fluide et s'échauffe, il doit s'ensuivre un dérèglement du flux cataménial et des nuits d'insomnie. De l'appauvrissement du sang par les ralentissements du fluide hépatique doivent s'ensuivre des douleurs et des tuméfactions sous les vertèbres, des retards du flux cataménial et des bouffées de chaleur cardiaque. [...]

L'étude de ses pulsations m'a permis de déceler chez votre noble Dame les aspirations d'un cœur et d'un naturel puissamment exaltés, ainsi qu'une extrême acuité d'entendement. Or, pour une personne chez qui ces qualités sont poussées à l'extrême, les déceptions ne peuvent être que trop fréquentes, et les trop fréquentes déceptions engendrent de trop vives appréhensions. Cette maladie a pour cause les chagrins et l'anxiété qui rongent la rate, et l'exubérance d'énergie vitale végétale qui travaille le foie. »

(*Le Rêve dans le pavillon rouge*, chap. X)

LA SEXUALITÉ

De manière générale, dans la tradition chinoise, **la sexualité n'est pas considérée comme un péché, comme une chose honteuse**, ni réduite à sa seule fonction procréative. On lui attribue même une utilité médicale : **l'union charnelle entre l'homme et la femme est naturelle** et salutaire, comme l'est celle du *yin* (principe féminin) et du *yang* (principe masculin). Sont blâmés en revanche les débordements et la licence, chaque époque et chaque milieu social ayant ses définitions des limites entre la normalité et la déviance. Si la fin des Ming est relativement ouverte en matière de sexualité – les manuels de « l'art de la chambre à coucher » circulent plus ou moins librement –, le pouvoir mandchou, promouvant une morale assez rigide issue du néoconfucianisme, exerce une plus grande répression, notamment dans le code pénal qu'il promulgue (cf. « La justice », chap. III).

L'homosexualité masculine est relativement répandue, notamment dans l'élite, et tolérée dans une certaine mesure. Il est cependant à noter que cette sexualité ne vient pas remplacer l'hétérosexualité ; tout au plus, elle l'accompagne ponctuellement. Le XVIIIe siècle, puis le XIXe, sont d'ailleurs célèbres pour la passion manifestée par certains hommes pour les jeunes acteurs de théâtre jouant des rôles féminins (cf. « Le théâtre », chap. IX).

L'un des traits marquants des Qing, touchant à la fois les relations sociales et en filigrane la sexualité, est la valorisation accordée au phénomène de la chasteté dans le veuvage, c'est-à-dire le fait que les veuves, parfois très jeunes, ne sont pas encouragées à se remarier, mais plutôt à demeurer dans cet état jusqu'à la fin de leur vie – ce qui signifie rester seules sans compagnon. Dans cette société patrilocale, les familles qui acceptent de conserver sous leur toit cette belle-fille sont très valorisées, car elles font un sacrifice. En effet, non seulement la jeune veuve représente une charge, mais le fait qu'elle ne se remarie pas est également un manque à gagner : la famille du mari défunt n'obtient pas la compensation financière qu'elle aurait pu recevoir en donnant la jeune femme en épousailles à un autre homme. La chasteté des veuves est encouragée par le pouvoir mandchou, qui octroie des honneurs (comme l'autorisation d'ériger une arche cérémonielle) à ces belles-familles considérées comme méritantes.

Sous les Ming, de nombreux romans érotiques et pornographiques voient le jour et continuent à être lus sous les Qing,

circulant sous le manteau ; les fleurons du genre sont par exemple *Fleur en fiole d'or* (*Jingpingmei*), d'un auteur anonyme, et *La Chair comme tapis de prière* (*Roupu tuan*), du lettré Li Yu (1611-1680), actif lors de la transition Ming-Qing.

LES COSTUMES ET LES PARURES

Par rapport à la dynastie précédente, celle des Ming, **le costume des Qing présente une plus grande richesse de motifs et de nombreuses broderies** ; il s'agit là d'une influence mandchoue. Hommes et femmes portent différents types de robes (*pao*), relativement larges et amples. Les hommes arborent ordinairement une veste sans manche (*magua*) par-dessus la robe (lorsqu'il fait froid), et une chemise ainsi qu'un pantalon en dessous. Les femmes se vêtent également de différentes couches ; leurs robes sont cependant plus ornées, et les plus raffinées d'entre elles sont parées de riches brocards.

Les hommes chinois, depuis l'avènement des Qing, sont tenus de porter une natte (cf. « La conquête de la Chine par les Mandchous », chap. I), souvent très longue. Le crâne est rasé jusqu'au sommet. Ils peuvent, lorsqu'il est nécessaire, enrouler leur natte autour du cou ou de la tête, par exemple lors de travaux de force. Le chapeau le plus courant est une sorte de bonnet rigide. Les fonctionnaires ont un couvre-chef caractéristique. Les femmes, quant à elles, portent le **chignon** ; les dames mandchoues arborent des **coiffes** spécifiques.

Natte Qing vue de profil

La coutume des pieds bandés, qui ne touche que les femmes chinoises (les empereurs proscrivent cet usage pour les dames mandchoues à l'avènement des Qing), naît vers le Xe siècle pour des raisons esthétiques : **les hommes trouvent gracieuse et érotique la démarche des femmes aux pieds bandés, car elles trottinent**. Cette tradition, qui perdure jusqu'au début du XXe siècle, consiste à bander les pieds des petites filles afin d'empêcher leur croissance. À l'âge adulte, les pieds, atrophiés par ce serrage, ont une toute

Vêtements Qing :

1. costume typique masculin

2. costume féminin mandchou

3. costume féminin chinois

4. robe pour femme

5. et 6. veste sans manche pour homme

7. robe sans manche pour femme

8. chemise

9. pantalon pour homme

1

2

3

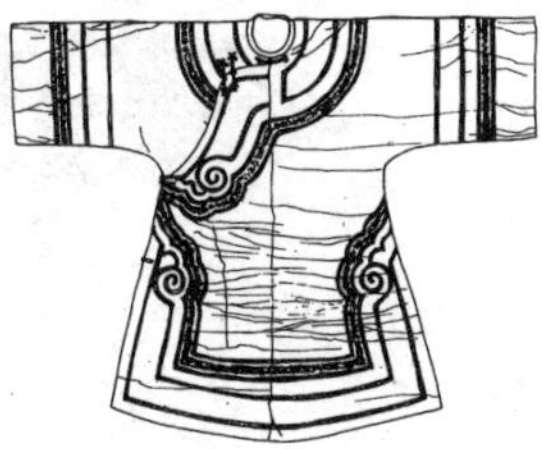

4

5

6

7

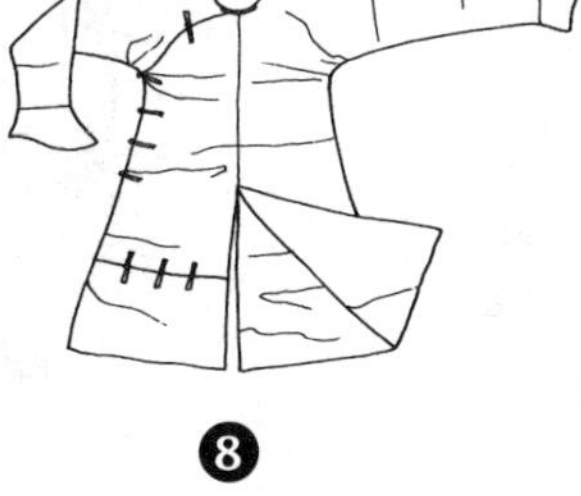

8

9

1

2

Coiffes,

chignons

et nattes :

1. et 2. chignons de femmes chinoises

3. et 4. coiffes mandchoues

5. 6. 7. nattes

3

4

5

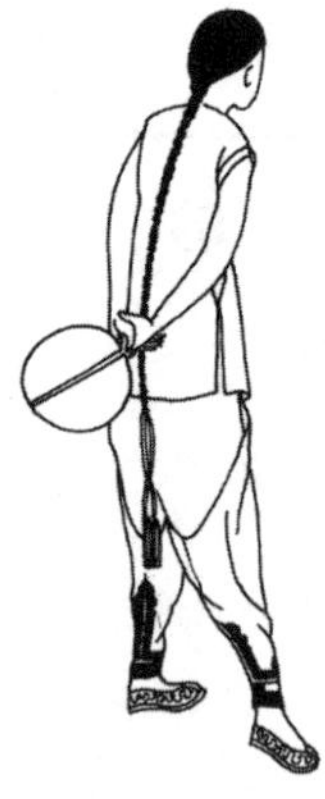

6

7

petite taille (autour de dix centimètres de long) et sont pointus, car les orteils, hormis le gros, sont repliés sous la voûte plantaire. Les pieds étant fort petits, les femmes sont facilement déséquilibrées et doivent marcher à petits pas : ce trotte-menu fait le délice des hommes chinois.

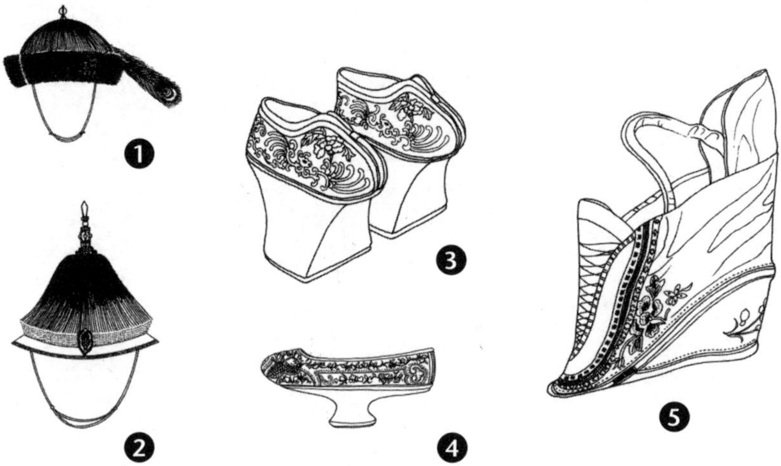

Chapeaux et chaussures :

1. chapeau d'hiver de fonctionnaire
2. chapeau d'été de fonctionnaire
3. 4. chaussures de femmes mandchoues
5. chaussure pour pied bandé

家

ANNEXES

REPÈRES BIOGRAPHIQUES

AMIOT, JOSEPH-MARIE (1718-1793)

Jésuite et astronome français. Il arrive à Pékin en 1751 et y reste jusqu'à sa mort. Il publie de nombreuses lettres et mémoires relatifs à l'astronomie, aux sciences naturelles et à la médecine chinoises et contribue ainsi considérablement à la connaissance de la Chine en Europe. On lui doit notamment une traduction de divers traités militaires chinois antiques, dont celui de Sunzi.

ATTIRET, JEAN-DENIS (1702-1768)

Jésuite et peintre français. Issu d'une famille d'artistes, il se forme à la peinture à Rome et entre chez les jésuites en 1735. Il demande à aller en Chine où Qianlong réclame un peintre français. Il reste trente ans au service de ce souverain, réalisant pour lui nombre de peintures. Il participe notamment à la célèbre série de seize gravures commandée par Qianlong à Louis XV et commémorant les grandes conquêtes de l'empereur.

CAO XUEQIN 曹雪芹 (env. 1715-1763)

Homme de lettres. Issu d'une famille de Chinois des bannières, Cao Xueqin est le fils de Cao Yin, un compagnon d'études de l'empereur Kangxi. Son grand-père est intendant des soieries impériales à Nankin et reçoit quatre fois l'empereur Kangxi lors de ses visites dans le sud. Sous Yongzheng, les Cao connaissent la disgrâce et la ruine. Cao Xueqin meurt dans la misère. Son roman fleuve *Le Rêve dans le pavillon rouge*, qu'il n'eut pas le temps d'achever, raconte la gloire et la chute d'une grande famille aristocratique.

CASTIGLIONE, GIUSEPPE (1688-1766)

Jésuite et peintre italien. Originaire de Milan, il gagne Pékin en 1715 où il entre au service de Kangxi comme peintre et travaille avec le Napolitain Matteo Ripa (1682-1746). Son activité sous le règne de Qianlong, de 1736 jusqu'à sa mort, est considérable. Il peint, selon les souhaits de l'empereur, des fleurs, des oiseaux, des animaux familiers, mais surtout des portraits et des chevaux. Il intervient également dans des œuvres collectives, comme dans la célèbre peinture narrative *Mulan* représentant des chasses impériales.

CHONGZHEN 崇禎 (1611-1644)

Nom personnel : Zhu Youjian 朱由檢. Ce seizième et dernier empereur des Ming règne de 1627 à 1644. Malgré tous ses efforts, Chongzhen ne parvient pas à redresser le pays, mis à mal par de nombreuses insurrections populaires dans les provinces et la pression militaire exercée au nord par les Mandchous. Lorsque l'un des chefs insurgés, Li Zicheng, se rend maître de Pékin, Chongzhen se donne la mort par pendaison.

DAI MINGSHI 戴名世 (1653-1713)

Homme de lettres. Originaire de l'Anhui, il devient docteur très tardivement, en 1709. En 1711, il est accusé de sentiment antimandchou pour une lettre contenue dans son ouvrage le *Recueil de la montagne du Sud* (*Nanshan ji*), dans laquelle il exprime une certaine nostalgie pour la dynastie des Ming et emploie le calendrier des Ming du Sud au lieu de celui des Qing. Il est exécuté en 1713 à la suite d'un procès retentissant et ses œuvres sont interdites.

DAI ZHEN 戴震 (1724-1777)

Philosophe et philologue. Originaire de l'Anhui, il est l'un des fers de lance d'un mouvement philosophique visant à réformer le néoconfucianisme hérité de Zhu Xi. Souhaitant retrouver le sens authentique des classiques confucéens antiques, en les dégageant des interprétations tardives, il concentre son intérêt sur la philologie et ses disciplines annexes, comme la paléographie et la phonologie, où il excelle. Dai Zhen s'est également illustré pour des travaux mathématiques.

DORGON 多爾袞 (1612-1650)

Militaire mandchou, quatorzième fils de Nurhaci. Régent de l'empereur Shunzhi. Il est l'un des principaux architectes de la conquête de la Chine par les Qing. Bien qu'il n'ait jamais eu le statut d'empereur, c'est lui qui gouverne dans les faits après la mort de son frère Hong Taiji ; il exerce le pouvoir au travers de son neveu, l'empereur Shunzhi (âgé de six ans lors de son intronisation). Considérant l'ex-empire des Ming comme une nation à mater, il applique une politique très dure envers les Chinois, et promulgue, en 1645, l'édit contraignant ces derniers, sous peine de mort, à porter une natte à la manière mandchoue.

FANG BAO 方苞 (1668-1749)

Homme de lettres. Originaire de Nankin, où il passe la plus grande partie de sa vie, il se fait très tôt une réputation de prosateur. Docteur en 1706, il ne sert pas tout de suite dans la fonction publique, en raison de la mort de ses parents. Impliqué en 1711 dans le procès littéraire intenté contre Dai Mingshi, il est emprisonné ainsi que tout son clan. Il est condamné à la servitude, puis relâché, grâce à quelques appuis puissants et à ses talents littéraires. Il occupe ensuite divers hauts postes à l'académie Hanlin et à l'imprimerie impériale. Dans le domaine littéraire, il est perçu comme le fondateur d'un mouvement de retour à l'antique.

GU YANWU 顧炎武 (1613-1682)

Philosophe, historien de la transition Ming-Qing. Originaire du Jiangsu, né sous les Ming, il est contemporain de la conquête mandchoue et reste fidèle à la dynastie vaincue. Il voyage toute sa vie, en partie par curiosité, mais aussi par nécessité. Esprit encyclopédique, il est considéré comme l'un des pères fondateurs de la critique textuelle moderne. Tout au long de ses voyages, il prend des notes sur tout type de sujet, et les publie ensuite sous le titre *Notes sur le savoir acquis jour après jour* (*Rizhilu*). L'ouvrage deviendra l'un des fleurons du genre « notes au fil du pinceau » (*biji*).

Portrait de Gu Yanwu (détail)

HESHEN 和珅 (1750-1799)

Ministre de Qianlong de 1775 à sa mort. En 1790, le fils de Heshen est marié à l'une des filles de Qianlong, ce qui accroît les liens du ministre avec l'empereur et son influence sur ce dernier. En 1793, c'est à lui qu'est confiée l'organisation de la réception de l'ambassade Macartney. Heshen, qui s'est constitué au cours des années une fortune considérable, est arrêté cinq jours après la mort de Qianlong sur ordre de son successeur Jiaqing, puis condamné à mort.

HONG TAIJI 皇太極 (1592-1643)

Chef mandchou, huitième fils de Nurhaci. Khan des Jin de 1626 à 1635, puis empereur des Qing de 1636 à 1643. Il poursuit l'œuvre militaire et politique de son père Nurhaci et fait un pas de plus : il se déclare en 1636 empereur des Qing, revendiquant par là le trône impérial détenu par les souverains chinois des Ming. Il est donc le fondateur de la dynastie et meurt à la veille de la conquête des Ming. Il transmet son trône à son fils Fulin (Shunzhi), la régence étant assurée par l'oncle de celui-ci, Dorgon.

HUANG JINGREN 黄景仁 (1749-1783)

Homme de lettres. Originaire d'une famille distinguée du Jiangsu, il subit de nombreux échecs professionnels qui le conduisent à la pauvreté. Il est cependant l'un des grands poètes de l'époque ; sa mort précoce et l'intensité émotive de ses œuvres lui valent une grande célébrité posthume.

HUANG ZONGXI 黄宗羲 (1610-1695)

Historien et philosophe de la transition Ming-Qing. Originaire du Zhejiang, il naît sous les Ming et prend les armes lors de la conquête mandchoue. Celle-ci achevée, il se retire en restant loyal à la dynastie vaincue et consacre le reste de sa vie à l'étude, publiant divers recueils et inventaires dédiés aux poètes et philosophes des Ming.

JI YUN 紀昀 (1724-1805)

Homme de lettres et membre de la cour. Né au sein d'une famille aristocratique du Zhili, il est très précoce et témoigne d'un goût pour l'étude et pour la lecture dès son plus jeune âge. Docteur à trente et un ans, il devient membre de l'académie Hanlin. Qianlong, qui apprécie sa plume, le fait ensuite entrer à la cour et lui confie la compilation de la *Collection complète en quatre magasins*. Ji Yun est un savant à l'érudition encyclopédique ; deux de ses ouvrages sont restés célèbres : le recueil de contes fantastiques *Ce dont le maître ne parlait pas* et ses *Notes de la chaumière des observations subtiles*.

JIANG SHIQUAN 蔣士銓 (1725-1784)

Poète. Originaire de Nanchang (Jiangxi), il est docteur en 1757 et affecté à l'imprimerie impériale. Par la suite, il occupe des fonctions de directeur d'académies privées et d'historiographe officiel. Avec Zhao Yi et Yuan Mei, il est considéré comme l'un des plus grands poètes du siècle. Illustre pour ses poèmes à sujets historiques ou contemporains, il est également un dramaturge à succès.

JIAQING 嘉慶 (1760-1820)

Cinquième fils de Qianlong, cinquième empereur des Qing en Chine de 1796 à 1820. Il monte sur le trône après l'abdication de son père, qui ne souhaitait pas régner plus longtemps que son aïeul Kangxi. Lorsque Qianlong meurt en 1799, il fait arrêter puis exécuter Heshen. Durant son règne, Jiaqing doit faire face à plusieurs insurrections (celle de la secte du Lotus Blanc, celle des Miao), à la pression des Européens qui souhaitent développer les échanges et à une importation massive d'opium en provenance d'Inde, très préjudiciable à la balance commerciale chinoise.

KANGXI 康熙 (1654-1722)

Portrait de Kangxi (détail)

Troisième fils de Shunzhi, deuxième empereur des Qing en Chine de 1662 à 1722. Il monte sur le trône impérial à la mort de son père Shunzhi en 1662, à l'âge de huit ans, la régence étant exercée, entre autres, par le népotique Oboi. En 1669, il se débarrasse de ce dernier, prend les rênes du pouvoir et applique une politique relativement conciliatrice pour s'assurer le soutien des lettrés chinois. Il voyage à six reprises dans le sud de l'empire, lance plusieurs grands travaux académiques et amorce une extension territoriale vers l'ouest. Il règne soixante ans, l'un des plus longs règnes qu'a connu la Chine. Sur son lit de mort, il désigne son quatrième fils, le futur Yongzheng, pour lui succéder.

LI ZICHENG 李自成 (1605-1645)

Chef d'une insurrection, il profite de la faiblesse de la cour des Ming pour occuper Pékin en 1644. Il s'y proclame empereur et fonde la très éphémère dynastie des Shun 順. Il est délogé par un général des Ming, Wu Sangui, qui prend la ville avec l'aide des Mandchous. Li Zicheng parvient à fuir, mais est tué plus tard lors d'une bataille.

MACARTNEY, GEORGE (1737-1806)

Diplomate britannique. Envoyée à la cour de Qianlong en 1793 par le roi George III d'Angleterre afin de développer les échanges commerciaux entre le Royaume-Uni et l'empire Qing, son ambassade est un échec cuisant : le vieil empereur ne satisfait pas ses demandes. Cette rencontre manquée témoigne d'une conception radicalement différente des relations internationales : pour Macartney, l'empereur chinois et le roi qu'il représente sont des égaux, pour Qianlong, George III n'est qu'un vassal régnant dans les confins barbares, venu apporter tribut.

NALAN XINGDE 納蘭性德 (MANDCHOU : NARA SINGDE) (1655-1685)

Poète mandchou. Fils d'un haut fonctionnaire mandchou, il est très précoce intellectuellement (docteur à vingt et un ans) et manifeste des dons pour la poésie en langue chinoise, notamment dans le genre des poèmes à chanter (*ci*). Il contribue ainsi au prestige de la nouvelle dynastie auprès des lettrés chinois. Marié à dix-neuf ans, il perd trois ans plus tard son épouse adorée à qui il dédie de tragiques poèmes d'amour. Il meurt jeune et la tradition chinoise garde de lui l'image d'une étoile filante de la littérature.

NURHACI 努爾哈赤 (1559-1626)

Chef mandchou. Khan des Jin de 1616 à 1626, arrière-grand-père de Kangxi. Ancêtre fondateur des Qing, il parvient, en une trentaine d'années (1588-1616), à fédérer diverses populations du nord-est de la Chine (actuelle Mandchourie). Il dote son peuple d'une écriture adaptée de l'écriture mongole, crée le système socio-militaire des bannières et se proclame en 1616 khan des Jin, embryon du pouvoir politique de la future dynastie des Qing sous le règne de son fils et successeur Hong Taiji.

PU SONGLING 蒲松齡 (1640-1715)

Homme de lettres. Originaire du Shandong, issu d'une famille de petits commerçants, il ne parvient pas à entrer dans l'élite mandarinale par le biais des concours officiels. Il gagne sa vie en étant précepteur ou secrétaire privé. Son grand œuvre est un vaste recueil de contes fantastiques en langue classique, les *Chroniques de l'étrange* (*Liaozhai zhiyi*), qui a exercé par la suite une grande influence dans le genre et qui continue de nos jours à inspirer le cinéma et la télévision.

QIAN DAXIN 錢大昕 (1728-1804)

Historien. Originaire d'une famille de lettrés du Jiangsu, il est docteur en 1754. Sa carrière officielle est riche, et marquée par de nombreuses affectations liées à la culture, aux lettres et à l'enseignement ; il est entre autres directeur de plusieurs examens mandarinaux, précepteur de princes impériaux et recteur d'académies privées. Esprit curieux et encyclopédique, il s'illustre pour une œuvre historique, mais il est également un grand collectionneur, un bon poète, et participe à la composition de plusieurs monographies locales.

QIANLONG 乾隆 (1711-1799)

Portrait de Qianlong (détail)

Nom personnel : Hongli, quatrième fils de Yongzheng. Troisième empereur des Qing en Chine de 1736 à 1795, puis empereur retiré de 1796 à 1799. Il passe les premières années de sa vie sous le règne de son grand-père Kangxi, qui l'affectionne. Intronisé à l'âge de vingt-cinq ans, il connaît l'un des règnes les plus longs de la Chine. Souverain esthète, il est un grand patron des arts et des lettres, mais aussi un empereur soucieux de faire taire chez les Chinois toute remise en question de la conquête mandchoue. Il abdique volontairement en faveur de son fils Jiaqing afin que son règne n'excède pas celui de son grand-père.

SHITAO 石濤 (1641-1720 ENV.)

Peintre. De son vrai nom Zhu Ruoji 朱若极, il appartient au clan impérial des Ming. Toute sa famille est exécutée sous ses yeux en 1644, lors de la conquête mandchoue. Il est sauvé par un serviteur qui le confie à un monastère au Fujian. Il devient moine et sera l'un des peintres du mouvement excentrique. Il est l'auteur d'un célèbre traité intitulé *Les Propos sur la peinture du moine Citrouille-amère*.

REPÈRES BIOGRAPHIQUES

SHUNZHI 順治 (1638-1661)

Nom personnel : Fulin, neuvième fils de Hong Taiji. Premier empereur des Qing en Chine de 1644 à 1661. Il n'a que six ans lorsque son père, Hong Taiji, meurt et lui transmet le trône. La régence est assurée par Dorgon, l'homme fort du règne.

WANG FUZHI 王夫之 (1619-1692)

Philosophe et homme de lettres. Issu d'une famille lettrée du Hunan, il ne peut faire carrière dans la fonction publique à laquelle il était promis à cause de la conquête mandchoue. Ardent loyaliste, il vit sous les Qing en reclus, se dédiant à des travaux académiques. Son œuvre est très vaste et couvre de nombreux domaines du savoir : philosophie, histoire, poésie. Ses commentaires des classiques confucéens antiques (dont cinq sur le *Classique des mutations*) sont particulièrement connus.

WANG SHIZHEN 王士禛 (1634-1711)

Originaire du Shandong, il brille par sa carrière officielle sous les Qing : docteur en 1658 à l'âge de vingt-quatre ans, il se hisse jusqu'au poste de président du ministère de la Justice. Il est cependant révoqué quelques années plus tard pour une peccadille. Poète reconnu en son temps comme après, il est le créateur d'une théorie poétique originale, la résonance spirituelle (*shenyun* 神韻) : selon lui, l'expérience poétique vise à dépasser la transcendance de l'immédiateté des phénomènes. Son œuvre est vaste et marquée par une certaine recherche de l'archaïsme. En plus de la vingtaine de recueils poétiques qu'il compose, il est également célèbre pour plusieurs anthologies.

WU JINGZI 吳敬梓 (1701-1754)

Homme de lettres. Originaire de l'Anhui, issu d'une lignée de fonctionnaires, il décide de ne pas tenter la carrière officielle et se consacre à la littérature, menant une vie de pauvreté et de bohème. Il est l'auteur du roman satirique *Chroniques indiscrètes des mandarins* (*Rulin waishi*), dans lequel il dénonce le système des concours mandarinaux et des perversions qu'il engendre.

WU SANGUI 吳三桂 (1612-1678)

Général des Ming, il appelle les armées mandchoues au secours en 1644 lorsque Li Zicheng s'empare de Pékin. Ce dernier est délogé, mais les Mandchous en profitent pour s'installer dans la capitale : c'est la fondation des Qing en Chine. Wu Sangui se met alors au service des nouveaux maîtres, qui le gratifient d'un titre de prince – fait exceptionnel pour une personne n'appartenant pas au clan impérial mandchou – et le font gouverneur du Yunnan. En 1673, l'empereur Kangxi souhaite le muter, ainsi que d'autres princes chinois. Éclatent alors les guerres des Trois Feudataires : Wu Sangui retourne les armes contre les Qing, se déclarant lui-même empereur de sa nouvelle dynastie, les Zhou. Il est finalement tué en 1678.

YONGZHENG 雍正 (1678-1735)

Portrait de Yongzheng (détail)

Nom personnel : Yinzhen, quatrième fils de Kangxi. Empereur de 1723 à 1735. Yongzheng règne peu de temps, mais s'illustre par sa remise en ordre des affaires politiques : il renforce le pouvoir central, améliore les finances publiques et s'attaque à la corruption des fonctionnaires. Dans le domaine militaire, il n'a pas autant de succès, et échoue à contenir l'influence des Dzoungares en Asie centrale. Il laisse l'image d'un travailleur infatigable usé par ses activités officielles. De son vivant, il désigne son quatrième fils, le futur Qianlong, comme successeur, mais ne rend pas publique sa décision. Elle ne sera révélée qu'à sa mort.

YUAN MEI 袁枚 (1716-1797)

Homme de lettres. Très précoce, il est docteur à vingt-trois ans, et passe une dizaine d'années dans la fonction publique, qu'il quitte en 1749. Il se fait alors construire près de Nankin un immense jardin, le Jardin à ma guise (Suiyuan), où il passe les cinquante dernières années de sa vie. Poète reconnu, il vit de son pinceau et amasse, en vendant ses écrits et en investissant dans des terres, une fortune considérable. Hédoniste convaincu, il est également célèbre pour ses disciples féminines.

ZHAO YI 趙翼 (1727-1814)

Historien et poète. Originaire du Jiangsu, il est l'un des historiens phares du XVIIIe siècle, et également un très grand poète. De son vivant, sa réputation est égale à celle d'un Yuan Mei ou d'un

Jiang Shiquan. Issu d'une famille de lettrés modestes (son père était un simple précepteur), il est très précoce et devient précepteur à l'âge de quatorze ans. Il obtient le grade de docteur à trente-quatre ans en 1761. Classé premier lors du concours, il doit, sur ordre de l'empereur, échanger sa place avec le troisième, originaire d'une province que le souverain souhaite privilégier car bien moins représentée que la sienne dans les concours. Il fait une belle carrière et en 1774, sa mère étant souffrante, il obtient un congé pour veiller sur elle. Durant le reste de sa vie, il alterne fonctions publiques et direction d'une académie à Yangzhou. Ses *Notes sur les vingt-deux histoires* constituent son œuvre historique la plus célèbre.

ZHENG XIE 鄭燮 (1693-1765)

Peintre, calligraphe et poète. Originaire du Jiangsu, il est l'un des huit peintres excentriques de Yangzhou. Docteur en 1738, il obtient un poste dans la fonction publique à quarante-neuf ans, en 1742, mais démissionne dix ans plus tard et se consacre aux arts. Poète apprécié, il manie un style simple et aime traiter des sujets de la vie ordinaire. En peinture, il est célèbre pour ses représentations de bambous, de rochers et d'orchidées.

ZHU XI 朱熹 (1130-1200)

Philosophe des Song du Sud. Concepteur d'un système philosophique complet et cohérent, que la tradition occidentale désigne par le terme de « néoconfucianisme », Zhu Xi, rationaliste, moraliste et métaphysicien, a exercé une influence sans pareille jusqu'à la fin de l'empire chinois, en 1911. Sa doctrine est devenue l'orthodoxie officielle et ses interprétations des classiques confucéens ont constitué le fondement des examens mandarinaux. Ses conceptions rigoristes des relations hommes-femmes ont conduit à une nette régression de la condition de ces dernières par rapport à ce qu'il en était sous la dynastie des Tang.

BIBLIOGRAPHIE

Cette bibliographie rassemble non seulement les ouvrages qui ont été utilisés pour composer ce guide, mais également un certain nombre de titres complémentaires pour approfondir le sujet. Étant donné la rareté des ouvrages sur les Qing en français, il a été indispensable d'ouvrir la liste aux ouvrages en anglais, majoritaires dans ce domaine.

On trouvera sur le site Internet suivant une bibliographie thématique très complète dressée par Benjamin Elman : www.princeton.edu/~classbib/12qing.htm.

Citons également le site www.chineancienne.fr, où l'on peut consulter et télécharger un très grand nombre d'études et de traductions tombées dans le domaine public.

GRANDES SYNTHÈSES SUR LA CHINE

Pour un premier contact avec l'histoire et la civilisation chinoises, il existe en français trois titres indispensables :

GERNET, Jacques, *Le Monde chinois*, Paris, Armand Colin, 1999 (4e éd.). Une version de poche en trois volumes a paru en 2009 aux éditions Pocket. C'est le premier livre à lire sur la Chine.

CHENG, Anne, *Histoire de la pensée chinoise*, Paris, Seuil, 1997. Une version de poche a paru en 2002 dans la collection Point Seuil.

PIMPANEAU, Jacques, *Histoire de la littérature chinoise*, Arles, Philippe Picquier, 2004.

On peut ajouter le titre suivant, malheureusement épuisé :

BLUNDEN, Caroline, ELVIN, Mark, *Atlas de la Chine*, traduit par Pierre-Étienne Will, Paris, Nathan, 1987.

BIBLIOGRAPHIE

SYNTHÈSES SUR LA CHINE IMPÉRIALE TARDIVE

COMMEAUX, Charles, *De K'ang Hi à K'ien Long. L'Âge d'or des Ts'ing (1662-1796)*, Paris, Les Belles Lettres, 1957. Un ouvrage très utile, mais fondé uniquement sur les écrits des jésuites.

CROSSLEY, Pamela, *The Manchus*, Cambridge, Blackwell publishers, 1997. Pour comprendre le peuple qui a fondé la dynastie des Qing.

ELLIOTT, Mark, « Les Mandchous et la définition de la nation », *Annales. Histoire, Sciences Sociales*, 2006, 6, p. 147-177.

FAIRBANK, John, GOLDMAN, Merle, *Histoire de la Chine, Des origines à nos jours*, Paris, Tallandier, 2010. Plus de la moitié du volume est consacrée à la Chine postérieure aux Ming.

MOTE, Frederick, *Imperial China 900-1800*, Cambridge, Harvard University Press, 1999. Une histoire événementielle du second millénaire chinois.

NAQUIN, Susan, RAWSKI, Sakakida Evelyn, *Chinese Society in the Eighteenth Century*, New Haven, Yale University Press, 1987.

PETERSON, Willard (dir.), *The Cambridge History of China. Volume 9-1, The Ch'ing Empire to 1800*, Cambridge, Cambridge University Press, 2002. Un ouvrage de référence sur les Qing jusqu'à la mort de Qianlong. Contient une bibliographie très complète d'une soixantaine de pages.

ROWE, William, *China's Last Empire: The Great Qing*, Cambridge, The Belknap Press of Harvard University Press, 2009. Une synthèse thématique d'environ trois cents pages sur les Qing.

SMITH, Richard, *China's Cultural Heritage: The Qing Dynasty, 1644-1912*, Boulder, Westview Press, 1994.

LES EMPEREURS ET LES GRANDS HOMMES

ELLIOTT, Mark, *Emperor Qianlong: Son of Heaven, Man of the World*, New York, Pearson Education, 2009. Une excellente biographie de l'empereur Qianlong.

FRÉDÉRIC, Louis, *Kangxi : Grand Khân de Chine et Fils du Ciel*, Paris, Arthaud, 1985. Ouvrage fondé uniquement sur les témoignages des jésuites.

HUMMEL, Arthur (dir.), *Eminent Chinese of the Ch'ing period (1644-1912)*, Washington, United States Government printing office, 1943-1944. Un dictionnaire biographique de référence sur les grands hommes des Qing.

ROWE, William T., *Saving the World: Chen Hongmou and the Elite Consciousness in Eighteenth-Century China*, Stanford, Stanford University Press, 2001. Biographie d'un gouverneur chinois hors du commun.

IDÉOLOGIE POLITIQUE – INSTITUTIONS – JUSTICE

BODDE, Derk, MORRIS, Clarence, *Law in Imperial China: Exemplified by 190 Ch'ing Dynasty Cases, Translated from the Hsing-an hui-lan with Historical, Social, and Juridical Commentaries*, Cambridge, Harvard University Press, 1967.

CH'Ü, T'ung-tsu, *Local Government in China Under the Ch'ing*, Cambridge, Harvard University Press, 1962. Une synthèse très riche et très claire du fonctionnement administratif d'une sous-préfecture.

ELLIOTT, Mark C., *The Manchu Way: The Eight Banners and Ethnic Identity in Late Imperial China*, Stanford, Stanford University Press, 2001. Une étude très approfondie du système des huit bannières et de ses implications sur le plan ethnique.

RAWSKI, Sakakida Evelyn, *The Last Emperors: A Social History of Qing Imperial Institutions*, Berkeley, University of California Press, 1998. Synthèse très complète sur la cour mandchoue.

WAKEMAN, Frederic, *The Great Enterprise: The Manchu Reconstruction of Imperial Order in Seventeenth Century China*, Berkeley, University of California Press, 1985. Somme sur la transition Ming-Qing.

GÉOGRAPHIE – ÉCONOMIE – SOCIÉTÉ – ARMÉE

BLONDEAU, Anne-Marie, BUFFETRILLE, Katia, *Le Tibet est-il chinois ?*, Paris, Albin Michel, 2002.

GABBIANI, Luca, *Pékin à l'ombre du Mandat Céleste : Vie quotidienne et gouvernement urbain sous la dynastie des Qing (1644-1911)*, Paris, EHESS éditions, 2011. Un ouvrage indispensable pour qui veut comprendre le fonctionnement de Pékin et la vie quotidienne dans cette ville sous les Qing.

HAW, Stephen, *Beijing : A Concise History*, Londres, Routledge, 2007.

MILLWARD, James, *Eurasian Crossroads: A History of Xinjiang*, New York, Columbia University Press, 2007. Un chapitre est consacré au Turkestan oriental (Xinjiang) sous les Qing.

PERDUE, Peter, *China Marches West: The Qing Conquest of Central Eurasia*, Cambridge, The Belknap Press of Harvard University Press, 2005. Ouvrage joliment illustré et très riche sur l'extension territoriale des Qing au Turkestan oriental (Xinjiang).

POMERANZ, Kenneth, *Une grande divergence. La Chine, l'Europe et la construction de l'économie mondiale*, Paris, Albin Michel, 2010. Analyse comparative des économies chinoise et européenne, principalement au XVIIIe siècle.

SKINNER, William G., *The City in the Late Imperial China*, Stanford, Stanford University Press, 1977.

VIE QUOTIDIENNE – FAMILLE – ÉDUCATION – LOISIRS

CHAN Tat Chuen, William, *À la table de l'empereur de Chine*, Arles, Philippe Picquier, 2007.

CHAN Tat Chuen, William, *À la table du « Rêve dans le pavillon rouge » : gastronomie et recettes du célèbre roman classique chinois du XVIIIe siècle*, Paris, Jean-Paul Rocher, 2009.

CHAN Tat Chuen, William, *Fêtes et banquets en Chine*, Arles, Philippe Picquier, 1997.

COMMEAUX, Charles, *La Vie quotidienne en Chine sous les Mandchous*, Paris, Hachette, 1970. Un ouvrage intéressant, mais fondé uniquement sur une documentation occidentale, principalement les témoignages des jésuites.

ELMAN, Benjamin, *A Cultural History of Civil Examinations in Late Imperial China*, Berkeley, University of California Press, 2000. Une somme encyclopédique sur les examens mandarinaux et leur arrière-plan politique, culturel et social.

ELMAN, Benjamin, « Le système des examens publics aux derniers siècles de la Chine impériale (1400-1900) », dans Christian

JACOB (dir.), *Lieux de savoir : Espaces et communautés*, Paris, Albin Michel, 2007, p. 99-121.

GAO Chunming, *Zhongguo fushi mingwu kao* (« Recherche sur les vêtements et ornements chinois »), Shanghai, Shanghai Wenhua chubanshe, 2001.

JOHNSON, David *et al.*, *Popular Culture in Late Imperial China*, Berkeley, University of California Press, 1985.

MANN, Susan, *Precious Records: Women in China's Long Eighteenth Century*, Stanford, Stanford University Press, 1997.

MIYAZAKI, Ichisada, *China's Examination Hell: The Civil Service Examinations of Imperial China*, Yale University Press, 1981. Une brève synthèse sur le fonctionnement des examens mandarinaux.

NAKAGAWA Tadahide, *Shinzoku kibun* (« Mémoires sur les coutumes des Qing »), Tokyo, Heibonsha, 1965. Ouvrage illustré publié en 1799 par des Japonais ayant visité le sud de la Chine.

OLIVOVÁ, Lucie B., BØRDAHL, Vibeke (dir.), *Lifestyle and Entertainment in Yangzhou*, Copenhague, NIAS press, 2009.

PIMPANEAU, Jacques, *Dans un jardin de Chine*, Arles, Philippe Picquier, 2000.

PIMPANEAU, Jacques, *Chine : Culture et traditions*, Arles, Philippe Picquier, 2004.

ROBERTIE, Pierre de, LE CORRE, Christian, *Il y a un siècle, La Chine*, Rennes, Éditions Ouest-France, 2007. Recueil commenté de photos et de gravures du XIXe siècle sur la fin de la Chine des Qing.

SOMMER, Matthew, *Sex, Law, and Society in Late Imperial China*, Stanford, Stanford University Press, 2000.

YEH, Catherine Vance, *Shanghai Love: Courtesans, Intellectuals, and Entertainment Culture, 1850-1910*, Seattle, University of Washington Press, 2006.

ARTS

BÉGUIN, Gilles, MOREL, Dominique, *La Cité interdite des Fils du Ciel*, Paris, Gallimard Découvertes, 1996.

BIBLIOGRAPHIE

CAHILL, James, *Pictures for Use and Pleasure: Vernacular Painting in High Qing China*, Berkeley, University of California Press, 2012. Très beau livre sur la peinture fonctionnelle et la peinture d'agrément au XVIIIe siècle.

CHIU Che Bing, *Yuanming yuan : Le Jardin de la clarté parfaite*, Besançon, les éditions de l'imprimeur, 2000.

CHIU Che Bing, *Jardins de Chine ou la quête du paradis*, Paris, La Martinière, 2010.

ELISSEEFF, Danielle, *L'Art chinois*, Paris, Larousse, 2007.

ELISSEEFF, Danielle, *Histoire de l'art : La Chine des Song (960) à la fin de l'Empire (1912)*, Paris, École du Louvre, 2010.

HE Li, *La Céramique chinoise*, Paris, Thames & Hudson, 2006.

HU Desheng, SONG Yongji, *Chinese Classical Furniture: The Complete Illustrated Guide for Collectors*, New York, University of Hawai'i Press, 2009.

KERLAN-STEPHENS, Anne, *Poème sans paroles. Chroniques des peintres chinois en deçà du fleuve Bleu*, Paris, Hazan, 1999.

LIU Dunzhen (dir.), *Zhongguo gudai jianzhu shi* (« Histoire de l'architecture de la Chine ancienne »), Pékin, Zhongguo jianzhu gongye chubanshe, 1998.

LIU Dunzhen, *La Maison chinoise*, Paris, Berger-Levrault, 1980.

LIU Zhiping, *Zhongguo juzhu jianzhu jianshi* (« Précis d'histoire de l'architecture de l'habitat »), Pékin, Zhongguo jianzhu gongye chubanshe, 1990.

PICARD, François, *La Musique chinoise*, Paris, éditions You-feng, 2003.

PIRAZZOLI, Michèle, *Architecture universelle : Chine*, Fribourg, Office du Livre, 1970. Une synthèse très claire sur l'architecture chinoise pré-moderne.

PIRAZZOLI-T'SERSTEVENS, Michèle, *Giuseppe Castiglione : 1688-1766. Peintre et architecte à la cour de Chine*, Paris, Thalia, 2007. Très beau livre illustré sur la carrière de l'un des plus grands peintres occidentaux à la cour impériale des Qing.

PIRAZZOLI-T'SERSTEVENS, Michèle (dir.), *Le Yuanmingyuan : Jeux d'eau et palais européens du XVIIIe siècle à la cour de Chine. Les palais européens, histoire et légendes*, Mission Palais d'été de Pékin, Paris, éditions Recherche sur les civilisations, 1987.

Pirazzoli-t'Serstevens, Michèle, Kerlan-Stephens, Anne (dir.), *Autour des collections d'art en Chine au* XVIIIe *siècle*, Paris, Droz, 2008.

Soulié, Georges, *La Musique en Chine*, Paris, Ernest Leroux, 1911. (disponible en ligne : archive.org/details/lamusiqueenchine00soul)

Steinhardt, Nancy Shatzman (dir.), *L'Architecture chinoise*, Arles, Philippe Picquier, 2005.

Thiriez, Régine, *Barbarian Lens: Western Photographers of the Qianlong Emperor's European palaces*, Amsterdam, Gordon and Breach publishers, 1998.

Torres, Pascal, *Les Batailles de l'empereur de Chine : La gloire de Qianlong célébrée par Louis XV, une commande royale d'estampes*, Paris, Le Passage, 2009.

Watson, William, Ho Chuimei, *The Arts of China after 1620*, New Haven, Yale University Press, 2007.

Sur la céramique, voir également la page Internet du musée Guimet consacrée à la collection Grandidier : www.guimet-grandidier.fr.

CATALOGUES D'EXPOSITION

– Paris, 1994, musée national des arts asiatiques Guimet
Peyrefitte, Alain, Desroches, Jean-Paul (dir.), *Visiteurs de l'Empire céleste*, Paris, Réunion des musées nationaux, 1994.

– Paris, 1996-1997, Petit Palais
La Cité interdite : vie publique et privée des empereurs de Chine, 1644-1911, Paris Musées, 1996.

– Paris, 1998-1999, Grand Palais
Trésors du Musée national du Palais, Taipei, Paris, Réunion des musées nationaux, 1998.

– Paris, 2000-2001, Petit Palais
Béguin, Gilles (dir.), *Chine, la gloire des empereurs*, Paris, Paris Musées, 2000.

– Versailles, 2004, musée national du château de Versailles
Kangxi, empereur de Chine 1662-1722 : la Cité interdite à Versailles, Paris, Réunion des musées nationaux, 2004.

– Boulogne-Billancourt, 2004, musée Albert Kahn

BAUD BERTHIER, Gilles, CHIU Che Bing, *Le Jardin du lettré : synthèse des arts en Chine*, Besançon, Les éditions de l'imprimeur, 2004.

– Londres, 2005-2006, Royal Academy of Arts

RAWSKI, Sakakida Evelyn, RAWSON, Jessica (dir.), *China: The Three Emperors 1662-1795*, London, Royal Academy of Arts, 2005. Catalogue superbement illustré d'une exposition sur les trois empereurs Kangxi, Yongzheng et Qianlong.

– Paris, 2006, musée national des arts asiatiques Guimet

REY, Marie-Catherine, GIÈS, Jacques (dir.), *Les Très riches heures de la Cour de Chine : Chefs-d'œuvre de la peinture des Qing 1662-1796*, Paris, Réunion des musées nationaux, musée national des arts asiatiques Guimet, 2006.

– Bruxelles, 2009-2010, palais des Beaux-Arts

DESROCHES, Jean-Paul, TIMPERMAN, Ilse, *et al.*, *Fils du Ciel*, Bruxelles, Europalia international, 2010.

– Nantes, 2010, musée d'Histoire de Nantes

DESROCHES, Jean-Paul, *La Soie et le canon : France-Chine 1700-1860*, Paris, Gallimard, 2010.

– Paris, 2011-2012, Louvre

DESROCHES, Jean-Paul (dir.), *La Cité interdite au Louvre : empereurs de Chine et rois de France*, Paris, Louvre éditions, Somogy, 2011.

– Paris, 2012, musée du quai Branly

DESROCHES, Jean-Paul, SABBAN, Françoise, *Les Séductions du palais : Cuisiner et manger en Chine*, Paris, Actes Sud, musée du quai Branly, 2012.

LITTÉRATURE – PHILOSOPHIE – HISTOIRE INTELLECTUELLE – RELIGION

CHEN, Kenneth, *Buddhism in China: A Historical Survey*, Princeton, Princeton University Press, 1964. Synthèse sur l'histoire du bouddhisme en Chine, des origines au XXe siècle. Traduction française à paraître aux éditions Les Belles Lettres.

DURAND, Pierre-Henri, *Lettrés et pouvoirs : Un procès littéraire dans la Chine impériale*, Paris, École des Hautes Études en Sciences Sociales, 1992. Histoire très documentée du procès littéraire subi par le grand lettré Dai Mingshi (1653-1713) sous le règne de Kangxi.

ELMAN, Benjamin, *From Philosophy to Philology: Intellectual and Social Aspects of Change in Late Imperial China*, Cambridge, Cambridge University Press, 1984, 2e edition, 2001. Les milieux lettrés sous les Qing.

GOODRICH, Luther, *The Literary Inquisition of Ch'ien-lung*, New York, Paragon book reprint, 1966.

GOOSSAERT, Vincent, « Bureaucratie, taxation et justice : Taoïsme et construction de l'État au Jiangnan (Chine), XVIIe-XIXe siècle », *Annales. Histoire, Sciences Sociales*, 2010, n° 4, p. 999-1027.

GRANET, Marcel, *La Pensée chinoise*, Paris, Albin Michel, 1999 (1er édition 1934).

GUY, Kent, *The Emperor's Four Treasuries: Scholars and the State in the Late Ch'ien-lung Era*, Cambridge, Harvard University Press, 1987. Pour comprendre la compilation de la *Collection complète en quatre magasins*.

LÉVY, André (dir.), *Dictionnaire de littérature chinoise*, Paris, Presses Universitaires de France, 2000.

PIMPANEAU, Jacques, *Chine : Mythes et dieux*, Arles, Philippe Picquier, 1999.

SCHMIDT, Jerry Dean, *Harmony Garden: The Life, Literary Criticism, and Poetry of Yuan Mei (1716-1798)*, Londres, Routlege Curzon, 2003. Une somme biographique sur Yuan Mei, avec de nombreuses traductions de poèmes.

RELATIONS AVEC L'OCCIDENT – JÉSUITES

DUTEIL, Jean-Pierre, *Le Mandat du Ciel : Le rôle des jésuites en Chine, de la mort de François-Xavier à la dissolution de la Compagnie de Jésus (1552-1774)*, Paris, Éd. Arguments, 1994.

ÉTIEMBLE, René, *L'Europe chinoise, 2 volumes : 1. De l'empire romain à Leibniz, 2. De la sinophilie à la sinophobie*, Paris, Gallimard, 1988-1989.

ÉTIEMBLE, René, *Les Jésuites en Chine (1552-1773) : La querelle des rites*, Paris, René Julliard, 1966.

GERNET, Jacques, *Chine et christianisme : action et réaction*, Paris, Gallimard, 1982.

LANDRY-DERON, Isabelle, *La Preuve par la Chine : la « Description » de J.-B. Du Halde, jésuite, 1735*, Paris, Éditions de l'École des hautes études en sciences sociales, 2002.

DÉTRIE, Muriel, *France-Chine. Quand deux mondes se rencontrent*, Gallimard, Collection « Découvertes Gallimard », 2004.

Alain Peyrefitte s'est beaucoup intéressé à l'ambassade britannique de Macartney de 1793-1794. Il a publié tout d'abord un récit approfondi de la mission :

PEYREFITTE, Alain, *L'Empire immobile ou le choc des mondes : récit historique*, Paris, Fayard, 1989.

Puis il a fait appel à une équipe de sinologues menée par Pierre-Henri Durand pour traduire les documents chinois (édits impériaux de Qianlong, mémoires des fonctionnaires) relatifs à la mission :

PEYREFITTE, Alain (dir.), *Un choc de cultures : La Vision des Chinois*, Paris, Fayard, 1991.

Un deuxième volume rassemble les documents anglais :

PEYREFITTE, Alain (dir.), *Un choc de cultures : Le Regard des Anglais*, Paris, Fayard, 1998.

TRADUCTIONS D'ŒUVRES LITTÉRAIRES CHINOISES

CAO Xueqin, *Le Rêve dans le pavillon rouge*, traduit par Li Tchehoua et Alezais Jacqueline, Paris, Gallimard, Bibliothèque de la Pléiade, 1981. Traduction intégrale du roman, malheureusement non sans défauts. Le parti pris de littéralité donne une saveur exotique à l'œuvre, inexistante dans la langue originale.

CAO Xueqin, *Le Rêve dans le pavillon rouge*, traduit par Wu Hongmiao et Laurent Ballouhey, Paris, Bibliothèque de l'image, 2009. Un résumé du roman chapitre par chapitre, illustré par de très belles peintures composées au XIXe siècle.

CHAVES, Jonathan, *The Columbia Book of Later Chinese Poetry: Yüan, Ming and Ch'ing dynasties (1279-1911)*, New York, Columbia University Press, 1986. Anthologie de poèmes des dynasties Yuan, Ming et Qing.

DAI Mingshi, *Recueil de la montagne du Sud*, traduit par Pierre-Henri Durand, Paris, Gallimard, 1998. Le recueil qui valut à l'auteur un procès littéraire qui lui fut fatal.

Fleur en fiole d'or, traduit par André Lévy, Paris, Gallimard, Bibliothèque de la Pléiade, 1985. Roman érotique des Ming qui circulait sous le manteau sous les Qing.

JI Yun, *Notes de la chaumière des observations subtiles*, traduit par Jacques Pimpaneau, Paris, Éditions Kwok on, 1995. Choix de textes des différents livres qui composent le *Yuewei caotang biji*.

JI Yun, *Passe-temps d'un été à Luanyang*, traduit par Jacques Dars, Paris, Gallimard, 1998. Traduction intégrale des récits du premier livre du *Yuewei caotang biji*.

LO, Irving, SCHULTZ, William, *Waiting for the Unicorn: Poems and Lyrics of China's Last Dynasty, 1644-1911*, Bloomington, Indiana University Press, 1986. Anthologie de la poésie des Qing.

PU Songling, *Chroniques de l'étrange*, traduit par André Lévy, Arles, Philippe Picquier, 2005. Traduction intégrale et illustrée du recueil.

PU Songling, *Trois contes étranges*, traduit par Rainier Lanselle, Paris, Presses Universitaires de France, 2009. Trois contes traduits d'après un rouleau superbement illustré et fourni en fac-similé.

SHEN Fu, *Six récits au fil inconstant des jours*, traduit par Pierre Ryckmans, Paris, Christian Bourgois Éditeur, collection 10/18, 1982.

WOU King-tseu (= WU Jingzi), *Chronique indiscrète des mandarins*, traduit par Tchang Fou-jouei, Paris, Gallimard, 1976.

YUAN Mei, *Ce dont le maître ne parlait pas : Le merveilleux onirique*, traduit par Chang Fu-jui, Jacqueline Chang et Jean-Pierre Diény, Paris, Gallimard, 2011.

YUAN Mei, *Divers plaisirs à la villa Sui*, traduit par Cheng Wing fun et Hervé Collet, Millemont, Moundarren, 2000. Biographie et choix de poèmes.

ÉCRITS DES JÉSUITES

VISSIÈRE, Isabelle, VISSIÈRE, Jean-Louis (dir.), *Lettres édifiantes et curieuses des jésuites de Chine : 1702-1776*, Paris, Desjonquères, 2002.

AMIOT, Joseph-Marie (1718-1793) *et al.*, *Mémoires concernant l'histoire, les sciences, les arts, les mœurs et les usages des Chinois par les missionnaires de Pékin*, Paris, Nyon aîné, 1776-1814. (Disponible en ligne : gallica.bnf.fr/ark:/12148/cb39279325r/date).

Boothroyd, Ninette, Détrie, Muriel (dir.), *Le Voyage en Chine : anthologie des voyageurs occidentaux du Moyen Âge à la chute de l'empire chinois*, Paris, Laffont, 1992.

Lecomte, Louis, *Un jésuite à Pékin : Nouveaux mémoires sur l'état présent de la Chine 1687-1692*, Paris, Phébus, 1990.

Du Halde, Jean-Baptiste, *Description géographique, historique, chronologique, politique et physique de l'empire de la Chine et de la Tartarie chinoise*, Paris, P.G. Le Mercier, 1735. (Disponible en ligne : vol. 1 : gallica.bnf.fr/ark:/12148/bpt6k54962623 ; vol. 2 : gallica.bnf.fr/ark:/12148/bpt6k56991284 ; vol. 3 : gallica.bnf.fr/ark:/12148/bpt6k5699174c ; vol. 4 : gallica.bnf.fr/ark:/12148/bpt6k56995399)

GLOSSAIRE DES TERMES EN CHINOIS

Les termes se trouvant dans les index ne sont pas repris dans le présent glossaire.

Aisin Gioro 愛新覺羅
anchashi 按察使
Anyuan miao 安遠廟
Bada shanren 八大山人
baguwen 八股文
baidunzi 白墩子
baihua xiaoshuo 白話小說
baihua 白話
Baiyun guan 白雲觀
baqi 八旗
baxian 八仙
Beihai 北海
Beiyun 北運
bianqing 編磬
bianzhong 編鐘
biji 筆記
bingbu 兵部
Bishu shanzhuang 避暑山莊
bufu 補服
buzhengshi 布政使
chan 禪
Changchun yuan 長春園
Changsha 長沙
changsui 常隨
Chaobai 潮白
Chaozhou 潮州
chiming 敕命
chou 丑
Chun 純
chunjie 春節
chunlian 春聯
ci 詞
cong jiupin 從九品
cong 從
Dadu 大都
dalisi 大理寺
dan 旦
daoguan 道官
daohui 道會
daoji 道紀
Daolusi 道錄司
daoshi 道士
daozheng 道正
Daxing'an 大興安
dayunhe 大運河
dazhuan 大篆

ANNEXES

dian 奠
dian 殿
dianshi 殿試
difang zhi 地方志
dingdai 頂戴
dinghai 丁亥
ditan 地壇
dongsansheng 東三省
dongzhi 冬至
duanwu jie 端午節
duchayuan 都察院
duilian 對聯
dutong 都統
duyushi 都御史
erjie 二姐
*ershi si jieqi*二十四節氣
Fangshan 房山
Fen 汾
fengshui 風水
Fengtian 奉天
Foshan 佛山
fu 府
Fulin 福臨
Fuzhou 福州
ganying 感應
ganzhi 干支
Gan 贛
gaoming 誥命
gaoshou Jia men Qin shi yiren zhi lingwei 誥授賈門秦氏宜人之靈位
geng 更
gengwu 庚午
gong 宮
gong 工
gongbu 工部
gonghang 公行
guan 冠
guanglusi 光祿寺
guanhua 官話
guanli 冠禮
guijie 鬼節
guohao 國號
guojia zhusi 國家諸祀
gushi 古詩
Han 漢
Han 韓
hang 行
Hangzhou 杭州
Hankou 漢口
hao 號
Heilongjiang 黑龍江
Hengshan 恆山
honglusi 鴻臚寺
hongmu 紅木
hongxue 紅學
huafang 畫舫
Huai 淮
huangcheng 皇城
huangdi 皇帝
huanghuali 黃花梨
Huashan 華山
hubu 戶部
huibi 迴避
huishi 會試
Hui 回
huqin 胡琴
hutong 胡同
ji 集

jiagu wen 甲骨文
jiala 甲喇
Jiangnan 江南
jiangyou sandajia 江右三大家
jiangzuo sandajia 江左三大家
Jianwu 建武
jiazi 甲子
jili 笄禮
Jilin 吉林
jin 衿
Jin 金
jing 淨
jing 經
Jingshan 景山
jinshi 進士
jingshi zhiyong 經世致用
jintishi 近體詩
Jiulong 九龍
jiupin 九品
jiushijiu yan zhai 九十九硯宅
jiushu 九叔
jueju 絕句
Juma 拒馬
junji dachen 軍機大臣
junjichu 軍機處
juren 舉人
Kaifeng 開封
kaishu 楷書
Kaiyuan 開元
kang 炕
kaozheng xue 考證學
kejia 客家
keju 科舉
Kunlun 崑崙
kunqu 崑曲
Lancangjiang 瀾滄江
Lanling xiaoxiao sheng 兰陵笑笑生
lao zuzong 老祖宗
li 例
li 吏
Li 李
liang 兩
Liao 遼
libu 吏部
libu 禮部
lifanyuan 理藩院
Lin 林
Lingnan 嶺南
lingpai 靈牌
lishu 隸書
liubu 六部
lü 律
Luoyang 洛陽
lüshi 律詩
lüying 綠營
magua 馬褂
mantou 饅頭
manyue 滿月
manzhou 滿州
Miao 苗
miaohao 廟號
Min 閩
ming 名
muyou 幕友
muyu 木魚
Nanchang 南昌
Nanhai 南海

nanmu 楠木
Nanshan 南山
neichao 內朝
neicheng 內城
neige 內閣
Neimenggu 內蒙古
neiwufu 內務府
niangao 年糕
nianhao 年號
Ningshougong 寧壽宮
niulang zhinü 牛郎織女
niulu 牛錄
nong 農
nongli 農曆
Ou 甌
Ouyang 歐陽
pailü 排律
pao 袍
ping 平
pipa 琵琶
Poyang 鄱陽
Puning si 普寧寺
Puren si 普仁寺
putonghua 普通話
Putuozong cheng miao 普陀宗乘廟
qi 妻
qi 棋 / 碁
qian 錢
qianliang 錢糧
Qianlong huangdi 乾隆皇帝
Qianlong sanshier nian liu yue kuichou 乾隆三十二年六月癸丑
Qianlong shi nian 乾隆十年
Qianlong tongbao 乾隆通寶
Qichun yuan 綺春園
qie 妾
qin qi shu hua 琴棋書畫
qin 琴
Qing 清
qing 磬
qinghua 青花
qingli si 清吏司
qingming jie 清明節
Qinshan 秦山
Quanzhou 泉州
ren 仁
ritan 日壇
rujiao 儒教
runyue 閏月
san fasi 三法司
san yue shier ri 三月十二日
sancong side 三從四德
sanjiao 三教
Sanqing 三清
sansheng 三聖
shang 商
shangshu 尚書
shangyu 上諭
shanshui shi 山水詩
shanshui 山水
shejitan 社稷壇
shen 紳
sheng 生
sheng 省
sheng 笙
shengyuan 生員
shenjin 紳衿

shenshi 紳士
shi yan zhi 詩言志
shi 史
shi 士
shi 時
shi 謚
shihua 詩話
shilang 侍郎
Shitou ji 石頭記
Shuangta 雙塔
shuichuang 水床
shuyuan 書院
sida qishu 四大奇書
siheyuan 四合院
Sima 司馬
sishu 四書
siyi 四藝
Suiyuan 隨園
suona 嗩吶
suwang 素王
Tai shanghuang 太上皇
taichangsi 太常寺
Taimiao 太廟
taipusi 太僕寺
Taiyi 太乙
tangzi 堂子
tiangan dizhi 天干地支
tianming 天命
Tianshi dao 天師道
Tiantai 天台
tiantan 天壇
tianxia 天下
tianzi 天子
tidu xuezheng 提督學政
tongbao 通寶
tongshi 童試
tongsu xiaoshuo 通俗小說
tuanyuan jie 團圓節
tudigong 土地公
waichao 外朝
waicheng 外城
Wanchun yuan 萬春園
wang yushi 王御史
Wei 渭
weiqi 圍棋
wenchang 文昌
wenfang sibao 文房四寶
wenyan 文言
Wenzhou 溫州
wugu 五穀
Wuhan 武漢
wujing 五經
Wutaishan 五台山
wuxing 五行
Xi'an 西安
xian 縣
Xiang 湘
xiang 鑲
xiangqi 象棋
xiangshi 鄉試
xiao 孝
xiaokao 小考
xiaozhuan 小篆
xibo 錫伯
xing 姓
xingbu 刑部
Xinjiang 新疆
xiucai 秀才

GLOSSAIRE DES TERMES EN CHINOIS

Xiyang lou 西洋樓
Xizang 西藏
xueshi 學士
Xumi fushou miao 須彌福壽廟
xun 旬
xunfu 巡撫
yamen 衙門
Yandang 雁蕩
yang 陽
yangli 陽曆
yanglian 養廉
Yangzhou ba guai 揚州八怪
Yanzijiang 揚子江
yayi 衙役
Yi 彝
Yiheyuan 頤和園
yin 陰
yinli 陰曆
yizhe 藝者
Yongding 永定
Yonghe gong 雍和宮
Yongkang 永康
yuankao 院考
yuanqiu 圜丘
yuanxiao jie 元宵節
Yudi 玉帝
yue 月
yuebing 月餅
yueqin 月琴
yuetan 月壇
yushi 御史
zaobanchu 造辦處
ze 仄
zhaigong 齋宮
Zhang 張
Zhangzhou 漳州
zhao 詔
zhen 鎮
zheng yipin 正一品
zheng 正
zheng 箏
Zhengyue nianqi ri chumen, wu yue nianqi ri huan shan 正月廿七日出門五月廿七日還山
zhengyue 正月
zhi 旨
zhidao le 知道了
zhifu 知府
zhixian 知縣
Zhonghai 中海
zhongqiu jie 中秋節
zhongyuan jie 中元節
Zhuang 壯
zhuazhou 抓周
Zhujiang 珠江
zi 子
zi 字
zijincheng 紫禁城
zitan 紫檀
zongdu 總督
zongmiao 宗廟
zongzi 粽子
zouzhe 奏摺
Zunhua 遵化

PRONONCIATION DU CHINOIS

La transcription du chinois utilisée dans cet ouvrage est appelée *pinyin* ; c'est la plus employée de nos jours. Elle a l'avantage d'être relativement courte, mais nécessite un apprentissage car certaines conventions ne sont guère intuitives pour un francophone. Cette note n'a d'autre ambition que de fournir quelques clés de lecture approximative, et nous renvoyons le lecteur à la recherche d'une description linguistique du chinois à l'ouvrage *Parlons chinois* de Zhitang Yang-Drocourt (Paris, L'Harmattan, 2007).

Nous n'indiquons ici que les lettres ou les groupes de lettres présentant une difficulté.

ai	« aille »
an	« anne »
c	comme *ts*. ex. **ca** ≈ « tsa » **Attention** : **ci** ne se prononce pas « tsi », mais « tseu »
ch	comme *tch* dans « cha-cha-cha ». ex. : **cha** ≈ « tcha » ; **chu** ≈ « tchou » **Attention** : **chi** ne se prononce pas « tchi », mais « tcheu »
e	*e* ouvert, comme dans « bœuf ». **ce** ≈ « tse »
ei	« eille »
er	*eu* de « euh », suivi du *r* prononcé à l'américaine dans le mot anglais *car* (voiture)
g	toujours dur. ex. : **ge** ≈ « gueu »
h	aspiration forte, comme le *ch* allemand dans *ach* ou la *jota* espagnole. ex. : **he** ≈ « hrreu »

PRONONCIATION DU CHINOIS

i	1. après **zh, ch, sh, r, s** : comme *eu* dans « jeu » 2. dans tous les autres cas, comme *i* dans « idée »
ian	« ienne » dans « chienne ». ex. **lian** ≈ « lienne » ; **qian** ≈ « tchienne »
in / yin	« inne »
j	comme le *dj* dans « djinn ». ex. : **jin** ≈ « djinne » **Attention** : n'est suivi que d'un *i* ou d'un *u* (sans tréma, mais prononcé comme dans « dodu »)
ou	comme dans l'anglais *boat*
q	comme le *tch* dans « litchi ». ex : **qing** ≈ « tching » ; **qian** ≈ « tchienne » ; **qu** ≈ « tchu » **Attention** : n'est suivi que d'un *i* ou d'un *u* (sans tréma, mais prononcé comme *u* dans « dodu »)
r	comme *j* dans « jade ». ex. **rang** ≈ « jang » ; **run** ≈ « jounne » **Attention** : **ri** ne se prononce par « ji », mais « jeu »
s	comme *s* dans « soupe » **Attention** : **si** ne se prononce pas « ssi », mais « sseu »
sh	comme *ch* dans « chapeau ». ex. **shang** ≈ « chang » **Attention** : **shi** ne se prononce pas « chi », mais « cheu »
u	*ou* dans « loup ». ex. **mu** ≈ « mou » **sauf après j, q, x,** où il se prononce *u* comme dans « bu ». ex. : **qun** ≈ « tchunne »
ü	*u* dans « bu »
uan	« ouanne ». ex. : **zhuan** ≈ « djouanne »
üe / ue	*ué* comme dans « huée ». **xue** ≈ « sué » ; **lüe** ≈ « lué »
ui	« oueille ». ex. : **rui** ≈ « joueille »
un	« ounne », ex. **lun** ≈ « lounne » sauf après **j, q, x,** où il se prononce comme *u* dans « dune ». ex. **jun** ≈ « djunne »
uo	« ouo »
w	*ou* dans « ouate ». ex. **wan** ≈ « ouanne »

wei	« oueille »
x	se prononce comme un intermédiaire entre le *s* dans « si » et le *ch* dans « chien » ; proche du *ch* dans l'allemand *ich*. ex. : **xun** ≈ « ssunne » ; **xiong** ≈ comme le « ssion » de « mission ». **Attention** : n'est suivi que d'un *i* ou d'un *u* (sans tréma, mais prononcé comme dans « dodu »).
yan	« ienne »
yu	« iu »
yun	« iunne »
z	comme *dz*. ex. **zu** ≈ « dzou » **Attention** : **zi** ne se prononce pas « dzi », mais « dzeu »
zh	comme *dj* dans « Djamel ». ex. : **zhang** ≈ « djang » **Attention** : **zhi** ne se prononce pas « dji », mais « djeu »

INDEX GÉNÉRAL

Les mots en gras bénéficient d'une rubrique

INDEX GÉNÉRAL

INDEX GÉNÉRAL

INDEX DES NOMS DE PERSONNES

Les noms en gras bénéficient d'une notice en annexe.
Les dates de règne des souverains sont précédées de r.

INDEX DES NOMS DE PERSONNES

Ce volume,
le trente-cinquième
de la collection
« Guide Belles Lettres des Civilisations »
publié aux Éditions Les Belles Lettres,
a été achevé d'imprimer
en septembre 2014
sur les presses
de la Nouvelle Imprimerie Laballery
58500 Clamecy

N° d'édition : 7914
N° d'impression : 409129
Dépot légal : octobre 2014
Imprimé en France